대한민국을 살린
이승만 대통령의 국가보안법

저자 이 선 교

도서출판 현대사포럼

머 리 말

　이승만 대통령에 대해서는 4.19 학생들의 희생을 비롯해서 6.25 한국전 참패의 책임 등 잘못한 것이 많지만 또 보안법을 통해서 제주 4.3폭동과 여수 14연대 반란과 국군 안의 좌파 4,700여명을 숙청하여 인민군이 남침했을 때 대한민국을 살린 대통령으로 잘한 것도 있다.

　그런데 이승만을 존경한다는 40여명이 이승만에 대해 서술한 것을 검토해보니 이승만의 보안법에 대해서 저술한 사람이 한 명도 없어 안타까워 이승만의 보안법이 대한민국을 살린 것을 기록으로 남겨야 하겠다고 판단하여 저술하게 되었다.

　제주4.3폭동을 통해서 제주도의 공산당들의 활동과 여수 14연대 반란 때 국군 안의 좌파 활동을 기록하였고, 김일성의 인민군이 남침 때 상황을 설명하면서, 국군 안의 좌파를 숙청하지 않았으면 대한민국은 미군이 참전했더라도 인민군을 도저히 이기지 못해서 대한민국은 망했을 것이라는 것을 저술하였다.

2022.　8.　20

저자 이　선　교

목 차

제4장 조선인민군 2차 작전(한강 도강 목표)

제1장 제주 남로당 4.3폭동

1. 3.1발포사건

1) 3.1사건 개요

1947년 3월 1일 제주북초등학교에서 3만여 명이 모여 3.1절 행사를 마치고 군중들이 관덕정을 거의 빠져나갈 즈음, 기마경찰관 임영관이 제1구 경찰서로 가기 위하여 커브를 돌 때 갑자기 6살의 어린이가 뛰어나와 말발굽에 채여 쓰러졌다. 기마경찰은 어린이가 말에 채인 줄 모르고 그냥 가자 사고현장을 목격한 군중들이 기마경찰을 향해 "저놈 잡아라!"하면서 돌을 던지고 들고 있던 나무로 말을 찌르자 말이 갑자기 뛰기 시작하였다. 기마경찰은 당황하여 군중들에게 쫓겨 경찰서로 급히 도망쳤다. 이때 경찰서 앞에서 경계를 서고 있던 응원 나온 육지 경찰들은 대구사건을 겪었던 경찰들로, 갑자기 기마경찰이 경찰서 안으로 뛰어 들어오면서 군중들이 몰려오자 46년 10월 1일 대구에서와 같이 군중들이 경찰서를 습격하는 줄 알고 겁이 나서 군중들을 향해 총을 쏘아 6명이 즉사하고 6명이 중상을 입었다.

제주 도립병원에는 육지 응원경찰이 교통사고로 입원하여 응원경찰 2명이 경호하고 있었다. 그런데 갑자기 경찰서 근방에서 총성이 나고 피투성이가 된 6명을 군중들이 들것에 들거나 부축하여 도립병원으로 들어오자 대구사건에서 경찰이 시위 군중에게 비참하게 죽은 것을 목격한 응원경찰 중 하나인 이문규 순경이 군중들이 도립병원을 습격하는 줄 알고 공포감에 총을 쏘아 행인 2명이 중상을 입었다. 이것이 3.1발포사건의 전말이다. 이것은 개인의 판단착오로 돌발적인 사건이지 경찰이 계획적으로 지휘관이 시위 군중에게 발포명령에 의한 총격사건이 아니었다.

2) 남로당(공산당) 제주도당 제주도민을 선동하다.

3.1발포사건이 벌어지자 제주남로당에서는 "때가 왔다" 판단하고 제주도민을 최대한 선동하여 당세 확장에 이용하였고, 남로당원을 선동하여 도내 전 지역에서 3월 10일을 기하여 파업을 선동하였다. 3월 10일 제주도청 직원 140여 명이 3.1발포사건을 항의하면서 총파업에 들어갔고, 북제주군청, 제주읍사무소, 학교 등 156개 단체 41,211명이 파업에 동참하였다. 심지어 모슬포, 중문, 애월파출소 경찰까지 파업에 동참하였고, 3월 13일 중문지서 경찰 6명이 아예 사직서를 제출할 정도였다.

3) 파업철회

3월 18일 56개 단체가 파업을 해제하였고, 한 달 동안 3.1 발포사건에 대하여 항의하다 3월말에는 전원 파업을 해제하고 직장에 복귀하였다.

4) 결과

47년 3월 말까지 3.1사건으로 파업에 가담자 300여 명이 경찰에 연행되었고, 4월 10일까지 500여 명이 연행되었다. 500여 명 중 260여 명이 재판을 받았고, 이중 52명이 실형을 선고받았다. 또 52명이 집행유예, 56명이 벌금, 168명이 기소유예, 나머지는 훈방조치 하였다.

미군정에서는 발포사건의 장본인인 도립병원 앞에서 총질을 한 이문규 순경을 파면하였고, 파업에 가담한 경찰 66명에 대해서는 직장 이탈사태로 파면하였다.

47년 3월 31일 제주감찰청장 강인수를 해임하고 김영배로 교체하였고, 4월 2일 제주도 군정장관 스타우드 소령이 해임되고 베로스 중령으로 교체되었으며, 4월 10일 제주도지사 박경훈이 자의 반 타의 반으로 사임하여 유해진으로 교체되었다. 강동효 경찰서장은 다른 비리와 함께 책임을 물어 파면시켰다. 경찰 고문관 패트릿지 대위도 레데루 대위로 교체하였다. 군정이나 경찰이나 똑같이 발포사건에 대해 책임을 통감한 조치였다. 이것으로 3.1발포사건은 매듭을 지었다.

2. 남로당(조선공산당) 5.10선거 반대 2.7폭동

1) 한반도 통일선거 북한 반대

1947년 10월 28일 미국은 한국 국민이 신탁통치를 반대하자 한국 문제를 유엔에 상정하여 선 통일정부수립 후 외국군 철수를 만장일치로 결의하였다. 유엔의 결의에 따라 유엔은 한반도에 48년 3월 31일 안에 남북한 통일선거를 실시하여 한반도에 통일합법정부를 세우기로 하였다.

48년 1월 8일 유엔 선거감시위원단이 서울에 도착하여 활동을 개시하였다. 유엔 선거감시위원단이 서울에 도착하여 북한에 가려고 하자 소련과 북조선에서는 유엔 선거감시위원단이 오는 것을 반대하고 남·북한 통일선거도 반대하였다. 북한이 선거를 통하여 남한을 점령할 수 있는 좋은 기회를 포기한 것이다. 그러자 미국은 다시 유엔에 한국 문제를 상정하여 유엔에서는 통일정부 통일선거를 하지 못하면 선거가 가능한 남한만의 선거를 48년 5월 10일 하기로 결의하여 미군정은 이를 공고하였다.

2) 남로당 5.10선거 반대 2.7폭동

5월 10일에 남한에서만이라도 선거를 한다고 공고하자 박헌영, 김구, 김규식 등과 남로당이 반대하고 나왔다. 이렇게 되자 미군정은 곤란하였다. 특히 김구는 신탁도 반대하고 남한만의 선거도 반대해서 남북한이 공산주의로 통일되는 것을 원하는 것 같아 참으로 골치가 아팠다.

48년 2월 7일 남로당 중앙당은 당원 30만 명을 총동원하여 대한민국을 건국하기 위한 5.10선거를 반대하기 위하여 총파업을 하면서 "조선민주주의 인민공화국 만세!"를 부르며 폭동을 일으켜 전국에 대 혼란이 왔다. 경찰은 대구사건을 경험으로 하루 만에 진압하였으나 피해는 너무 컸다.

사망: 경찰 5명, 공무원 1명, 우익 5명, 시위자 28명,

부상: 경찰 23명, 공무원 12명, 우익 63명, 시위자 35명,

경찰피습 26건, 무기약탈 12건, 동맹휴교 60건, 파업 12건, 검거인원 8,479건, 참가인원 30만여 명으로 전쟁을 방불케 하였다.

시위에 참가하고 검거되지 않은 자들은 38선을 넘든가, 경비대에 입대하든가, 산에 들어가 야산대가 되었다.

남로당 중앙당에서는 경찰이 전국 폭동을 하루 만에 진압하자 경찰의 빠른 진압에 깜짝 놀라 다음 5.10선거 반대투쟁은 제주도로 선정하였다. 그 이유는, 제주도가

① 당세가 좋고

② 한라산 등 산이 많으며,

③ 제주남로당은 2.7폭동에 가담하지 않아 수배자가 없었고,

④ 제주도에는 일본군이 버리고 간 총이 있었으며, 방공호도 많이 있어 숨기가 좋았고,

⑤ 육지에서 멀리 떨어져 있어 진압이 어렵다고 판단되었기
  때문이었다.

3) 제주도 5.10선거 반대 2.9폭동

  48년 1월 22일 남로당 제주도당 간부들은 조천면 신촌리에서 남로당 중앙당의 지령인 5.10선거 반대 2.7폭동을 준비하기 위해 모였다. 그런데 남로당에서 전향한 김석천이 이 내용을 경찰에 신고하여 106명을 연행하였다. 1월 26일 또 2.7폭동을 준비하기 위해 남로당 제주도당 간부들이 모였다. 이 내용도 김석천이 신고하여 115명이 경찰에 연행되어 총221명이 연행되었다. 연행자들 중에는 남로당 제주도당 책임자 안세훈, 김유환, 김용관, 이좌구, 이덕구 등 간부들이 있었고, 김달삼은 연행 도중 도망쳤다. 경찰은 조사 후 63명을 훈방조치 하였고, 나머지는 48년 3월 15일 모두 석방되었다. 경찰은 이들을 석방시키지 않으려고 조사를 끌고 있었는데, 특별한 죄가 없고, 또 남로당이 이때까지만 해도 합법정당이었기 때문에 구속시킬 수도 없었을 뿐더러, 이들을 미군정에서 풀어주도록 하여 3월 15일에 모두 석방하였다. 그런데 이 일로 인하여 제주남로당이 2.7폭동에 가담하지 못하게 되어 남로당 제주도당이 건재하여 제주 4.3폭동을 일으킨 것이다.

  48년 2월 9일-11일 제주남로당원들은 6개의 경찰지서 습격, 삐라살포, 칼과 곤봉으로 무장한 폭도들의 시위 등 17건의 시

위가 있어 경찰은 시위자 290명을 연행하였다.

48년 2월 29일 안덕면 사계리 마을 청년 이양호(25세), 임창범(28세)은 5.10선거 반대시위를 하려고 하는데 전날부터 육지에서 파견된 최(崔) 안덕지서(支署) 주임과 제주출신 오 순경이 마을에 있자 청년들을 동원하여 경찰의 칼빈 총을 빼앗고 죽음 직전까지 구타하였다. 두 경찰은 마을 사람의 신고를 받고 출동한 경찰들에 의해 겨우 목숨을 건질 수 있었으나 경찰들은 이 일로 분노하였다.

48년 3월 경찰은 5.10선거 반대 시위자들을 연행하여 조천중학교 2학년 김용철(21세)이 조사를 받던 중 고문으로 3월 6일 사망하였고, 3월 14일 대정면 영락리 양은하(27세)가 모슬포지서에서 조사받던 중 고문으로 사망하였다. 또 3월말 한림면 금릉리 박행구(22세)가 서청과 경찰관에게 곤봉으로 맞고 총살을 당하여 경찰과 남로당원(공산주의자) 간에는 험악한 분위기가 조성되었다.

이상의 사건은 3.1발포사건 때문에 발생한 것이 아니라 5.10선거 반대 때문에 발생하였다. 그런데 2003년 국무총리가 조사위원장인 제주4.3사건 진상조사보고서 128쪽에서 1947년 3.1사건 이후 1948년 4.3발발 직전까지 1년 동안 2,500여명이 검속되었다고 작성함으로, 3.1발포사건으로 2,500여명이 검거되어 결국 3.1 발포사건 때문에 4.3폭동이 발생하였다고 하기 위한 거짓으로 보고서를 작성하였다.

　실제 3.1사건으로 검거된 인원은 500여명이다. 진상조사보고서에 작성된 48년 1월 22일부터 검거된 인원은 3.1사건과는 관련 없는 2.7폭동 때문에 검거된 것이다. 그리고 진상조사보고서에 48년 4월 3일까지 검거된 수를 2,500명이라 한 것은 진상조사 위원들이 홍한표의 저서를 검증도 하지 않고 인용한 것으로, 경찰은 2,500여명을 검거한 일이 없다. 진상조사보고서에는 3.1발포사건 때문에 4.3폭동이 아니고 경찰과 서청에 항거한 무장봉기라고 좌편향적인 보고서를 작성하였다. 보고서 148쪽에는 이상의 17건을 2.9폭동이라고 하였으면 당연히 4.3사건도 폭동이다. 그런데 4.3보고서는 4.3사건은 무장봉기라고 허위주장을 하고 있다.

3. 남로당(공산당) 제주도당 5.10선거 반대 4.3폭동 준비

1) 제주 4.3폭동 결정

　48년 2월 중순에 조천면 신촌리에서 조몽구, 이종우, 강대석, 김달삼, 이삼룡, 김두봉, 고칠종, 김양근 등 남로당 제주도당 간부와 면당 간부 19명이 모였다. 김달삼이 5.10선거 반대를 무력으로 저지투쟁을 하자고 주장하자 조몽구 등은 무력투쟁은 신중을 기해야 한다고 하여 표결하여 무력투쟁을 하자고 하는 자 12명, 신중론자 7명으로 무력투쟁을 결정하였다.

2) 남로당 제주도당 4.3폭동 결정 배경

① 5.10선거 반대를 무력으로 투쟁하면 기폭제가 되어 전국에서 호응이 있을 것이다.

② 경비대는 진압에 가담하지 않을 것이다.

③ 미군과 소련이 곧 철수하면 북한의 김일성과 남로당의 박헌영의 세력이 강하고 머지않아 49년도에는 인민군이 38선을 넘을 것이라는 판단이었다.

3) 제주 4.3폭동 준비와 목적

48년 3월 15일 제주남로당은 전남도당에서 파견한 올그(조직 지도위원) 이명장의 중심으로 회의를 하였다.

가. 목적

① 조직수호와 방어 수단으로

② 조국통일과 독립

③ 반미투쟁

④ 단선 단정 반대 투쟁의 방법으로 적당한 시간에 전 도민을 총궐기시키는 무장반격전을 결정한다.

나. 조직

① 당 조직을 투쟁위원회로 개편하고 중앙당과 같이 군사부를 신설한다.

② 군사부 밑에는 군사위원회를 조직하여 군사위원장에 김달삼이 취임한다.

③ 인민해방군 조직은 유격대 자위대 특경대로 조직한다.

④ 제주도 13개 읍과 면 중 제주, 조천, 애월, 한림, 대정, 중문, 남원, 포선 등 8개 읍과 면에서 유격대 100명, 자위대 200명, 특경대 20명, 계 320명을 3월 28일까지 편성 훈련한다.(훈련장소: 현재 폭도(평화)공원이 있는 봉개)

⑤ 무기는 99식 소총 27정, 권총3정, 수류탄 25발, 연막탄 7발, 죽창, 철창을 준비하였다.

⑥ 마을마다 자위대를 조직하여 정보를 수집하였다.

다. 제주인민군 조직

① 각 면에서 혁명정신과 전투 경험의 소유자 30명 씩 선발하여 인민유격대를 조직하였다.

② 제1연대: 조천 제주 구좌면 - 3.1지대(이덕구)
　　제2연대: 애월 한림 대정 안덕 중문 - 2.7지대(김봉천)
　　제3연대: 서귀 남원 성산 포선면 - 4.3지대(?)

③ 특공대: 정찰임무

④ 특경대: 반동들의 동정 감시

⑤ 정치소조원: 유격대 사상교육

⑥ 자위대: 각 읍 면과 행정단위로 10명씩 조직.

연대 조직은 48년 4월 15일 하였고, 4.3 전에는 각 면에 1

개 중대씩 조직하였다.

4) 제주 4.3폭동의 작전과 확인

① 확인과 중앙당의 지령

남로당 제주도당은 제주 9연대 안에 남로당 프락치인 대정출신 고승옥, 문덕오, 정두만, 유경대 등이 있었는데, 정두만은 일본으로 도망치고 유경대는 군기대로 전근되었으나 고승옥을 통해 '9연대 병력 800명 중 400명은 확실성이 있으며, 200명은 마음대로 할 수 있고, 반동은 장교, 하사관을 합하여 18명만 숙청하면 9연대를 마음대로 할 수 있다'는 내용을 파악하였다.

고승옥이 9연대 중대장 문상길에게 "앞으로 무장투쟁이 있을 것이니 경비대도 호응 궐기해야 된다."고 투쟁 참가를 권유했던 바, 문상길 중대장은 "중앙 지시가 없으니 할 수 없다"고 거절한 것을 가지고 제주 4.3사건 진상조사보고서 165쪽에서는 "남로당 중앙당이 제주도 무장투쟁에 직접 개입하지 않았다"는 단서가 되었다고 주장하나 이는 허위주장이다. 그 증거는,

㉮ 남로당은 하사관은 도당에서 관리하고 장교는 중앙당에서 관리함.(『조선사회주의 운동사 사전』 김남식 저, 남로당 연구 380쪽)

㉯ 하사관이 반란에 성공하면 중앙당은 반란 성공 후 장교에게 지령을 내려 반란에 참여하게 함.

㉑ 이는 장교를 보호하기 위한 것으로, 14연대 반란 때도 48년 10월 19일 하사관 지창수 상사가 반란에 성공했을 때 장교 김지회 중위가 지창수를 찾아가 "반란의 시기가 아니다"라고 했다가 지창수에게 죽을 번 한 일이 있을 정도로, 김지회는 중앙당에서 지령이 없어 몰랐다가 48년 10월 20일 중앙당의 지령을 받고 14연대 반란군 사령관이 된 것이 가장 좋은 증거이다.

㉒ 제주 4.3폭동에 참여한 김봉현은 1988년 5월 제주4.3폭동 40주년을 맞아 일본의 문예지 민도 기자와 인터뷰 하였는데, 그는 자연스러운 분위기에서 소상하게 이야기 하였다. 그는 "중앙당 파견 오르그 천검산을 통해 지시를 받았다" 하고 있다. 지금도 김봉현의 영향이 크다.

중앙당의 지령은 극도의 보안유지상 서면으로 한다 해도 전달 즉시 폐기하고 오르그나 연락책을 통해 지시하는 것이 원칙이다. 전남도당의 조창구·이창욱 오르그 및 당 중앙의 이두옥 오르그가 1948년 2월 25일 제주도에 도착, 제주남로당을 구국투쟁으로 개편하였다.

1948년 5월 7일 중앙당 오르그가 제주도에 파견되었고, 48년 10월 24일 혁명투쟁위원회로 개편 시 중앙당 오르그 김서옥과 전남도당 오르그 이창욱이 제주도에 도착, 무장폭동을 지도하였다.

이상으로 보아 제주남로당은 전남도당과 중앙당의 지시를 받고 제주 4.3폭동을 일으켰다. 제주 4 .3폭동을 지도한 자들은 남로당 제주도당 위원장 김용관이나 김달삼이나 이덕구가 아니다. 천검산이라는 코드명으로 통하는 자였다. 천검산은 누구도 그 정체를 알 수 없고 육지나 제주도 이외의 곳에서 파견 나온 외지인이다. 천검산은 제주도 남로당과 군 안에 남로당을 조직 지휘하였고 보급과 정보까지 장악하였다.

㉯ 대한민국 국방부 전사편찬위원회 편 「한국전쟁사 Ⅰ권 해방과 건국. 1968년」에서 "남로당 특별공작책임자이며 군내 적화 총책임자인 이재복(1949.1.19 체포. 46세. 평양신학교 32회 졸업. 영천제일교회 목사. 46년 10.1 대구 폭동 가담. 49년 12월 처형)은 제주도 폭동에 이어 본토 내에서 반란을 야기 시킴으로서 국군의 토벌병력을 단절 또는 분산시켜 우선 제주도의 위기를 감소시키려 하였고, 본토 내에서 제2전선을 형성하여 전군인적인 호응을 기대하였다. 그러나 국군의 전격적인 토벌작전으로 제14연대의 반란군은 조기에 각개격파 당하여 입산 공비화 하였고, 뒤따라 전군적인 대 숙군이 단행되어 그들의 군내조직이 발본됨으로서 남로당이 3년간에 걸쳐 대한민국 정부를 전복하려는 반란사건"이라고 기록하고 있다. 이 근거는 14연대 반란사건을 김창룡이하 수사관들이 이재복을 조사한 과정에서 드러난 내용을 기술한 것이다.

㉰ 제주인민유격대 투쟁보고서 10쪽에 【1948년 3월 중순경 전라남도 당부에서 제주도 당부로 "오르그" 이 동무를 파견 무

장반격 지령과 함께 도당부상위에서는 이상 도당부의 지령을 받고 같은 해 3월 15일 도 파견 "올그"를 중심으로 화합하여

첫째, 당의 조직 수호와 방어 수단으로,

둘째, 단선 단정 반대 구국투쟁의 방법으로 전 도민을 궐기시켜 무장반격을 전개하기로 하고 그 준비 및 실행계획을 다음과 같이 결정하였다.

준비기간 48년 3월 15일부터 3월 25일까지.】

위의 내용으로 볼 때 제주 인민유격대 폭동을 3월 25일까지 하기로 하였는데 준비 부족으로 4월 2일까지 자동 연장되어 48년 4월 3일 폭동을 일으킨 것이다. 남로당 중앙당의 지령에 의해서 폭동을 하였다는 유력한 증거는 위의 ㉃와 같이 '제주인민유격대 투쟁보고서'에 기술하고 있다.

② 작전

1단계 작전이 성공하면 조직을 개편하고 전열을 정비하여 점령지역을 난공불락인 성을 만들고, 무기 탄약 피복 식량 등을 충분히 비축한 후 경찰의 최후 거점인 제주도 경찰국을 향해 경찰 안의 남로당 세포원과 함께 총공격을 한다. 육지의 반란을 조정하여 응원부대를 파견하지 못하게 한다. 3년만 버티면 주변 정세는 남로당에 유리하다. 북조선 인민군의 남하와 원조는 필연적이다. 공격 날짜는 4월 3일 새벽 2시, 암호는 콩과

팥이다." 남로당 중앙당 조직책 천검산이 합류하여 작전을 세웠고, 남로당 중앙당에서는 이재욱을 파견하여 계속 지도하였다. 이재복은 전남도립병원 간호사 조경순을 통해 김달삼에게 지령하였다. 이들은 남로당원 3만 명이 협력하고 있을 뿐만 아니라, 9연대도 남로당원이 장악하고 있고 경찰 안에도 남로당원이 있어 제주도 적화는 문제가 아니라고 판단하였다.

③ **목표**
ㄱ. 인민공화국을 절대 사수한다.
ㄴ. 5.10선거 음모 분쇄
ㄷ. 미군 즉시 철수
ㄹ. 경찰의 일체 무장해제
ㅁ. 타협은 절대 불허한다.
제주인민유격대 사령관: 김달삼, 부사령관: 조노구, 지대장: 김대진, 김의봉, 이덕구, 김성규였고, 김달삼은 마을의 민애청과 남로당 열성당원을 입산시켜 유격대에 합류하게 하였다. 입산할 때 암호는 흰 수건으로 얼굴을 세 번 닦는 것이었다.

④ 제주인민유격대(일명 해방군) 폭도들의 근거지는 애월면 어도지경 샛별오름, 애월면 어음지경 바리악, 조천면 선흘지경 거문오름 등이었다. (제주 인민유격대 투쟁보고서 참조)

4. 제주남로당 5.10선거 반대 4.3폭동

1) 제주 인민유격대 12개 지서 경찰과 우익인사 학살

제주인민유격대는 24개 지서 중 12개 지서를 골라 400명을 배치하였고, 제주시의 우익단체 대표들을 공격하기 위해 죽창부대 등 협조자 1,000명 정도를 별도로 배치하였다.

48년 4월 3일 제주인민유격대는 김달삼이 사령관이 되어 자정을 기해 한라산 중턱의 수산봉, 고내봉, 파군봉 등 오름마다 봉화를 올려 이것을 신호로 새벽 2시 일제히 공격하여 4.3폭동이 일어났다.

① 신엄지서 송원화 순경이 폭도들의 칼과 죽창에 여덟 군데나 찔렸으나 구사일생으로 구출되었다. 그러나 그의 부친은 폭도들의 공격을 받고 사망하였다.

남원지서 협조원 방성화는 폭도들의 공격으로 즉사하였다. 김석훈은 도끼에 맞아 팔이 잘렸고, 고일수 순경은 칼로 목이 잘렸으며, 방성언은 부상을 당하였다. 폭도들은 무기고에서 총과 실탄을 탈취하였다.

세화지서는 황 순경과 김 순경이 부상을 당하였고, 대정지서는 경찰관 이무웅 순경이 중상을 입었으며, 조천지서는 양창국과 유 순경이 부상을 당하고 화북지서는 협조원 이시성이 불에 타 죽었으며, 폭도들이 경찰 김장하 부부를 대창으로 찔러 죽이고 지서에 불을 질렀다. 외도지서는 선우중태 순경이 총에 맞아 즉사하였다.

② 48년 4월 3일 자정 후 애월면 구엄마을 우익인사 문영백의 집을 폭도 100여 명이 습격하였는데 문영백이 도망치고 없자 큰딸 숙자(14세), 둘째딸 정자(10세)가 살려달라고 애원하는데도 잠옷차림의 두 소녀를 폭도들은 죽창으로 찔러 죽였다. 같은 마을에 사는 문기찬(33세)도 죽창으로 찔러 죽였고, 문용준도 죽창에 찔려 며칠 후 죽었다. 임신 중이던 고칠군의 처는 폭도들의 몽둥이에 맞아 중상을 입었고, 문창순(34세)은 죽창에 찔려 죽었다.

③ 새벽 2시 한림면 한림리 서청원들이 숙식하고 있는 한림여관 경찰숙소를 40여명의 폭도들이 기습하여 이북출신 김록만 순경이 죽고, 경찰 2명이 중상을 당하고, 제주 9연대장 김익렬 외 9명이 기적적으로 도망쳐 살았다

④ 제주 감찰위원장 현주선(46세)은 폭도들의 칼에 세 군데나 찔렸으나 기적적으로 살아났고, 총무 강한봉, 간부 김창우, 박창희도 같은 시간에 기습을 받아 부상을 당하였으나 목숨만은 구했다.

⑤ 48년 4월 4일 폭도들은 연평리 대청단원 오승조(36세)를 대창으로 찔러 죽였고, 4월 6일 이호리 대청총무 이도연(37세), 단원 양남호(32세)를 대청 간판과 사무실을 부수며 "대청 활동과 5.10선거에서 손을 떼라" 하며 죽였다.
4월 7일 한림면 저지마을 대청단원 김구원, 김태춘, 고창윤 등

이 폭도들에 의해 죽었고,

4월 13일 제주읍 화북지서 임선길 순경이 폭도들의 총에 맞아 즉사하였고,

4월 17일 조천면 선흘리의 대청단원 부동선, 부용하, 고평지 등을 죽였고,

4월 18일 신촌에서 경찰관 김성호 부친 김문봉(64세)은 폭도들의 칼에 살해 당하였다.

폭도들은 밤마다 마을을 다니며 적기가를 부르고, 5.10선거 반대를 외치고 선거관리위원과 우익을 골라 죽였다. 그래도 경찰이 제주 읍이나 서귀포 읍은 지키고 있었으나 그 외 지역의 면이나 리 단위 마을은 사건이 벌어져도 언제 기습을 받을지 몰라 진압을 못하였다.

⑥ 5.10선거에 국회의원 후보 등록이 48년 3월 21일 마감이었다. 폭도들은 국회의원 입후보자에게 사퇴하라고 협박하고, 선거인 명부도 탈취하고, 선거에 참여하지 못하게 저지하고 남로당원들을 동원하여 악선전을 하고 다녔다.

2) 제주 4.3 폭도들의 구호

제주 4.3사건 진상조사보고서 168쪽에 "우리 강토를 짓밟는 외적을(미국:저자 주) 물리쳐야 한다. 나라와 인민을 팔아먹고 애국자들을 학살하는 매국 배족노들을 거구려 뜨려야 한다. 경찰원들이여 총부리란 놈들에게 돌려라! 당신들의 부모 형제들에

게 총부리란 돌리지 말라! 양심적인 경찰원 청년 민주인사들이여! 어서 빨리 인민의 편에 서라! 반미 구국투쟁에 호응 궐기하라…… 매국 단선 단정을 결사적으로 반대하고 조국의 통일 독립과 완전한 민족해방을 위하여(공산화통일: 저자 주) 당신들의 고난과 불행을 강요하는 미제 식인종과 주구들의 학살 만행을 제거하기 위하여! 오늘 당신님들의 뼈에 사무친 원한을 풀기 위하여! 우리들은 무기를 들고 궐기하였습니다." 하였다.

제주 4.3사건 진상조사보고서 574쪽 "3.1사건이 4.3사건을 촉발하는 도화선이 되었다"라고 하였고, 577쪽 "47.3.1 경찰의 발포사건을 기점으로 하여 경찰·서청의 탄압에 대한 저항과 단선·단정 반대를 기치로 48년 4월 3일 남로당 제주도당 무장대가 무장봉기를 하였다"라고 작성되었고, 경찰과 서청에 항거한 민중봉기라고 주장하는데, 민중봉기라면 왜 14살 문숙자와 10살의 문정자와 선거관리위원들을 위와 같이 학살하였는가? 또한 3.1사건은 사건이 수습된 지 이미 1년이 지났다.

대한민국 탄생을 반대하고 위의 구호와 같이 공산주의로 한반도를 통일하기 위하여 5.10선거를 반대하기 위한 제주남로당 공산주의자들의 4.3 무장폭동을 제주 4.3사건 진상조사보고서는 민중봉기라고 허위보고서 및 좌편향 보고서를 작성하였다. 제주대학 고창훈 교수는 『해방 전후사의 인식』 제4권 308쪽에서 "제주 4.3폭동의 원인은 미 제국주의 한반도 전략과 민중에 대한 억압에 있다"고 주장하고 있으나 미군정은 민중을 억압한 일이 없다.

3) 제주 4.3 폭도들 선거사무소 기습.

제주 4.3사건 진상조사보고서 206쪽에서 210쪽까지 보면

4월 18일 새벽 제주읍 도평리 투표소 습격당해 선거기록을 빼앗김.

4월 19일 조천면 신촌리 투표소가 피습, 화재로 선거기록 소실.

4월 21일~22일 이호리 선거사무소 피습, 선거기록 탈취 당함.

4월 21일~22일 내포리 선거사무소 피습, 선거기록 탈취 당함.

4월 21일 동일리 선거사무소 피습, 선거기록 탈취 당함.

4월 21일 모슬포 면사무소 피습.

4월 22일 대정 선거사무소 기습하여 위원장을 죽이고 선거기록 탈취.

4월 30일 새벽 대정면 신평리 선거관리위원 피살.

5월 1일 제주읍 도평리에서 마을 선거관리위원장 피살.

5월 5일 화북리 선거관리위원장 피살.

5월 3일 조천면 조천리 선거관리위원들 전원 사퇴.

5월 5일부터 폭도들은 주민들을 산으로 안내, 선거에 참여치 못하게 함.

5월 10일 중문면 투표소 기습당함.

〃   성산면 투표소 60명(폭도:저자 주) 집단에 의해 방화.

〃　　제주읍 다이나마이트 2개 폭발.

　　〃　　제주공항 300여명(폭도:저자 주) 총격전.

　　〃　　표선면 투표소 기습, 2명 피살, 투표용지 파손.

　　〃　　구좌면 송달리 투표소 피습, 2명 피살, 1명 부상, 가옥 7채 불.

　　〃　　조천면 14곳 투표소 제 기능 못함.

　　〃　　조천면 북촌리 투표소 불에 탐.

　　〃　　표선면 가시리 투표소 피습, 이장과 학교장 피살.

　　〃　　성산면 투표소 피습, 4명 피살.

　제주도 3개 선거구 총유권자 85,517명 중 53,690명 62.8%가 참여함. 남제주군 선거구는 86.6%가 참여하여 무소속 오용국이 당선되었으나 북제주군 갑구는 43%, 북제주군 을구 46.5%로 2개 선거구가 무효가 되었다.

　이상의 사건은 민중봉기가 아니라 5.10선거를 저지하기 위한 폭동인 것을 증명하였다. 그런데 제주4.3사건 진상조사보고서는 제주 4.3폭동을 민중봉기라 하고 있다.

　1948년 4월 3일부터 7월 20일까지 경찰 56명, 우익 235명이 폭도들에게 학살당할 때 폭도는 15명밖에 죽지 않았다. 제주도는 폭도들이 완전히 장악하였다. 그리고 제주도 주둔 11연대는 진압부대로서 제주도 양민을 한 명도 죽인 일이 없다.

5. 제주 9연대장 김익렬 제주 4.3폭동 진압 미온적 태도

48년 4월 5일 제주도 폭동을 보고받은 조병옥 경무부장은 제주도 경비사령부를 신설하고 사령관에 김정호를 임명하였다. 그리고 8개 중대 1,700여 명을 제주도에 급파하고, 서청 500명도 제주도폭동 진압에 증원하였다.

경찰의 진압작전은 경찰 안의 남로당 프락치가 있어 즉시 김달삼에게 보고되어 작전할 때마다 폭도들의 매복에 걸려 큰 피해를 보게 되어 경찰이 많이 전사하게 되어 수치심과 분노를 참을 수 없었다. 또 한편으로 경찰들은 폭도들의 치밀한 준비와 세력이 큰 데 놀라 진압을 하러 나갈 수가 없었다. 마을마다 폭도들의 정보원이 있어 경찰서에서 경찰이 출발할 때부터 경찰의 행동을 김달삼에게 보고하여 김달삼은 경찰이 지나갈 만한 곳에 폭도들을 매복시켜 경찰들을 죽였다. 그의 매복 작전은 신기할 정도였다. 4월 10일 미군정에서는 제주도 폭동을 진압하기 위하여 부산의 5연대 2대대를 제주에 급파하였는데 2대대장 오일균 소령은 불행하게도 남로당원 이었다. 이 소식은 폭도들에게 즉시 알려져 사기가 충천하였다.

48년 4월 10일 제주감찰청장이 9연대장 김익렬 연대장에게 폭도들을 속히 진압해 달라고 요청해도 김 연대장은 "훈련이 부족하여 진압할 수 없다"고 거절하여 경찰은 난감하였다. 이 소식은 즉시 김달삼에게 보고되었다. 그러자 폭도들은 거칠 것

없이 마을마다 다니며 적기가를 부르고, 인민공화국 만세를 부르고, 우익과 선거관리위원을 죽이면서 5.10선거에 참여하지 못하게 하여 제주도는 인민공화국 세상이 된 것 같았다.

김정호 경비사령관이 경찰과 합동으로 폭도를 진압하자고 해도 김익렬 9연대장은 훈련이 부족하다고 하면서 진압에 나서지 않았다. 그러자 경찰들은 김익렬이 좌익이 아닌가 의심하였다. 실은 9연대 2대대장 오일균 소령과 문상길 중대장과 남로당원의 하사관들이 진압에 적극 반대하여 김익렬도 마음대로 부대를 움직일 수 없었다.

48년 5월 3일까지 한 달 동안의 피해상황은 경찰 12명 사망, 부상 21명, 공무원 사망 5명, 우익 · 양민 사망 35명, 방화 45건이었으나 폭도들의 피해는 적었다.

6. 김익렬과 김달삼의 평화협상

1) 평화협상 맺다.

48년 4월 28일 오전 11시 김익렬 연대장은 정보장교 이윤락 중위와 전 제주지사 박경훈과 같이 대정면 구억리 구억초등학교로 가서 김달삼을 만났다. 김달삼은 김익렬의 협상조건이 현실적이라 판단하고 폭도들을 귀순시키기로 합의하였고, 귀순은 4월 29일 12시부터 하기로 합의하였다. 김익렬 연대장은 회담 결과를 대대장과 미 제59군정 중대장 맨스필드 중령에게

도 보고하였다. 그리고 서귀포와 성산포에 수용소 건립을 지시하였다.

2)폭도에 의해 평화협상 깨지다.

제주읍 남동쪽 2㎞ 지점에 오라리 마을이 있다. 오라리 마을은 5개 마을로 되어 있고 주민은 600여 호 3,000여 명이 살고 있었다. 이 마을에는 일제 때부터 좌익 활동을 했던 고사규, 박기만, 오팽윤, 송삼백, 이순정 등이 있어 주민들에게 영향을 주어 좌익사상이 강하였다.

48년 4월 29일 평화협상을 한 지 하루가 지난 후 폭도들은 오라리 연미마을 대청 부단장 고석종과 대청단장 박두인을 끌고 가서 민오름 나무에 묶었다.

48년 4월 30일 대청단원 부인인 강공부(23세), 임갑생(23세) 등이 폭도들에게 끌려 가 민오름 나무에 묶였으나 임갑생은 기적적으로 끈을 풀고 구사일생으로 도망쳐 살았다.

경찰이 신고를 받고 민오름을 뒤지니 임신부 강공부는 죽어 있었고, 폭도들이 박두인과 고석종은 다른 곳으로 끌고 가서 죽였다. 경찰 수사관과 미군정 방첩대는 출동한 경찰과 임갑생을 통해 사건 전반에 대해 조사한 결과 "김익렬과 김달삼의 4.28 평화협상은 폭도들에 의해 깨졌고, 김달삼이 김익렬을 이용하고 있다"고 결론을 내렸다. 이렇게 되어 평화협상은 깨졌다.

5월 1일 오전 9시 전날 폭도들에게 비참하게 죽은 임신부 강공부의 장례식이 있었고, 여기에는 대청과 서청원 30여명이 참석하였다. 장례식을 마친 청년들이 폭도로 의심되는 집 6세대 12채에 불을 지르고 이들은 제주 읍으로 갔다. 멀리 떨어진 오름에서 폭도들은 연미마을에서 연기가 나는 것을 보고 5월 1일 12시가 지나서 20여 명이 연미마을에 도착하고 보니 대청 청년들은 없고 집 12채가 불타고 있었다. 그러자 폭도들은 순경 김규찬 어머니를 아들이 순경이라는 이유로 죽창으로 찔러 죽였다. 이 일을 신고 받은 경찰 2개 소대가 연미마을에 도착하여 폭도들에게 총을 쏘자 폭도들이 도망을 쳤다. 그런데 고무생(41세)이라는 여자가 경찰이 정지하라고 고함을 치는 데도 도망치자 총을 쏘아 고무생을 죽였다.

우익 청년들이 불을 질러서 4.28 평화협상이 깨졌다는 진상조사보고서 주장은 허위주장이다. 이유는 위와 같이 48년 4월 28일 협상을 한 후 폭도들이 4월 29일 우익청년 2명, 30일 우익청년 부인 2명을 끌고 가 3명을 죽인 데서 4.28 평화협상이 깨진 것이다.

제주 인민유격대 투쟁보고서에는 국방경비대와의 관계에서 폭도와 9연대 문상길 소위와 만나 협의한 내용 중,
"인민군(폭도:저자 주) 원조부대로서의 탈출병 추진, 교양 자료의 배포 등의 문제에 의견 일치를 보았고, 더욱이 최후 단계에는 총궐기하여 (9연대를 반란부대로:저자 주) 인민과 더불어 싸

우겠다고 약속하였음. 또 9연대장 김익렬이가 사건을 평화적으로 수습하기 위하여 인민군 대표와 회담하여야 하겠다고 사방으로 노력 중이니 이것을 교묘히 이용하면 국경(국방경비대:저자 주)의 산 토벌을 억제할 수 있다는 결론을 얻어 4월 하순에 이르기까지 2회에 걸쳐 군책과 김 연대장과 면담하여" 라고 기록되어 있어 김달삼은 김익렬을 이용하고 있음을 알 수 있다. (문갑송 저, 인민유격대 투쟁보고서 78쪽) 또 김익렬 연대장은 칼빈 총 탄환 15발을 폭도에게 제공할 정도로 가까웠다.

2003년 양조훈이 팀장으로 작성한 제주4.3사건 진상조사보고서 198쪽에는 "5월 1일 대청 청년들에 의해 평화협상이 파기되어 4.3사건이 확대되었다"고 허위 및 좌편향적인 보고서를 작성하였다. 제주대학 고창훈 교수는 『해방 전후사의 인식』 4권 285쪽에서 "미군정이 5월 1일 오라리사건을 조작하여 4.28 평화회담의 합의를 깨버렸다"고 거짓주장을 하고 있다. 제주4.3사건 진상조사보고서는 고창훈 교수의 책을 복사한 것 같다.

7. 남로당이 5.10선거에 참여하였으면 김삼룡이 대통령이 될 수 있었다.

제주도에는 169개 리가 있다. 마을마다 좌·우로 갈라졌고, 어느 마을은 좌가 우세하였다. 금악, 북촌, 오라리, 도두리는 좌익이 90% 이상이었다. 제주 4.3폭동 후 우익은 숨어서 지내야 했고, 좌익이 완전히 장악하였다. 마을마다 좌익들은 전단지를 뿌려 5.10선거에 참여하지 못하게 하였고, 투표를 못하게 하기 위하여 산으로 끌고 갔다. 그래서 산사람이 많아지게 되었다.

미군정이 5.10선거에 국회의원 198명을 선출한다고 공고하자 937명이 후보등록을 마쳤다. 이 선거에 김구 선생은 박헌영과 같이 참여하지 않았고, 이승만 박사는 선거에 참여하였다. 대통령은 국회에서 선출하는 간접선거였다.

제주도는 3개 선거구 중 폭도들의 반대로 2개 선거구가 무효가 되고 1개 선거구만 당선을 발표하였다. 제주 오라리마을 3,000여 명 중 2,000여 명이 투표를 하지 않을 정도였다. 전국에서 남로당의 5.10선거 반대가 엄청나 선거공무원 사망 18명, 부상 54명, 입후보자 사망 2명, 부상 4명, 경찰사망 4명, 부상 64명, 일반 공무원 사망 145명, 부상 25명, 양민 150명 사망, 부상 42명, 폭도 330명 사망, 131명 부상을 당해 전쟁을 방불케 하였다. 제주도 2개 선거구와 남로당은 대한민국 정부 건국을 반대하고 있었다.

1) 김구 선생과 박헌영의 5.10선거 불참의 결과

박헌영의 남로당은 450개의 사회단체와 정당에 프락치를 심어 5.10선거를 반대하게 하여 이승만을 고립시키는 정책을 썼다. 또한 5.10선거 저지와 남북협상을 위해 각 당에 프락치를 심어 일제히 이를 주장하게 하였다. 김구 선생도 「남한 만의 총선거를 반대한다.」고 성명을 발표하자 이승만은 「북한이 반대해서 통일선거를 못하는데 어떻게 하라는 말인가 용서할 수 없다!」라고 규탄하였고, 김준연은 「김구는 크레믈린의 신자다.」라고 규탄하였다. 48년 2월 10일 김구 선생도 「3천만 동포에게 읍고 함」이라는 성명을 발표하였다.

2월 10일 김구, 김규식 등이 김일성과 협상하자고 제의하였다. 김일성과 박헌영도 5.10선거를 반대하기 위해 남북 협상을 환영하였고 이를 최대한 이용하려 하였다. 그리고 김일성은 간첩 성시백을 통해 공작에 들어갔다.

48년 4월 14일 김일성은 평양에서 남북협상을 한다고 발표하였다. 3월 29일 김일성은 간첩 성시백을 통해 김구에게 초청장을 보내고 김규식, 조소앙, 김봉준, 백남운, 홍명희, 김일청, 이극로, 허헌, 유영준, 허성택, 김원봉, 송을수, 김창준 목사 등 좌익계에 초청장을 보냈다. 미군정은 "김구와 김규식 등이 북행을 해서는 안 된다"라고 반대성명을 발표하였다.

48년 4월 19일 60여 명의 청년과 유림 선생이 "김구 선생의 북행을 취소하십시오!" 하고 간곡히 요청하였다. 그러자 김구 선생은 "나는 38선을 베개 삼고 자결할 것이오!" 하면서 반대하고 38선을 넘어 평양을 가자 우익과 미군정에서는 "저럴 수가"하면서 김구를 규탄하였다. 미군정은 김구 선생이 신탁통치나 5.10 선거, 또 미군정 하는 일마다 반대하고, 이제는 반대하는 것을 넘어서 김일성을 만나러 간다고 하면서 김일성과 똑같은 주장을 하여 큰 골칫거리였다.

48년 4월 19일 김구 선생은 아들 김신, 비서 선우진과 같이 경교장 뒷문을 통해 6시 45분 38선을 넘었다. 평양에서 4월 26일 회의도 하고 협상도 했지만 아무 성과 없이 이용만 당하고 5월 9일 김구 선생과 김규식 선생은 서울로 돌아왔다. 김규식 박사는 아예 정계에서 은퇴하였다.

김구 선생은 5.10선거에 적극 참여하여 국회의원에 당선되어 국회 안에서 모든 문제를 풀어가야 하는데, 국회의원이 되지 못하여 정치에 치명적인 타격을 받아 정치일선에서 뒤로 밀려나 있어야 했다. 박헌영의 남로당도 5.10선거를 반대하지 말고 선거에 참여하였다면 100석 가까이 국회의원을 당선시킬 수 있어 무소속과 손을 잡고 김삼룡을 대통령으로 밀었다면 김삼룡이 대통령이 되어 국회와 정권을 장악, 조선인민공화국을 합법적으로 탄생시켜 김일성과 협력하였다면 합법적으로 남북한 적화통일을 하여 그들의 뜻대로 할 수 있는 가능성이 있었다.

정 당	입후보자 수	당선자 수
대한독립촉성국민회의	230명	55명(이승만 계)
한 민 당	90명	29명(김성수, 장택상, 조병옥계)
대동청년 당	78명	12명
민족청년 당	21명	6명
대한노동총연맹	22명	0명
한국독립 당	9명	0명(김구 계)
여자국민 당	2명	0명
무 소 속	415명	85명

1946년 2월 조선공산당 외곽단체인 허성택이 위원장인 13개 도의 전평이 57만 명이며, 전농이 330만, 조선공산당 60만 명 (박갑동 150만 명 주장)이었고, 남한의 76%가 남로당을 지지 하였다.

5.10선거 총 유권자 860만 명중 560만 명인 78%가 북한의 조선공산당의 지하선거에 참여할 정도였다. 그러므로 5.10선거 를 폭력으로 반대하지 않고 조선공산당이 5.10선거에 적극적으 로 참여하였다면 100석 이상이 당선되어 압승할 수 있었다. 그 리고 제주에서도 원세훈이나 조몽구, 김달삼, 이덕구가 5.10선 거를 반대하지 않고 국회의원에 출마하였으면 제주도에서 2명 은 당선되었을 것이다. 당선된 국회의원들이 합법적으로 남로당 을 보호하고 정치에 참여하여 자기들 뜻대로 할 가능성이 있었 다. 그러나 5.10 선거를 무조건 반대하여 심각한 좌우 갈등을 불러일으켰으며, 귀한 생명이 희생되고, 제주도 사람 13,000여

명이 죽는 결과를 낳았다. 그로인해 14연대 반란을 불러 일으켜 남로당이 뿌리가 뽑히는 결과를 가져왔고 6.25한국전쟁의 원인도 되었다. 제주 4.3폭동은 현재까지도 어려움을 겪고 있다.

강정구 전 동국대 교수는 "1948년의 상황에서도 외세(미국)의 개입이 없이 민족 자주적으로 5.10선거가 남쪽에서 치러졌더라면 한민당과 이승만의 극우·분단세력이 아니라 좌익·중도세력이 권력을 장악하였을 것이다."라고 분단과 전쟁의 한국현대사 200쪽에서 주장하고 있으나, 미군정은 남로당이 5.10선거에 참여하는 것을 절대 저지하지 않았다.

또 38쪽에서는 "미군정이 남한 만의 단독정권을 창출하여 조선을 분할 지배하기 위한 목적의 선거였고, 조선인의 주도가 아니라 미군정에 의해 치러진 선거였고, 민전 인민당 등 전체 좌익과 상해 임정계의 한독당, 김규식 계열의 민족자주연맹 등 대부분의 우익세력들로 이루어진 각 정당·사회단체들은 남북협상에 의해 민족 자주 통일정부를 수립하려는 투쟁에 들어가 5.10선거를 보이코트 하여 . . . .중략. . . .정통성을 전혀 인정하지 않았고. . . . . . 이승만 권력 창출의 형식요건에 불과하였다."라고 거짓주장을 하고 있다.

39쪽에는 "5.10선거에서 극우 분단세력 외에 다른 세력들이 의회에 진출할 가능성은 원칙적으로 배제 되었고, 선거 결과는 유권자의 의사와는 전혀 무관한 것 이었다"고 거짓주장을 하고 있다.

40쪽에 "5.10선거는 민주성을 완전히 상실한 허구적 선거로 귀착되었다"고 허위주장을 하고 있다. 좌파들은 거짓의 전문가들이다.

48년 5월 31일 초대 국회를 개원하였다. 여기서 의장에 이승만, 부의장에 신익희와 김동권이 선출되었다. 6월 3일 헌법과 정부 조직법의 조정 작업에 들어갔으며, 국호를 대한민국이라고 7월 1일 공포하였다. 7월 17일 헌법을 공포하였고, 7월 20일 국회에서 이승만을 대통령에, 이시영을 부통령에 선출하였다. 이승만은 7월 24일 대통령에 취임하였고, 8월 15일 하지 사령관은 미군정이 끝나고 대한민국이 건국되었다고 공포하였다. 그리고 한반도에서 미군이 떠나기 위해 준비를 서둘렀다.

8. 박진경 9연대장의 군·경 합동 진압작전

김익렬 연대장은 4월 3일 폭동이 일어나자 경찰이 합동작전을 하자고 애원해도 훈련이 부족하다는 이유로 4월 24일까지 20일 동안 진압에 나서지 않아 사건이 확대 되었다. 또 4월 28일 평화협상도 깨져 김달삼에게 이용당하여 폭도들에게 더 유리하게 하였다고 조사를 받았다. 그리고 5월 6일 연대장 직에서 해임되고 박진경 중령이 9연대장에 취임하였다.

박진경 연대장은 부대 상황을 보고받고 폭동의 원인과 진압

방법에 대해서 전략을 세웠다. 먼저 정보담당에 김종면 중령, 인사 최갑종 소령, 작전 임부택 소령, 군수 백석진 소령을 임명하여 참모진부터 강화하였다. 5월 15일 부대를 재편하고 제주, 모슬포, 한림, 서귀포, 성산포에 병력을 분산 배치하여 출동을 신속하게 하였다. 그리고 경찰과 합동하여 폭도를 진압하기로 합의하여 김정호 경찰 사령관은 적극 환영하였다. 이렇게 되자 9연대 안의 남로당원들이 당황하였고, 특히 2대대장 오일균 소령과 남로당원 문상길 중위가 폭도 진압에 못 가겠다는 이유를 댈 수가 없어 당황하였다. 박진경 연대장은 1차로 김달삼에게 접근하여 자수하면 모두 살려주겠다고 권하였으나 김달삼은 자수를 거절하였다. 박진경 연대장은 수원의 11연대 1대대를 증원받아 3개 대대로 연대를 강화하였고, 연대를 9연대에서 11연대로 통합하였다.

박진경 연대장은 대대장들을 소집하여 작전에 대해서 설명하였다.

"나는 유격대의 진압이 얼마나 어려운지 잘 알고 있다. 전쟁은 전선이 있어 정면에서만 공격을 받으나 유격전은 사면에서 공격을 받고 적과 양민을 구분할 수 없어 진압에 어려움이 많이 있다. 그러므로 유격전의 진압은 첫째로 정보가 새어나가지 말아야 한다. 그래서 나는 작전을 의논하거나 작전참모에게 작전을 세워 보고하게 하지 않고 그때그때 상황을 보아 작전할 것이다. 다음은 전투를 하기 위해서만 부대를 출동할 것이 아니라 훈련과 전투를 병행할 것이다. 그래야 폭도들이 우리의 움직임을 몰라 진압할 수 있다. 그리고 폭도들은 낮에는 자고 밤에만 공격하니 우리도 낮에 정보를 수집하고 밤낮으로 공격하여 그들이 지치고 정신을 못 차리게 할 것이다. 마을마다 담을 쌓아 성을 만들어 폭도들이 마을에 들어오지 못하게 하고 마을마다 자위대를 조직하여 경비대가 출동할 때까지 폭도를 막게 할 것이다. 김달삼에게 자수하면 책임지고 살려주겠다고 해도 자수하지 않으니 이제는 진압 방법밖에 없다. 내일부터 산에 있는 자는 모두 내려오게 하고 만일 내려오지 않고 산에 있는 자는 누구를 막론하고 폭도로 간주 사살하겠다.”라고 하였다.

48년 5월 12일-27일 경비대와 경찰은 합동으로 폭도들의 진압에 나서 권고해도 산에서 내려오지 않는 자 3,126명을 체포하고, 경비대에 저항하는 자 8명을 사살하였다. 3,126명을 조사하여 500명을 기소하였고, 나머지는 훈방하였으며, 수용소에서도 살게 하였다. 경비대가 이처럼 적극적으로 진압하자 마을과 중산간 부락과 오름에서는 초등학교 학생들을 주로 보초(빗개)로 세워 대나무를 가지고 암호를 전달하였다. 대나무가 세워져 있으면 진압군이 없는 것이고, 대나무가 쓰러져 있으면 진압군이 온다는 뜻이었다. 이 일은 어린 소년들이 죽게 되는 결과를 가져왔다. 이 일을 가지고 좌파들은 진압군이 어린이까지 죽였다고 악선전하고 있다.

48년 5월 31일 오전 8시 30분 박진경 연대장은 3대대를 지휘하여 대정면 유격대 사령부를 공격하여 사살 2명, 포로 10명, 소총, 죽창, 탄약 등 중요서류를 노획하였다. 박진경 연대장은 군경 4,000여 명으로 제주도 오름과 산간지역을 이 잡듯이 뒤지고 마을마다 자위대를 두어 밤에 마을에서 폭도들이 극성부리지 못하게 하였다.

제주4.3사건 진상조사보고서 221쪽에 보면 "이처럼 중산간 마을을 누비고 다니면서 불과 한 달 사이에 수천 명의 포로를 양산해 낸 박진경 연대장의 작전은 주민들을 더욱 산으로 도망치게 했고 자신은 암살당함으로서 사태 해결에 도움을 주기는커녕 더욱 악화시키는 계기가 되었다"고 허위주장을 하고 있다.

9. 박진경 9연대장의 진압 때 폭도들의 공격

1) 함덕지서 공격

5.10선거가 끝나고 박진경 연대장이 폭도를 진압하는데도 제주인민유격대는 경찰과 우익들을 계속 죽이면서 공격하였다.

48년 5월 12일 제주인민유격대는 조천마을 이성봉과 한동은을 경찰에게 고기를 팔았다는 이유로 살해하였다.

48년 5월 13일 점심시간이 조금 지나서 마을 경찰후원회장이 삶은 돼지고기를 가지고 함덕지서로 와서 경찰들은 이 돼지고기를 안주로 해서 술을 한 잔씩 하고 있었다. 오후 4시경 후원회장이 막 지서를 나가자마자 인민유격대 300여명이 지서를 포위한 후 집중공격을 하여 강봉현 지서주임이 즉사하였고, 경찰 3명이 유격대에 끌려가 피살 되었으며, 2명은 숨어 있다가 지서가 불에 타자 질식해서 죽었다. 이 때 외도 지서 주임 큰 어머니 홍기조 씨도 죽었고, 지서 건물 3채가 불에 탔다.

조천면 함덕은 좌익이 우세하였고, 5.10 선거도 참여하지 않았으며, 인민유격대가 밤늦게까지 왓샤왓샤 해도 경찰이나 경비대가 출동하지 못할 정도로 좌익이 강하였다. 경찰이나 경비대는 경찰후원회장도 믿지 못하는 결과를 낳아 피해를 재촉하였다.

2) 저지리마을 공격

48년 5월 13일 오전 7시 한림면 저지리마을에 인민유격대 150여명이 함성을 지르며 공격하여 김인하 순경이 도망치다 붙잡혀 죽창에 찔려 죽었고, 경찰후원회장의 아버지 현명조(65세), 경찰보조원 박용주, 경찰보조원 고성현의 어머니(53세)도 죽었고, 나머지 3명도 같이 죽었다. 인민유격대는 경찰가족, 대청단원, 경찰특공대 집만 골라 우익가정 100여 채에 불을 질렀다. 이 때 인민유격대의 무기는 99식 총으로 수량은 4-5정이었고, 나머지는 죽창, 철창, 몽둥이 등이었다. 이들은 죽창 철창만 버리면 양민으로 변장하여 양민이라고 오리발 투쟁을 하면 진압군은 폭도와 양민을 식별하기가 어려워 진압하기 어려웠다.

48년 4월7일 인민유격대는 한림면 저지지서를 공격하여 경찰특공대원 김구원, 김태준, 고창윤 등을 죽이고 지서에 불을 질렀다.

3) 한림지서 공격

48년 5월 14일 인민유격대 100여명이 대낮에 한림지서를 향해 3개 방면에서 함성을 지르며 공격하였다. 금악, 명월, 신흥, 대림, 귀덕, 수원 등 마을 인민유격대 100여명이 한림지서를 공격한 것이다. 무기는 99식 소총 1정이고 나머지는 죽창과 철창 등이었다. 이 싸움으로 유격대 4명이 죽고 경찰 강태경이 죽었다. 유격대는 명월리 임창현(65세) 씨를 국회의원에 출마하였다가 사퇴하였다고 아들과 손자를 납치하여 죽였고, 부인도 죽이고 집에 불을 질렀다.

한림 면사무소 총무계장 진윤종, 재무계장 진흥종, 산업계장 진한종을 납치 후 사살하였고, 농민 박수석도 납치 후 살해하였다.

4) 금악마을 공격

48년 5월 14일 한림면 금악리에서 인민유격대가 밤에 와서 마을 대청 부단장 김태화(29세)와 그의 부인을 죽였고, 우익인사의 집 7채에 불을 질렀다. 또 강공오를 납치하여 살해하였다. 이 마을은 좌익이 주도하였고, 선거를 하지 않았으며, 우익은

10%도 안 되었다. 이것으로 제주도민 좌익이 80%라는 것을 입증하고 있다. 5월 9일 금악 간이학교 교장이며 선거관리위원장인 이병화(42세) 씨와 대청단원 강임생(36세) 씨가 행방불명 되었다가 시체로 발견되었다.

5) 도두리 마을 공격

48년 5월 11일 유격대는 마을 선거관리위원장 김해만(51세), 대청 마을단장 정방옥(31세) 단원 김용조(23세) 등을 납치하여 죽였고,

5월 14일 김상옥(44세) 김택훈(27세) 부자가 납치 살해되었고, 5월 18일 김해만의 처 장인동(52세)과 딸 김순풍(19세), 아들 김광홍(9세), 정방옥의 처 김순녀(24세), 김용조의 처 문성희(26세), 대청단원 김성언의 어머니 고정달(56세) 등이 납치되어 살해당하였다. 이들이 끌려가던 중 김해만의 어린 아들(9세)이 "살려 달라!"고 울부짖었으나 유격대는 이를 외면하고 끌고 가 잔인하게 죽였다. 폭도들이 이들을 살인한 방법은 인간으로서는 눈으로 보고 귀로 들을 수 없을 정도로 잔인하였다. 이 마을은 좌익이 주도하였고, 90%가 선거에 참여하지 않았다.

6) 송당마을 공격

48년 5월 10일 인민유격대가 오전 11시부터 마을에 나타났다가 밤중에 마을 구장 김두만(47세) 씨 집을 공격하여 부인 김

정생이 총에 맞아 즉사하였고, 김원옥(19세)을 대창으로 찔러 죽였으며, 김두만, 김인아, 김건보, 고두학, 김완숙 등 우익인사 집에 불을 질렀다.

7) 영락마을 공격

48년 5월 18일 대정면 영락리에 인민유격대가 나타나 고성두(63세) 송연화(61세) 부부와 아들 고창흥(20세) 딸 고일복(18세) 한가족 4명을 우익 가족이라고 죽였다. 그리고 마을 우익인사 집 7채에 불을 질렀다.

8) 무릉마을 공격

48년 5월 24일 대정면 무릉2리 인양동 향사에서 인민유격대의 소집으로 마을회의가 소집되었다. 경찰이 이를 덮치려고 인양동에 출동하자 초등학교 고학년인 17세 김창보가 보초(일명 빗개)를 섰다가 경찰의 총에 맞아 죽었다. 유격대는 이런 어린 소년들을 동원하여 소년들이 경찰의 총에 맞아 죽게 하는 계기가 되었고, 마을 입구나 요소에는 아무렇지도 않은 것처럼 어린이들이 놀고 있다가 이상한 조짐이 있으면 곧 마을 안으로 통보하였다. 어린이들조차도 르뽀계(전달)의 역할을 완수하고 있었다. (4.3폭동에 가담했던 김봉현의 증언)
인민유격대들은 진압군이 어린아이들까지 죽였다고 선동하였다.

9) 하귀리마을 공격

48년 5월 10일 애월면 하귀리 선거관리위원 10여 명이 선거 전 날 청년들의 선동에 마을 주민들과 함께 산으로 들어가 숨어 있어 선거를 치르지 못하자 육지출신 경찰들은 구장도, 경찰후원회장도, 선거관리위원들도 믿지 못하고 혐의가 있다고 의심이 가는 자는 피해를 보는 계기가 되었다.

10) 서흥리마을 공격

48년 5월 25일 새벽 2시 서귀면 서흥리에 인민유격대가 선거에 참여하였다고 선거위원 변시진(37세) 집을 덮쳐 변시진을 칼로 수십 군데를 찔러 죽이고, 고창경(24세) 고찬하(22세) 형제도 칼로 무참히 찔러 죽였다.

향보단 마을 소대장인 강남석(42세)도 칼로 찔러 죽이고, 반장 고평호(49세)집을 찾아가 칼로 찔러 그는 2일 만에 죽었다.

인민유격대가 이들을 죽인 이유는 선거에 가담하고 유격대에 협조하지 않았다는 것 때문이었다. 이렇게 해서 유격대에 협조하게 하여 진압군의 목표가 되게 하였다. 낮에는 대한민국, 밤에는 인민공화국 세상이었다.

11) 상예리마을 공격

48년 5월 10일 중문면 상예2리에 인민유격대가 침입, 마을 대청단장 김봉일 부부와 국민회 회장 오대호 등을 납치 살해하여 공포분위기를 조성하였다.

5월 22일 대낮인 오후 2시 우익인 오항주(46세)를 살해하고, 마을 이장 강기송(39세)을 살해하였다. 향보단원으로 선거에 적극 참여한 오남주(43세)를 납치해 살해하였다.

5월 23일 상예1리 오성호와 색달리 강보찬 등을 납치해 살해하였다.

12) 하도마을 공격

48년 5월 27일 새벽 1시 30분 인민유격대는 구좌면 하도마을을 습격하여 대동청년단 마을 부단장인 이하만(27세)을 칼로 난자해 죽이고, 우익인 백인선(60세)을 죽였다. 부평규(57세), 임대진(54세) 등이 인민유격대를 비판하자 대창으로 수십 군데를 찔러 살해하여 비판을 못하게 공포분위기를 조성하였다.

13) 장전마을 공격

인민유격대는 총무 고종언(25세)을 한밤중에 공격하여 철창으로 난자하여 죽였고, 고종언의 생후 8개월 된 아들까지 죽이는 만행을 저질렀다.

4월 20일 제주읍사무소에 근무하는 소창보(29세)도 유격대의 습격을 받고 비참하게 죽었다.(이상 사건은 4.3은 말한다 참조)

14) 경찰 2명 피살

48년 6월 16일 어선 한 척이 우도를 출발하여 제주도로 가던 중 조천면 북촌 앞바다에서 심한 풍랑을 만나 북촌포구로 피하였다. 이 어선에는 경찰관 2명을 포함하여 15명이 타고 있었다. 북촌마을 보초는 즉시 이상한 배가 포구에 왔다고 마을에 알리자 관음사 전투를 지휘했던 인민유격대 참모격인 김완식 외 7-8명이 휴가차 북촌마을에 왔다가 이 소식을 듣고 어선으로 달려가 우도지서주임 양태수(27세) 경사와 진남호 순경 등 경찰 2명에게 총을 쏘아 쓰러뜨린 후 이들은 승객 전원을 포박하였다. 승객 중 김응석은 동생이 경찰이고, 백 순경의 처와 아들, 강 순경의 장모, 지서급사 양남수 등이었다. 유격대는 이들을 납치하였고, 진남호 순경이 복부에 총을 맞아 피가 낭자하게 흘렀으나 죽지는 않았는데 인민유격대는 이러한 진남호 순경을 끌고 가서 사살하였다. 나머지 사람들은 군·경 토벌대에 의해 살아났다. 인민유격대가 총상을 당한 진남호 순경을 끌고 가서 사살하였다는 소식을 들은 진압군은 크게 분노하였다. 인민유격대와 진압군과 우익은 적과 적이었다.

북촌마을은 5.10선거에도 참여하지 않았고, 인민유격대에서 민주부락이라고 불리는 좌익마을이었다. 그런데 이런 김관식을 제주4.3사건 희생자 심사위원들은 희생자로 결정하였다. 그래서 4.3 희생자심사는 법을 어긴 엉터리심사를 한 것이 입증되었다. 1949년 2월 4일 북촌마을 사건이 벌어진 것은 우연이 아니었다.

10. 9연대 장병 탈영과 박진경 연대장의 피살

1) 9연대 장병 41명 탈영

제주도 경찰과 우익은 박진경 연대장을 열렬히 환영하였으나 폭도들과 좌익들은 박진경 연대장이 철천지원수였다. 박진경의 진압작전에는 오일균, 문상길, 김달삼 모두 꼼짝 못하고 숨어 있을 수밖에 없었다. 그러자 김달삼은 9연대 안의 남로당원을 탈영시킨 후 박진경을 아예 죽이기로 오일균과 문상길과 합의한 후 문상길 중대장에게 9연대 안의 좌익을 탈영시켜 폭도들과 합세하도록 지시하였다. 문상길 중대장은 대정 출신 강기창, 성산면 출신 강정호, 남원면 김태홍 등에게 지시하여 1대대를 선동 탈영하여 폭도들과 합세하라고 지시, 5월 20일 밤 11시 41명이 실탄 5,600발을 가지고 탈영하여 11시 30분 대정지서에 도착하였다. 이들은 경찰관 서덕주, 김문희, 이환문, 김일하 순경과 보조원 임건수를 공격하여 총살하였다. 지서주임 안창호와 허태주는 총상을 입고 극적으로 목숨을 건졌으나 중상이었다. 소형원, 송순옥, 김정남 등은 경비대가 지서에 지원 차 오게 되면 위에서 반드시 연락이 오는데 갑자기 경비대 41명이 몰려오자 이상하게 생각하고 도망쳐 살았다. 이들 41명은 서귀포 경찰서를 기습하기 위하여 갔으나 경비가 심하여 차량 한 대만 빌려서 트럭 2대에 분승하여 폭도들과 합류하기 위하여 남원면 신례리 산으로 들어갔다.

보고받은 박진경 연대장은 깜짝 놀랐다. 그것은 한 명도 아니고 41명이 탈영한 것과 이들이 폭도와 합류하려고 탈영하였다면 41명이 모두 좌익이라는 말인데, 이들 41명이 무기를 가지고 부대를 반란군으로 만들었으면 어찌 되었을까 생각하니 등골이 오싹하였다. 박진경 연대장은 탈영병 41명을 체포하기 위해 정보를 수집하고 있는데, 대정면 중산간 부락에서 "경비대 41명이 밥을 해달라고 해서 밥을 해주고 있는데 행동이 아무래도 이상하다"는 일반인 신고가 들어왔다. 연대장은 즉시 3대대를 지휘하여 중산간마을 외딴집을 포위하였다. 그리고 "너희들 자수하면 살려주겠다!"하고 방송을 계속하였다. 그러자 21명은 부리나케 도망쳤고, 20여 명은 손을 들고 나와 체포하여 부대로 압송하였다. 이들이 가지고 있던 19정의 소총과 3,600발의 탄약을 회수하고 제주도 사람으로 대대가 편성된 1대대를 연병장에 끌고 와 탈영한 이유를 조사하였다. 이들은 폭도들과 합류하려고 탈영하였다고 밝혔다. 박진경 연대장은 상부의 명령대로 20명의 포로들을 군법회의에 기소하였다. 그리고 상부 지시대로 9연대를 해체하고 11연대에 통합시켰다. 그리고 제주 출신 1대대를 무장해제 시키고 제주읍 오등리에 연금시켰다. 이때까지 오일균 대대장과 문상길 중대장이 좌익인 것이 밝혀지지 않았다.

2) 박진경 연대장 피살

9연대 장병 41명 중 21명이 탈영에 성공하자 폭도들의 사기가 높아졌고, 무기도 좋아졌다.

48년 5월 10일 김달삼과 문상길이 박진경 연대장을 죽이기로 합의한 후 김달삼은 박진경 연대장을 죽이라고 문상길 중위에게 지령하였다.

김달삼의 지시를 받은 9연대 문상길 중대장은 좌익 세포원 손선호(22세 경주출신 대구 폭동에 가담하였다가 경찰의 추적을 피해 경비대에 입대) 하사, 신상우(20세) 중사, 강자규(22세) 중사, 배경용(19세) 하사 등에게 17일 새벽 박진경 연대장을 죽이라고 지시하였다.

박진경 중령은 6월 1일부로 대령으로 진급하여 6월 17일 도민들의 축하연에 참석 후 18일 새벽 2시 잠자리에 들었다. 새벽 3시경 손선호 하사는 소총을 박진경 연대장의 머리에 대고 한 방을 쏘아 그 자리에서 숨지게 하였다. 그는 48년 6월 18일 새벽 3시15분 숨졌고, 그의 나이 28세였다. 경비대 중에서 가장 머리가 좋다고 한 고급 장교가 좌익에 의해서 처음으로 희생당한 사건이었다.

제주4.3사건 진상조사보고서 225쪽과 229쪽에서는 "문상길 외 4명이 김달삼의 지령을 받은 것이 아니라 박진경 연대장의 무모한 토벌을 막기 위해 암살하였다"고 살인자들을 거짓으로 옹호하고 있다. 그러나 제주인민유격대(폭도:저자 주) 투쟁보고서에는 "박진경 연대장 이하 반동 장교들을 숙청하지 않으면 안 된다"라고 하여 이미 박진경 연대장을 죽일 것을 계획하였다. (문창송 편 『한라산은 알고 있다』 80쪽)

3) 11연대장에 최경록 중령 임명

최경록 연대장은 서울에서 잘 훈련된 세퍼트를 데리고 와서 잠자리 옆에 꼭 두었다. 그것은 경호원도, 부관도, 당번도, 누가 좌익인지 몰라 언제 뒤통수를 칠지 모르나 개는 주인에게 뒤통수를 치지 않기 때문이었다. 최경록 연대장은 총력을 기울여 박진경 대령 암살자를 찾았다.

암살범인 문상길 중대장을 압송하여 서울에서 조사가 시작되었고, 조사 후 선고가 내려졌다. 문상길, 손선호, 배경용, 신상우는 사형, 양희천은 무기, 강승규는 5년 형, 황주복, 김정도는 무죄를 선고 받았다. 48년 9월 23일 수색에서 사형수 4명이 사형 집행되었다.

문상길은 경북 안동 출신으로 좌익단체에서 활동하다 대구 6연대에 입대, 육사 3기로 졸업 임관하였다. 경비대 정보과에서는 경비대 안에 좌익이 많은 것에 놀라 남로당원(공산주의자) 색출에 전력을 다해 파악했다. 그런데 미군정은 사상은 자유다 하면서 군부 안의 남로당원 검거를 반대하였다. 그래서 우익들은 대한민국 정부가 세워지면 보안법부터 제정하여 군 안의 남로당원을 뿌리 뽑지 않으면 남한이 적화 되는 것은 시간문제라고 염려하였다.

　11연대 안의 100여 명의 좌익 남로당원들은 최경록을 죽이고 연대를 장악하여 11연대를 반란군으로 만들려고 기회를 노렸고, 탁성록 정보과장은 이것을 막으려고 혼신의 노력을 다했다. 그런데 7월 2일 모슬포 1대대 소속 장병 11명이 또 완전무장하고 탈영하여 폭도들과 합세하였고, 그 후 또 탈영하여 1명 피살, 3명 검거, 나머지는 인민유격대와 합세하여 총52명이 탈영하였다. 48년 6월 18일 최경록 연대장은 "산에 있는 자는 무조건 하산하라!"고 전단지를 뿌리고 광고를 하였다. 그리고 마을마다 성벽을 쌓게 하고 자위대를 활성화 했다. 최경록 연대장은 경찰과 경비대를 총동원하여 360개 오름을 뒤지면서 산에 있는 자들을 체포하였다. 48년 6월 18일부터 7월 14일까지 1,454명을 연행하여 600여 명을 기소하고 나머지는 수용소에 보냈다. 그리고 진압군에 대항하는 자 22명을 사살하였고, 소총 50정도 노획하였다. 폭도들은 도저히 견디지 못하고 산속 깊숙이 숨어 진압이 다 된 것으로 위장하였다. 그리고 그들은 북한의 8.25선거와 다음 작전을 위해 준비하였다.

11. 제주도민 북한의 8.25선거 참여

1) 북한의 8.25선거

박헌영은 남로당의 저지에도 불구하고 48년 5.10선거가 남쪽에서 무사히 끝나자 난감하였다. 그는 신탁통치를 성공시켜 통일정부가 세워지면 반드시 남로당 대표로 자기도 참여하여 어떻게 해서라도 한반도를 장악하려고 하였다. 그런데 신탁통치도 되지 않고, 남한의 5.10선거를 반대하여 선거가 무산되어 공산주의로 남북한이 통일되면 박헌영도 남쪽의 대표로 권력의 힘을 받을 수 있는데, 남쪽의 5.10선거가 끝나 북쪽과 남쪽의 정부가 세워짐으로써 자신의 설 자리가 없어 김일성에게 밀려나게 되었다.

48년 7월 10일 북한은 인민회의에서 인민공화국 수립 일정과 방법에 대해 결정하고, 총선거는 8월 25일 실시하고 인구비례에 의해 남조선 360명, 북조선 212명의 대표를 선출하기로 하였다. 남한에서는 360명의 대표를 선출하기 위해 각 시 군 대표 1,080명을 선출하기로 하고, 좌파 선거관리위원을 2,500명 선정하였고, 전권위원은 5천명, 위원은 8만여 명이었다.

남한의 5.10선거 총유권자 8,681,746명 중 77%인 560만여 명이 북한의 선거에 참여할 정도로 그 세력은 막강하였다. 이때 남로당원(조선 공산당원)의 수는 60만(150만여) 명이었다.

제주 폭도들은 밤마다 마을을 다니며 북한의 8.25선거에 대해 설명을 하고 투표를 하도록 하였다. 제주도 3개 선거구에서 북한의 선거를 실시하였는데 이 지하 선거는 북한에서의 선거를 지지하고 남한 정부를 반대하는 내용의 지지 서명을 받았다. 즉 한반도가 공산화로 통일국가가 되는 것에 찬성하는 서명이었다. 폭도들은 주로 밤마다 마을을 돌아다니며 적기가를 부르고 '조선민주주의 인민공화국 만세'를 부르면서 서명을 받고 있었다. 유권자 85,517명 중 80%(김달삼 주장)인 52,000여 명이 타의든 자의든, 알든 모르든, 투표에 참여하였다. 지역대표 1,080명이 선출되어 이들은 개성, 포천, 동두천, 주문진 등에서 38선을 넘었다. 8월 10일 월북하다 80여 명은 경찰에 체포되었고, 1,000여 명은 38선을 넘어 해주에 도착하였다.

제주도 대표 안세훈, 김달삼, 강규찬, 이정숙, 고진희, 문등용 등은 8월 2일 성산포에서 해녀들의 도움으로 어선을 타고 목포에 도착하여 38선을 넘었다. 김달삼은 김일성과 박헌영으로부터 뜨거운 환영을 받았고, 국기 훈장 2급을 받았다. 그는 영웅 칭호도 받았다. 남조선 인민대표자 회의는 8월 21일부터 6일 동안 해주 인민회당에서 개최하였다. 이 회의에서 박헌영의 개회선언, 홍명희의 개회사로 개회되었다. 남조선 주석 35명을 여기서 선출하였는데 김달삼도 포함되었고, 김달삼은 여기에서 4.3폭동에 대한 연설도 하였다. 남조선 최고인민회의 대의원 360명이 선출되었다. 김달삼은 제주도민 5만2천명이 8.25선거를 찍은 투표용지를 증거물로 제시하였다. 이것으로 제주도

4.3폭동은 대한민국을 반대하고 북한의 8.25선거에 참여하기 위한 폭동을 일으켰다는 증거가 되며, 협력자는 5만2천명으로 제주도 70%가 좌파라는 증거가 되었다. 그런데 좌파들과 제주 4.3 진상조사보고서는 제주4.3폭동을 민중봉기라고 거짓주장을 하고 있다.

4.3폭동 주동자 김달삼은 보현산의 제3병단장이 되어 49년 8월 4일 해주 남로당 인민유격대 300여명을 이끌고 부단장 남도부(본명 하준수)와 같이 38선을 넘어 경북 양양군 일출산에 침투하였고, 50년 3월 21일 강원도 정선군 반론산에서 국군 8사단 336부대의 공격을 받고 괴멸되어 부사령관 나훈 등이 사살되고 김달삼은 남도부와 같이 50년 4월 3일 월북에 성공하였다. 김달삼은 6.25동란 초 766부대와 같이 강릉 밑 옥계에 상륙하여 간부들을 데리고 경북 청도군 운문산지구로 침투하여 경남 신불산전투에서 국군과 전투 중 사살되었다.

1948년 9월 1일 북한의 수상 선거가 있었다. 남조선 대표가 북한 대표보다 많으니 투표하면 박헌영이 수상이 될 가능성이 많았다. 그러나 소련에서는 박헌영보다 김일성을 선택하여 투표하지 않고 만장일치로 박수로서 김일성을 수상에 추대하였다. 남로당원들은 "수상을 박수로 뽑는 법이 어디 있단 말인가? 이럴 바에는 처음부터 선거를 하지 말고 박수로 처리하지, 죽음을 무릅쓰고 선거를 하기 위해 38선을 넘어 여기까지 오게 하였느냐?"고 불평이 이만저만이 아니었으나 이제 와서 어떻게 할 방법이 없었다. 박헌영이 김일성에게 이용만 당하여 박헌영과 남로당은 기가 막혀 눈앞이 캄캄하였다. 결국 김일성은 수상이 되고 박헌영은 부수상 및 외상이 되었다.

12. 제2대 폭도사령관 이덕구의 9.15사건

1) 이덕구 폭도 사령관이 되다.

김달삼이 해주에 간 후 돌아오지 않아 사령관 자리가 비게 되자 남로당 제주도당에서는 이덕구를 제주인민유격대 제2대 폭도사령관에 추대하였다. 이덕구는 조천면 신촌사람으로 당시 32세였고 관동군 소좌로 해방을 맞았다. 그는 얼굴이 약간 곰보였고 말을 약간 더듬었다.

제주인민유격대는 숨어 있으면서 북한의 8.25선거를 하였고 식량 확보, 무기 보강, 민주부락 확대, 마을마다 정보원 보강, 유격대 증원에 힘썼다.

제주도당에서는 어승생의 밀림지역에 사령부를 두고 사령부 안에는 선전, 조직, 총무, 군사부를 보강 조직하였다.

1연대: 조천 제주 구좌 3.1지대(1지대)이덕구

2연대: 애월 한림 대정 안덕 중문 2.7지대(2지대)김대진

3연대: 남원 서귀 성산 포선면 4.3지대(3지대)김의봉

4연대: 예비대

특공대: 정찰 반동감시 자위대 관리

자위대 1개면에 10명, 1개리에 1-2명

도당에서는 남로당원 3만 명을 동원하여 제주인민유격대에 협조하게 하여 유격대 3,000여 명을 확보하였고, 마을마다 보초를 세워 진압군의 진압에 대비하였으며, 마을의 정보원은 마을 상황을 도 사령부에 보고하게 하였다. 낮에는 평범한 양민으로 위장하고 밤에는 총과 죽창과 연장을 들고 폭도로 변하여 진압군은 폭도 진압에 어려움이 많았다.

2) 폭도사령관 이덕구의 9.15 사건

48년 9월 15일 중문면 도순리에 살고 있는 문두천을 폭도들이 몰려와 칼로 난자하여 죽였다.

9월 18일 성산면 고성2구 민보단장 김만풍의 집에 폭도들이 들이닥쳐 칼로 난자하여 죽였다. 이장 집을 찾아가 이장을 죽인다는 것이 이웃의 오만순(37세)을 칼로 찔러 죽였다.

9월 25일 김녕리 특공대장 박인주는 장례식에 참석하였다가 폭도들에게 잡혀 현장에서 죽게 되었다.

10월 1일 폭도들은 군복을 입고 와서 장례식에 참석한 정병택과 그의 아버지 정익조와 김상혁에게 조사할 것이 있으니 가자고 하여 의심하지 않고 따라간 이들을 총으로 쏘아 죽였다.

10월 1일 폭도들은 도순과 오도리를 공격하였다. 폭도들의 공격으로 오도리에 있는 경찰 정찬수, 박홍주, 최형규, 김병호 등 5명이 현장에서 즉사하고 부상자가 많이 발생하였고, 2명이 납치되었다.

10월 6일 폭도들은 구좌면 김녕리 부근에서 20명의 경찰과 폭도 40명과 사격전이 벌어져 경찰 한 명이 부상하였다. 10월 7일 시위대 200여 명이 조천지서 앞에서 시위를 하였다.

이상의 보고를 받은 송요찬 9연대장은 깜짝 놀랐다. 그것은 7월 중순부터 제주도에 있는 폭도들이 사람을 죽이거나 지서를 습격하는 일이 없어 제주도 4.3폭동이 진압된 줄 알고 11연대 1개 대대를 수원으로 원대복귀해서 다시 9연대가 되었다. 9월 5일 경찰의 보조원이라고 해서 멸시 천대를 받던 경비대가 정식 육군이 되어 사기가 충천하였으며, 8월 15일 대한민국도 정식으로 건국되었고, 미군도 한반도를 떠난다고 선언하고 군단이 일본으로 떠나고 있어 이제는 폭동의 명분이 없는데 이상과 같은 폭동이 다시 발생하여 송요찬 연대장은 육본에 즉시 보고하였다.

13. 제주도에 경비사령부 신설

육본에서는 송요찬 연대장의 이상과 같은 폭동 보고를 받고 깜짝 놀라 10월 11일 제주도에 경비사령부를 신설하고 부산의 5연대 1개 대대와 대구 6연대의 1개 대대를 차출하여 9연대에 배속하였다. 그리고 경비사령관에는 김상겸 대령을 임명하였다.

해군 함정도 배속하여 진압에 나섰다. 그리고 여수에 있는 14연대 1개 대대도 9연대에 배속 진압하라고 명령하였다.

이 정보를 입수한 남로당 군사부장 이재복은 14연대 남로당원 지창수 상사를 선동하여 반란을 일으키게 하여 14연대 전체가 반란군이 되었다. 대구 6연대도 11월 2일 이재복이 이정택 상사에게 지령을 내려 반란을 일으켰으며, 광주 4연대 일부가 14연대 반란군과 합세하였다. 마산의 15연대장 최남근 중령이 반란군에 가담하였고, 11월 18일에는 박헌영의 지령으로 북한의 인민유격대 강동정치학원 출신 180명이 11월 14일 오대산을 거쳐 태백산으로 가고 있었다. 신생대한민국은 국군 안의 남로당원 반란 때문에 위기를 맞이하였다.

48년 10월 24일 제주 내란군 사령관 이덕구는 대한민국 정부에 선전포고를 하여 내란군이 되었다. 제주도 폭도들은 대한민국이 금시(今時) 넘어지고 남한이 곧 조선민주주의 인민공화국이 될 것으로 알았고, 또 도민과 산사람들에게 그렇게 된다고 선전하는 등 폭도들의 사기는 충천하여 그들에게는 거칠 것이 없었다.

이들은 적기가를 부르고 '인민공화국 만세!'를 부르고, 50여 개의 오름에 봉화를 올리고, 인공기를 세우고 곳곳에 대중 집회를 열어 남한은 곧 망하고 통일이 된다고 선동하였다.

48년 11월 5일 12연대가 14연대 반란군을 진압하다 백인기 연대장이 반란군에 포위가 되어 자살하였고, 진압군 50명이 전사하고 80명이 포로가 되어 대파되었다. 이 사건이 신문에 대서특필되자 좌파는 춤을 추고 전국은 대혼란에 빠졌다.(『한국전쟁사』 1권 478쪽)

14. 제주인민(내란)군 사령관 이덕구 대한민국에 선전포고

• 제주인민(내란)군 사령관 이덕구의 선전포고문.

친애하는 장병·경찰원들이여! 총부리를 잘 살펴라 그 총이 어디서 나왔느냐? 그 총은 우리들의 피땀으로 이루어진 세금으로 산 총이다. 총부리를 당신들의 부모·형제·자매들 앞에 쏘지 말라. 귀한 총자 총탄알 허비말라. 당신네 부모·형제 당신들까지 지켜준다. 그 총은 총 임자에게 돌려주자. 제주도 인민들은 당신들을 믿고 있다. 당신들의 피를 희생으로 바치지 말 것을 침략자 미제를 이 강토로 쫓겨내기 위하여 매국노 이승만 일당을 반대하기 위하여 당신들은 총부리를 놈들에게 돌려라. 당신들은 인민 편으로 넘어가라. 내 나라 내 집 내 부모 내 형제 지켜주는 빨치산들과 함께 싸우라! 친애하는 당신들은 내내 조선인민의 영예로운 자리를 차지하라.

"침략자 미제를 이 강토로 쫓겨내기 위하여 매국노 이승만 일당을 반대하기 위하여 당신들은 총부리를 놈들에게 돌려라"라고 선전포고를 하였다.

여수 14연대 반란은 제주 폭도들의 용기를 크게 북돋아 주게 되었다. 14연대 반란 4일 후 제주인민(내란)군 사령관 이덕구는 대한민국 정부에 대하여 선전포고를 하였다. 이 성명은 남로당 제주도당이 지하에서 발행했던 「제주통신」에 게재된 바 있는데 제주도에 있는 폭도들에게 14연대를 본받아 게릴라 활동에 합류할 것을 호소하였다.

여수 14연대 반란군이 제주도의 게릴라를 응원하기 위하여 곧 바다를 건너오게 될 것이라는 소문이 온 섬에 퍼져 있었다. 제주도 학생들이 시위를 전개하고, 북한 깃발을 게양하게 되자 도내 학교가 폐쇄되게 되었고, 2만여 명이 제주인민군에 협조하였다. 제주도는 행정이 마비되어 제주도 내에서는 인민재판도 하고 있었다. 제주인민군이 대한민국에 선전포고를 한 것은 무장봉기가 아니라 곧 내란이다.

15. 제주도 공산화 음모사건

1) 9연대 안의 남로당원 강의현 소위 반란 실패

48년 10월 19일 14연대 반란군이 성공하자 9연대 안의 남로당원들도 용기를 얻었다. 10월 28일 9연대 구매과장 강의현 소위(육사4기), 박격포부대 박노구 소위가 주동이 되어 송요찬 연대장과 이근양 중대장을 죽이고 부대를 장악 반란군이 되어 인민유격대와 합세 제주도를 적화하려다 송요찬 연대장에게 발각되어 체포되었다. 남로당 세포원 장교 6명, 사병 80명이었다. 이들은 연대장 주변과 작전 정보에 주로 많이 있었고, 반란 주동은 5중대 선임하사들이 주로 행동대원으로 9연대를 반란부대로 만들려 하였다. 9연대는 문상길, 오일균 대대장 등이 숙청되어 강의현 소위가 총책이었다. 이 사건 후부터 장병들과 지휘관들은 누가 어떤 사상을 갖고 있는지 몰라 서로 불신하게 되었다. 그런데 남로당의 공식 암호는 아니지만 "같은 민족끼리 이렇게 싸워서야 되겠는가?"하고 말하면 거의 남로당원으로 자기편인지 아닌지 짐작하여 행동하였다.(『4.3은 말한다.』4권 119쪽, 136쪽)

2) 제주경찰 공산화 음모사건

48년 10월 31일 "오늘 저녁 제주도가 해방 된다"라는 폭도들의 극비 내용을 제주경찰서 박태의 사찰과장이 알게 되어 주동자들을 극비에 미행 체포하였다. 6명을 조사하자 그중 한 명이 "11월 1일 새벽 4시 폭도들이 경찰서를 공격하면 경찰서 안에 있는 11명의 경찰이 경찰서 안의 경찰들을 죽이고 도청, 법원, 검찰청, 읍사무소, 해운국의 남로당원이 동시에 협력하여 경찰서를 점령하여 제주도를 완전히 점령한다."는 계획이라고 불어버려 75명을 순식간에 체포하였다. 이 중에는 폭도를 조사하는 특별수사요원 2명도 포함되어 있었다. 이로서 이덕구는 9연대 반란과 경찰서 점령 후 48년 11월 1일 제주도를 완전히

공산화 하려다 실패하고 말았다.(『4.3은 말한다』 4권 134쪽)

　제주 4.3사건 진상보고서에 제주도 4.3사건이 민중봉기라고 하기 위하여 9.15사건부터 이상과 같은 사건을 보고서에서 싹 빼버렸다.

3) 제주인민군 처음으로 국군 9연대 3대대 6중대 공격. 국군 21명 전사로 사건이 확대 됨

　연대 반란군이 여수, 순천, 벌교, 광양을 점령하고 구례에서 국군 12연대를 대패시켜 대한민국이 위기에 처하자 제주도 이덕구 이하 내란부대는 사기가 충천하였다. 그들은 11월 2일 한림에 있는 9연대 3대대 6중대가 점심식사 시간인 12시 15분 식당에 모여 있을 때 공격하였다. 폭도들은 30분 동안 공격하고 재빨리 산으로 도망쳤다. 6중대장은 2개 소대를 지휘하여 선두에 서서 맹추격하였다. 폭도들은 매복하고 있다가 국군이 사정권 안에 들어오자 국군에게 집중사격을 하였다. 중대장은 여러 발의 총을 맞고 그 자리에서 숨졌고, 국군 14명이 순식간에 숨졌다. 이 보고를 받은 대대장은 3중대장에게 즉시 소탕하라고 명하였다. 현장에 도착한 3중대장은 참혹한 광경을 보고 분노가 치밀었다. 3중대장이 2개 소대를 지휘하여 조심스럽게 추격하고 있었다. 그런데 갑자기 "사격개시"하는 소리와 함께 총소리가 나며 국군이 푹푹 쓰러졌다. 3중대장이 중상을 입고 7명이 전사하였다. 국군은 얼마나 급했던지 귀중한 기관총을 버리고 도망쳐 폭도들에게는 큰 무기가 되었다. 대대장은 5중대장 이근양 대위에게 폭도를 소탕하라고 명령하였다. 5중대장이 2개 소대를 지휘하여 폭도들을 조심스럽게 3시간 동안 추격하였다. 5중대장은 폭도들이 중산간 외딴 집에 모여 있다는 수색대의 보고를 받았으나 밤이 되어 공격하지 못하고 집을 포위하고 지키고만 있었다. 11월 3일 아침 6시 30분 포위하고 있던 국군은 폭도들을 집중 공격하였다. 30분 정도 집중사격을 하니 폭도들의 저항하는 총소리가 들리지 않았다. 조심해서 가까이 가서 보니 100여 명의 폭도가 죽어 있었고, 몇 명이 부상을 당한 채 살아 있어 포로로 잡았다.(한국 전쟁사 1권 444쪽) 이때부터 국군은 폭도들과 치열한 전투를 하게 되어 제주 폭도들이 많이 죽게 되었다.

이 포로들을 심문하여 9연대는 처음으로 제주 내란군(인민군) 부대의 조직과 규모, 보급창, 무기 수리공장, 식량 창고, 마을마다 있는 보급부대 정보원들을 알게 되었다. 정보에 따라 내란군(인민군)부대의 아지트를 기습하였다. 제주내란(인민)군은 겨울을 나기 위해 준비한 보급창이 기습을 받아 큰 타격을 입었다. 송요찬 9연대장은 인민유격대의 숨겨둔 보급물량이 많은 것에 놀라워하였다.

100여 명의 폭도가 죽고 겨울에 먹을 많은 식량을 빼앗긴 이덕구는 타격이 컸다. 그래서 중문지서를 집중공격하고 면사무소에 있는 양곡을 탈취하여 겨울준비를 하려고 하였다.

11월 5일 새벽 3시, 중문지서를 집중공격하기 위해 안덕지서를 공격하는 척하여 진압군이 안덕지서에 모여 있을 때 중문지서를 공격하기로 하였다. 150여 명의 폭도들이 중문지서를 포위 공격하였고, 면사무소의 창고에 있는 곡식은 벌써 운반 중이었다. 그리고 우익인사 집 40채에 모조리 불을 질렀다. 경찰과 폭도들 간에는 사격전이 벌어지고 있었다. 서귀포 경찰서에서 중문지서를 돕기 위해 트럭 한 대에 30명이 타고 전속력으로 가다 폭도들의 매복에 걸려 집중사격을 받고 운전수 오유삼이 다리에 총을 맞고 차가 멈췄다. 그리고 기관총사수 김재환이 총을 맞았고, 분대장 김남군 경사가 폭도들의 총에 맞아 즉사하였다. 폭도들의 집중사격으로 전멸 직전에 사찰주임 박운봉이 차를 전속력으로 달려 지옥 같은 현장을 빠져 나왔다. 모슬포 3대대도 연락을 받고 3대대가 중문지서 못가서 색달동산에 이르렀을 때 폭도들의 매복사격에 국군 1명이 전사하였으나 운전병이 침착하게 전속력으로 달려 부상자만 속출하였지 큰 인명피해는 없었다. 송요찬 연대장이 급보를 받고 현장에 도착하니 폭도들은 흔적도 없었다. 송요찬 연대장은 폭도들이 마을 집에 숨지 않고서는 갈 곳이 없다고 판단하고 마을에 가서 폭도들을 찾아다녔다. 그러나 폭도가 총이나 죽창을 버리면 모두 양민이라 내가 폭도가 아니라 하면 알 수 없었다. 송요찬 연대장은 "폭도는 나오라"고 해도 나오지 않자 마을 젊은이들을 많이 처형하였다.

11월 7일 아침 7시 폭도들이 서귀포경찰서를 대낮에 공격하였고, 주변에 있는 집 72채에 불을 질렀다.

11월 11일 폭도들은 신엄지서를 습격하고 우익 김여만의 처 고선집과 딸과 아들을 모두 죽이고 이 마을 80채에 불을 질렀다.(『4.3은 말한다』 4권 281쪽)

16. 계엄령 선포

정부에서는 많은 국군이 폭도들에게 희생되었다는 보고를 받고 11월 17일 계엄령을 선포하였다. 그리고 송요찬 연대장은 제주도 169개 부락의 주민들의 협조 없이 폭도들이 사용하는 많은 멍석, 먹을 것, 옷 등을 준비할 수 없다고 보고, 부락민들이 폭도들에게 협조하지 못하게 하는 것이 급선무라고 판단했다. 그래서 일단 산에 있는 자는 무조건 과거를 묻지 않을 것이니 하산하라고 전단지를 뿌려 알리고, 폭도들이 겨울에 산에서 있지 못하게 한 후, 중산간 마을을 해변가로 이사시키고 불을 지른 후 산에서 얼씬거리는 자가 있으면 무조건 사살하라고 명령하였다. 그리고 제주 360개의 오름을 다 뒤졌다. 그는 경찰과 9연대 정보과를 통해 ① 남로당과 인민위원회에 가담한 자 ② 5.10 선거에 참여하지 않은 자 ③ 북한 8.25 지하선거에 참여한 자 ④ 폭도에게 정보나 물건을 대준 일이 있는 자 ⑤ 전봇대를 넘어뜨리고 도로를 파헤쳐 진압군이 출동하지 못하게 한 자를 찾아 확인 즉시 현장에서 사살하게 하였다. 그래서 제주도에서 많은 사람들이 죽게 되었다.

인명 피해는 11월 2,205명, 12월 2,974명, 49년 1월 2,240여 명으로 3개월 동안 가장 많은 인명피해를 보았고, 이때 과잉 진압으로 억울하게 죽은 사람이 많이 있어 가슴을 아프게 하였다. (이때의 폭도를 제외한 양민 희생자들을 국가에서 찾아내어 명예 회복과 함께 보상도 해주어야 할 것이다.)

폭도들은 겨울 준비에 정신이 없어 곡식과 옷과 겨울에 필요한 것을 주민들에게 요구하여 협조하지 않으면 현장에서 죽였다. 그리고 주민들이 폭도들에게 협조한 것이 진압군에 알려지면 진압군이 죽였다. 중산간 주민들은 낮에는 진압군에 시달리고 밤이면 폭도들에게 시달리면서 곡예를 하듯 살아야 했다. 48년 11월 28일 새벽 6시 폭도 200여 명과 협조자 500여 명이 남원리와 위미리를 습격하여 가옥 250채에 불을 지르고 우익 50여 명을 죽이고 70여 명에게 중상을 입히고 경찰 3명에게 부상을 입혔다.

진상조사보고서 280~292쪽에 제주도 계엄령에 대하여 불법이라고 피소된 사건 및 학자들의 견해와 증언들을 장황하게 나열하고 있다. 계엄령은 미군과 관계없이 대한민국 국무위원들이 결정한 문제이다. 선포 일에 대해서도 대한민국 공보처가 발행한 관모 14호에 의거 48년 11월 17일이다. 그런데 장황하게 설명하면서 계엄령이 선포되었는지 모르겠다하고 있다. 계엄선포가 불법이라고 하였는데 2001년 4월 27일 대법원 확정판결에 "계엄선포 행위 자체가 아무런 법적 근거 없이 이루어진 불법적인 조치였다고 단정하기 어렵다."고 판결함으로 계엄령은 합법적이다.

제주 4.3진상조사보고서에는 이상의 사건은 싹 빼버리고 아무 잘못이 없는 제주도에 계엄령을 내려 제주 양민들을 죽였다고 거짓보고서를 작성하였다. 제주도민이 많이 희생된 원인을 이상과 같이 이덕구와 내란부대의 만행에 대해서는 언급도 없이 "국군과 경찰과 서청과 미군의 강경진압 때문이다."고 하면서 "계엄령과 진압군의 초토화 때문에 많은 양민이 죽었다."고 뒤집어씌우고 있으나 이때 많은 산사람이 죽은 것은 이덕구가 국군을 공격하였기 때문이다.(276쪽, 286쪽)

이덕구가 국군과 경찰과 우익을 공격하여 죽이지 않았다면 정부에서는 계엄령도 내리지 않았을 것이고, 진압군이 인민유격대를 공격할 이유도 없다. 그런데 보고서에는 강경진압을 하게 된 원인과 필요성, 정당성에 대해서는 언급이 없고 이덕구의 만행에 대해서도 전혀 언급하지 않아 진압군의 강경진압 때문에 무고한 제주 사람들이 학살 되었다고 진압군이 살인 만행 집단 같이 허위보고서를 작성하였다.

48년 12월 31일 폭도들은 위미리에 다시 나타나 습격을 하여 완전히 초토화 시켰다. 이상의 보고를 받고 송요찬 9연대장은 기가 막혔다. 폭도로 의심받은 많은 사람이 죽었고, 그토록

물 샐 틈 없이 작전을 하고 있는데 어디에서 그 많은 폭도들이 나와 습격을 하는지 도무지 이해할 수 없었다. 송요찬의 적극적인 공세와 주민들이 폭도에게 협력한 것이 확인되면 가차 없이 사살되자 폭도들은 견디지 못하고 또 숨어 있었다. 정부에서는 이제 제주도 제2폭동이 진압되었다고 판단하고 12월31일 계엄령을 해제하였다.

진상조사보고서 241쪽에서 302쪽까지 보면, 이상의 내용은 전혀 기록하지 않고 254쪽에 1948년 10월경부터 집중적으로 터져 나온 이른바 괴선박 출현 설, 혹은 소련 잠수함 출현 설은 강경진압작전을 강화시키는 중요한 명분으로 작용하였다고 거짓으로 뒤집어씌웠다.

265쪽에는 "이미 그 이전인 10월 17일 송요찬 9연대장의 포고문을 통해 강경진압작전의 방침이 정해졌던 것이다."라고 하면서 송요찬 연대장에게 뒤집어씌웠다.

276쪽에는 "강경진압작전이 정당한 것인지, 또한 계엄령은 합법적인 것인지 의문으로 남아 있었다"고 하면서, 계엄령을 내린 원인은 기록하지 않고 강경진압작전과 계엄령을 내린 것이 마치 아무 잘못이 없는 제주도 사람들을 학살하기 위한 것으로 기록하고 있다.

289쪽에는 "가혹한 방법을 통해서라도 제주도 4.3사건을 완전히 진압해야 한국의 중요성을 인식하고 있는 미국의 원조가 가능하다. 라는 이승만 대통령의 지시는 강경진압작전이 미국과

의 교감 속에서 벌어졌음을 암시하고 있다. 미·소 냉전이 심화
되는 가운데 아시아에 공산주의로부터의 방벽을 구축하겠다는
미국의 의지가 반영된 것이라는 지적이다"라고 하면서 강경진
압을 하게 된 동기가 폭도들에 의해서가 아니라 미국에 책임이
있다고 뒤집어씌우고 있어 반미감정을 나타내고 있는 좌파보고
서이다.

14연대 반란 진압 때 지리산 주변의 경상도와 전라도 주민들
을 진압군은 전혀 죽이지 않았다. 그것은 일반인이 국군을 공
격하지 않았기 때문이다. 그 예가 전라북도 황점마을 사람들이
반란군들을 잠을 재우고 소를 잡아 주었어도 토벌군은 마을사
람들에 대해 전혀 피해를 주지 않았고, 구례 파도리에서 마을
이장이 반란군과 내통하여 국군 1개 중대 100여명이 반란군에
포로가 되었어도 진압군은 파도리 사람들에게 피해를 주지 않
았다. 그런데 제주도 4.3폭동 때 이토록 일반인이 많이 죽은
이유는 일반인인 폭도들이 국군을 공격하였기 때문이다.

17. 9연대, 2연대로 교체

육본에서는 제주도 9연대를 대전으로, 대전의 2연대를 제주
도로 이동시켰다. 대전의 2연대는 국군 중에서 좌파 남로당원
이 제일 없는 부대여서 반란 염려에 대해서는 안심할 수 있기
때문이었다. 2연대는 48년 12월 29일 제주에 도착하였다.

1) 폭도(내란군) 사령관 이덕구 다시 공격 시작

① 국군 2연대 3대대가 제주 도착 첫날 밤 500명의 인민유격대에 공격을 받음.

육본에서는 9연대를 대전으로 이동시키고 대전의 2연대를 제주도로 이동명령을 내려 선발대는 12월 19일 도착하였고, 본대는 12월 29일 함병선 2연대장과 장병들이 제주도에 도착하였다.

함병선 연대장은 본부와 2대대를 제주읍에, 1대대는 서귀포, 3대대는 한라산 중턱에 배치하고 언제든지 즉시 작전에 임할 수 있도록 하였다.

48년 12월 31일 송요찬 연대장이 "인민유격대를 완전히 소탕하였다"고 해서 제주인민유격대는 진압되고 평온을 찾은 것 같고, 도민들이 국군을 환영해 주어 장병들은 마음이 흐뭇하여 술도 한 잔씩 하고 내무반에서 자고 있었다.

49년 1월 1일 새벽 1시, 이덕구가 내란군 500여명을 이끌고 오동리 3대대를 집중 공격하였다. 3대대 장병들은 잠을 자다 천지를 진동시키는 총소리에 놀라 잠이 깨어 정신이 없었다. 3대대는 조명탄을 쏘아 일단 불을 밝히고 전 장병이 내란군을 향해 사격하자 내란군은 30분 정도 공격을 하고 동료 시체 10명을 남겨두고 도망쳤다. 국군은 고병선 중위 외 7명이 전사하고 많은 수가 부상을 당하였다.

3대대 장병들은 제주내란군의 공격으로 전우가 죽고 부상을 당하여 신음하고 있자 눈에 불을 켜고 내란군 공격에 나섰다. 함병선 연대장은 급보를 받고 2대대를 지휘하여 현장에 도착하니 내란군은 흔적조차 없고 부하들이 죽어 있는 것을 보고 통곡하였다.(한국전쟁사 1권 445쪽)

이덕구는 3대대를 공격하면 3대대에서 가까운 2대대와 7중대가 반드시 지원 차 올 것을 예상하고 길목에 매복하고 기다리고 있었다. 이덕구의 예상대로 3대대가 기습을 받았다는 보고를 받은 7중대가 전속력으로 3대대를 향해 가다가 매복하고 있던 내란군의 기습공격을 받고 양쪽은 치열한 사격전을 벌려 장병 3명이 전사하고 다수가 부상을 당하였다. 7중대장은 도저히 견디지 못하고 후퇴명령을 내렸다.

② 진상조사보고서 303쪽에 "제주9연대와 대전 2연대가 임무 교대한 것은 2연대에 실전을 경험시키기 위한 것"이라고 주장하면서, 진상조사보고서 305쪽에 "악당을 가혹한 방법으로 탄압하라는 이승만 대통령의 지시와도 그 맥이 같이 하는 것이다. 9연대에 경쟁심을 촉발시킴으로서 무모한 진압작전을 더욱 가속화 시키는 중요 배경이 되었다. 실제로 9연대는 선발대가 대전으로 이동하기 시작한 12월 중순부터 이동 완료된 12월 말까지 가장 잔혹한 진압작전을 벌였다"고 주장을 하고 있으나 이 주장은 있을 수 없는 허위주장이다. 그 증거는,

㉮ 군대는 전투 시에도 부대 임무교대를 할 수 있으며, 48년 10월 26일 9연대 구매과장이 중심이 되어 장교 6명, 사병 80

여명이 송요찬 연대장과 이근양 중대장을 죽이고 9연대를 장악하여 반란을 일으켜 인민유격대와 합세하려다 발각된 사건이 있었다. 육본에서는 만일 9연대가 14연대와 같이 반란군이 되어 인민유격대와 합세한다면 신생 대한민국은 도저히 진압할 수 없다고 판단, 남로당원이 가장 적어 반란 가능성이 전혀 없는 안전한 대전의 2연대와 임무교대 시켰다.

㉯ 대전의 2연대는 46년 2월 대전비행장에서 이형근 대위가 중심이 되어 창설하였는데, 이형근 대위는 전에 좌익단체에 가입한 자는 극비에 조사하여 지원을 받지 않아 좌익사상을 가진 자가 거의 없는 연대여서 육본에서는 대전의 2연대가 제주도 진압부대로 가장 안전하여 선발한 것이다. 그런데 진상조사보고서에는 '실전을 경험시키기 위한 것과 이 대통령이 "악당을 가혹한 방법으로 탄압하라"는 지시와 그 맥을 같이 한다'고 하면서 좌익들이 선동하는 터무니없는 허위주장으로 진압군을 학살자로 뒤집어씌우고 있고, 제주 평화공원(폭도공원) 내의 사료관에 위의 내용을 벽에 부착하여 관람객들이 보았을 때 이승만 대통령을 집단학살자로 인식하게 하였다.

49년 1월 12일 아침 5시 폭도 200여 명은 남원면 의귀리에 있는 2연대 2중대를 포위 공격하고 있었다. 2중대 설재현 중대장도 즉시 반격명령을 내려 2시간 동안 치열한 사격전이 벌어졌다. 폭도들은 힘이 부친 데다 서귀포 경찰이 증원해오자 도망쳤다. 전장을 보니 폭도 시체 51구가 있었고, 14명의 부상자가 도망치지 못하고 포로가 되었다. 그리고 M1소총 4정, 99식 소총 10정, 칼빈 소총 3정을 노획하였다. 이번 싸움에서 폭도들이 얻은 것보다 잃은 것이 많았던 이유는 설재현 2중대장의 철저한 경계근무 때문이었다. 국군은 일등상사 문석춘, 일등중사 이범팔, 이등중사 안성혁, 임찬수 등 4명이 전사하고 10명이 부상을 당하였다.

49년 3월 말 진압군 2연대 2대대와 3대대 등이 북제주군과 성산포 등 3개 방향에서 폭도들을 공격하면 1대대가 남제주군의 중문, 서북방 적악과 노르악, 한대악에서 후퇴하는 폭도들을 차단·포위하려는 작전계획이었다.

2연대 1대대 6중대는 이 작전계획에 의하여 녹하악 동쪽 고갯길 일대에서 수색을 하고 있을 때 새벽 3시에 폭도들의 공격을 받고 오전 11시까지 전투가 벌어졌다. 폭도들은 결국 175구의 시체를 남기고 도망쳤다. 포로의 말에 의하면 이 전투는 이덕구가 직접 지휘하였고, 폭도들은 현재도 1,000여명이 있다고 하였다.

18. 북촌마을 사건

1) 북촌마을의 피해

49년 1월 17일 2연대 3대대가 함덕초등학교에 주둔하고 있었다. 2연대 3대대 일부 중대 병력이 대대본부가 있는 함덕으로 가던 중 북촌마을 어귀 고갯길에서 폭도들의 기습을 받고 2명의 국군이 전사하였다. 신고를 받고 국군이 북촌마을에 출동하여 주민들을 초등학교에 집합시켰다.

중대장은 북촌마을 사람들을 한 곳으로 집합시킨 후 "폭도는 자수하라! 폭도는 멀리 가지 않고 북촌마을에 숨어 있다!"라고 소리쳐도 한 명도 나오지 않았다. 북촌마을은 인민유격대가 민주부락이라고 부르는 좌익이 장악하고 있는 마을인데 폭도가 나올 리 없었다. 정 중대장은 1차 40명을 장병들에게 사살하라고 명령하였다. 그래도 나오지 않자 2차로 40명을 사살하였다. 이와 같은 급보를 받은 함병선 연대장은 3대대 부관 을 시켜 이 중위에게 명령하여 사격을 중지하게 하여 정 중대장은 더 이상 북촌사람들을 죽이지 않았다. 중대장은 살아남은 사람들에게 먹을 것을 가지고 대대본부가 있는 함덕으로 오라고 명령하여 함덕으로 간 사람들 중에서 남로당원으로 확인된 사람 30명을 또 사살하여 총 120여명이 죽게 되었다.

49년 2월 4일 2연대는 수송차량 2대에 99식 소총 150정을 싣고 성산포에서 제주읍으로 가던 중 북촌마을 동쪽 일주도로변 김녕리 부근에서 폭도들의 매복공격을 받고 150정의 총을 몽땅 탈취 당하고 박재규 중위 외 14명의 국군이 현장에서 모두 전사하였다. 사고 신고를 받고 중대장이 북촌마을에 도착하여 현장에 와보니 폭도들은 흔적조차 없었다.

19. 진압군 총동원

49년 2월 5일 아침 8시 함병선 2연대장은 해군에서 37밀리 박격포와 공군에서 L-5 연락기를 지원받고 경찰과 서청, 2연대 전 장병을 총동원하여 제주도 360개의 오름을 뒤지기 시작하였다. 제주도 전 지역에서 일본군이 만들어놓은 700여 개의 방공호가 있는데 이를 찾기는 쉬운 일이 아니었다. 그물망작전으로 며칠을 수색하니 수많은 사람들이 동굴 속에 살면서 영양실조가 되어 있는 것을 보고 놀라지 않은 장병이 없었다. 동굴 속에는 어른 아이 남 녀 할 것 없이 먹지 못하여 걷지도 못한 사람도 있었다. 많은 사람들이 자수하여 내려오는 것을 보고 장병들은 놀라 할 말을 잃었다. 함병선 연대장은 수용소를 증축하고 이들에게 갱생자금을 주고 다시는 폭도들에게 협력하지 않겠다는 전향서를 쓰게 하였다.

20. 폭도들의 몰락

49년 2월 8일 새벽 1시 500여 명의 폭도들이 제주경찰서를 향해 일제 공격을 시작하였다. 30분 동안 공격하고 즉시 개인 아지트로 숨어버렸다. 그리고 일부는 식량과 필수품을 가지고 도망쳤다. 경찰의 급보를 받고 함병선 2연대장이 장병들을 지휘하여 현장에 도착하니 폭도들은 흔적도 없었다. 함병선 2연대장은 앞이 캄캄하였다. 360개 오름을 다 뒤졌고, 산사람 2만 정도가 자수하여 내려왔으며, 산에는 한 명의 사람도 얼씬거리지 않는다고 하는데 어디서 이렇게 많은 폭도들이 잠을 자고 먹는지 이해하지 못하였다. 그는 160개 제주도 부락에서 돕지 않고는 있을 수 없다고 판단하고 고민이 많았다. 급보를 받은 정부나 육본에서도 미군은 미 24군 주력부대가 일본으로 간 후 해체되어 국군이 제주인민유격대를 진압하지 않으면 안 되었다. 또 김일성과 박헌영은 연일 제주 4.3폭동과 14연대 반란을 보고 떠들어댔고, 소련의 언론에서도 사건마다 보도하여 관심을 집중하였다.

49년 2월 15일 남원면 산록에 폭도 주력부대가 다음 공격을 위해 준비하고 있다는 정보를 입수한 함병선 2연대장은 병력을 지휘하여 현지에 도착하여 야영을 하고 있었다. 그런데 정보가 누출되어 2월 16일 2시 폭도들의 집중공격을 받았다. 함병선 연대장도 경계를 철저히 하고 있던 터라 곧 반격에 나서 전투가 벌어졌다. 날이 새자 폭도들은 증원군이 올까 무서워 도망쳤다. 전장을 보니 160여 구의 시체가 있었고, 많은 부상자가 있었다.

21. 제주도 진압사령부 보강

49년 3월 2일 육본에서는 제주도에 진압사령부를 보강하여 사령관에 유재흥 대령, 참모장에 함병선 중령, 그리고 독립 1개 대대를 증파하였다.

유재흥 사령관은 폭도와 마을을 완전히 차단시켜 마을에서 폭도들에게 식량을 보급하지 못하게 철저히 단속하고 출입을 통제 감시하였다. 그러자 산사람들은 먹을 것이 없어 수많은 사람이 자수하며 내려왔다.

22. 제주도 인민군(폭도) 사령관 이덕구의 죽음

1949년 1월 26일 문창송 씨가 화북지서장에 부임하였다. 관할지역에서는 조사결과 폭도 107명이 확인되어 폭도들의 가족들에게 자수를 권하는 설득에 들어가 효과를 거두어 유격대 중대장이 자수를 하여 인민유격대의 아지트와 조직, 현재 상황의 귀한 정보를 얻었다.

1949년 4월 20일 정보를 입수한 진압군은 이덕구의 아지트를 급습하여 총격전 끝에 확인하니 이덕구는 도망치고 없고 김민성과 인민위원회 부위원장 김용관이 죽어 있었다. 유격대 분대장 고창율이 자수하면서 이덕구 사령관을 유인해 오겠다고 하였다. 화북지서 김영주 경사는 경찰 5명, 민보단원 5명과 함께 49년 6월 7일 비가 오는 저녁 견월악 부근 용강리 북받친 밭에서 섬을 떠나려는 이덕구를 발견하였다. 경찰이 자수를 권하였으나 이덕구가 총을 발사하여 경찰의 집중사격으로 이덕구는 사살되었다. 이덕구와 함께 있던 전경범과 호위병 양생돌이 생포되었다. 양생돌은 「제주도 인민유격대 투쟁보고서」를 북으로 보내고 1부를 갖고 있어 유격대의 조직과 목적과 활동을 알게 되었다. 문창송 씨는 이 투쟁보고서를 『한라산은 알고 있다』라는 제목으로 저술하였다.(저자도 이 보고서를 많이 참조하였음.) 이것으로 제주도 4.3폭동은 거의 진압되었다.

23. 제주남로당 4.3폭동의 결과

제주도 4.3폭동은 1948년 4월 3일 발생하여 1949년 6월 7일 김성규 외 잔당 100여명의 폭도들만 남기고 진압하는데 거의 1년이 걸렸고, 완전 진압까지는 9년이 걸렸다.

폭도들은 경찰 140(153명)여명, 국군 180(186명)여명, 우익과 양민 1,600(1,673명)여명을 죽였고, 진압군은 폭도와 양민을 13,000여명을 죽이는 인명피해가 있었다. 관공서 피습 및 소실 228동, 학교 소실 224동, 피해부락 160부락, 피해호수 15,228호, 피해 가옥 수 35,921동이었다. 이로서 제주도 남로당은 붕괴되었고, 그 상처는 지금까지 남아 있다.

① 제주 4.3폭동은 여수 14연대 반란을 가져왔고,

② 정부에서는 보안법을 만들어 남로당을 숙청하였는데 보안법이 현재까지 이르고 있고,

③ 48년 9월 22일 천신만고 끝에 국회를 통과한 친일파 숙

청법인 반민족특별법이 친일 경찰과 친일 국군을 숙청하면 제주도 4.3폭동과 14연대 반란을 진압할 수 없어 남한은 공산화된다고 이승만 대통령이 설득하자 여기에 좌익 외에 반대자가 없어 국회에서 반민법이 무산되었다. 이러한 결정은 친일파를 숙청하지 못하는 결과를 가져왔다.

④ 김일성은 제주도 4.3폭동과 14연대 반란을 보고 남침하면 승산이 있다고 판단하고 용기를 얻어 48년 12월부터 남침준비에 들어가 1950년 6월25일 남침하였다.

1949년 4월 21일 정부에서는 보도연맹을 조직하여 자수자에게 전향서를 쓰게 하고 자수자들 25,000여 명을 보도연맹에 가입시켜 별도 관리를 하게 하였다.

최장집·정해구는 『해방 전후의 인식』 4권 27쪽에서 "이렇기는 국군과 경찰의 진압으로 약 1년 만에 거의 종식되었다. 그 과정에서 3~8만 명의 양민이 진압군에 의해 살해되는 참극을 낳았다."고 허위주장을 하고 있다.

2000년 1월 12일 16대 국회에서 제주 4.3사건 특별법이 통과되어 조사위원장 국무총리 고건 외 위촉위원 강만길 외 11명, 제주4.3사건 진상조사 보고서 작성 기획단장 박원순(현 서울시장)과 위촉위원 강창일 외 8명, 조사팀장 양조훈 외 14명이 조직되어 조사위원들이 제주4.3사건 진상조사보고서를 작성하였다. 그런데 이상과 같은 제주 4.3폭동을 제주 4.3민중봉기라고 허위로 좌파보고서를 작성하여 대통령과 국민을 기만하였다. 강창일과 한명숙 외 60여명의 열린우리당 의원들은 2006년과 2007년 제주 4.3폭동을 국경일로 하려고 발의하여 국회를 통과시키려고 애쓰고 있다. 노무현 대통령은 제주 4.3폭동을 민중항쟁이라고 하면서 2004년과 2006년 2회에 걸쳐 제주도민에게 사과까지 하였다.

제주 4.3폭동을 제주4.3 민중봉기라고 하면 진압군은 제주도민 13,000여명을 학살한 집단이 된다. 현재 제주시 봉개동 12만평에 582억 원을 들여 평화공원(폭도공원)을 건설하고 여기에 제주 4.3폭동 폭도 김달삼 외 19명 정도만 제외하고 사형수, 무기수 등 폭도들을 포함한 13,000여명을 4.3희생자로 결정하여 제주3대 폭도사령관 김의봉 외 1,540여명의 폭도들의 위패를 해놓음으로 결국 평화공원을 찾는 관광객들이 진압군을 살인 만행자로 규탄할 수 있게 해놓았고, 또 이곳을 찾는 젊은 학생들에게 국군과 경찰은 이 땅에 있어서는 안 될 증오의 대상으로, 반미 친북 좌파를 양성하고 남한을 공산화하기 위한 학습장으로 만들고 있다. 이것은 보통 문제가 아니다.

김달삼 외 19명만 폭도라고 하면 19명의 폭도가 어떻게 이상과 같이 제주경찰 12개 지서를 공격하였고, 경찰 153명, 국군 186명, 우익 1,673명 등을 어떻게 학살하는가?

2011년 1월 17일 서울 고등법원에서는 "제주4.3사건 희생자

결정에서 보증이 없는 사람이 있고, 심사한 심사 기록이 없다"고 하여 심사가 불법이었음을 확인하였다. 이는 희생자 결정을 불법적으로 행하였다는 증거이다. 즉 제주4.3사건 진상조사보고서도 가짜로 작성하고, 제주4.3사건 희생자결정도 가짜로 하여 이승만 대통령과 국군과 경찰을 학살자로 만들었다. 이것은 대한민국에서는 있을 수 없는 일로 인민공화국에서나 할 수 있는 사건이다.

대한민국 법정에서 재판하여 사형선고를 한 320명과 무기수 239명을 심사위원들이 법원에 재심청구를 해서 무죄판결이 나면 제주4.3희생자 명단에 넣어야 합법적인데, 심사위원들이 무슨 권한으로 대한민국 법원에서 판결하여 집행한 사형수 320명과 무기수 239명을 제주4.3희생자라고 공포하는가? 이와 같은 보고서와 불법심사는 즉시 폐기되어야 하고, 평화공원 안의 13,000여명의 위패도 즉시 철거해야 한다. 전 법무부장관 고원증 변호사는 49년 육군 중령으로 육군본부 법무감실 기록심사과장으로 근무하였다. 그는 "제주4.3폭동 폭도들로 사형선고 판결을 받은 사형수들을 이승만 대통령에게 보고하여 사형집행 서명을 받았다"고 증언하고 있다. 제주4.3 진상조사보고서는 제주인민유격대 폭도들의 투쟁보고서와 거의 같다. 즉 제주 4.3 사건 진상조사보고서는 좌파 보고서이다.

이이화, 강정구, 이영일, 김동춘, 이령경, 이창수, 장석규, 강창일 등이 공저한 『다 쓸어버려라』43쪽에 "미국이 주도하는 민족분단을 막기 위해 일어나 통일운동이 2.7구국투쟁이었고, 그 연장선에서 제주 4.3항쟁이 있어났다. 그 결과 최소한 3-4만 명의 제주도민이 학살당했다는 비극을 미군정하에서 겪게 되었다."고 허위주장을 하여 독자들로 하여금 반미 친북좌파의 사상을 갖게 하고 있는데 이 책을 발간하기까지 행정자치부에서 후원을 하였다. 김대중·노무현 정부는 좌파 양성기관 같다.

전대협 통학추 편저 『우리는 결코 둘이 될 수 없다』41쪽에 "제주 4.3항쟁은 미군의 몰살작전으로 제주도민의 1/3인 8만 여명이 학살당한 세계 식민지 민족해방 투쟁 과정에서도 유례를 찾기 어려운 거대한 규모의 민중봉기였으며… 4.3은 우리 민중들의 반미구국투쟁의 위대한 실천적 표출이었으며 미국의 예속화 정책에 항거하면서 나타난 5.10 망국 단선에 대한 민족의 자주통일을 열망하는 전체 민중들의 의지가 집약된 반제 구국투쟁이었다"고 허위주장을 하면서 전국 대학생을 선동, 반미 친북 좌파사상 교육을 이 책으로 시켜 오늘날 좌파가 많이 있게 하였다.

42쪽에 "해방 후 제주도민의 약 80%가 좌익이었고, 도지사 박경훈은 인민투쟁위원장이었으며, 제주읍장은 부위원장, 각 면장은 면 투쟁위원장이 될 정도로 당시 제주도는 도·읍·면·리 수준에 이르기까지 인민위원회가 통일적 조직체계를 완비, 실질적 행정기능까지 수행하는 제주인민공화국 또는 제주 코뮨의 수준이었다."

　43쪽에는 "48년 4월 3일 새벽 2시 '단선 단정 반대'를 기치로 반미·반경찰·반서청을 표명하며 한라산 정상을 위시한 주요 오름의 봉화를 신호로 무장한 게릴라를 중책으로 한 3천여 명의 봉기자들이 제주도의 15개 경찰서 중 14개의 경찰서와 출장소 기타 행정기관을 습격 파괴하고 악질경찰·관공리들을 심판, 처단함으로서 제주도 4.3봉기는 시작되었다." 라고 좌파들도 제주도 남로당원 3,000여명 이 경찰지서를 기습함으로 폭동이 발생한 것을 시인하고 있으며, 이들 전대협 학생들이 성장하여 17대 국회에 60여 명이 당선되어 한국은 행정부와 국회 등 좌파가 장악하고 있고, 민주통합당의 핵심요원이 되었으며, 2016년 더불어민주당 우상호가 원내총무가 되었다. 이는 보통 문제가 아니다.

제2장 여수 14연대 반란

1. 14연대 반란의 원인

 48년 9월 15일 제주도 4.3폭동이 악화되자 육본에서는 제주도에 경비사령부를 신설하고 대구 6연대 1개 대대, 부산 5연대 1개 대대를 증파하였다. 그리고 10월 15일 여수 14연대장에게 "제주도에 파견할 1개 대대를 조속히 편성하여 대기하라"고 명령을 내림과 동시 여수 14연대 1개 대대를 10월 20일까지 제주도에 도착하여 진압하라고 작전명령을 내렸다. 14연대장은 즉시 1대대에 출동준비를 지시하고 88식이나 99식 소총에서 M1소총을 지급하였다. 이 소식은 지창수 상사를 통해 여수 인민위원장에게, 위원장은 전남도당 책임자 김백동에게 보고하였고, 김백동은 남로당 군사부장 이재복에게 보고하였다. 이재복은 "즉시 출동을 저지하라"고 지시하였다. 지창수 상사는 10월 16일 즉시 정락현, 유창남, 김근배, 김정길 등을 만나 반란을 일으킬 것을 결정하고, 이 내용을 부대 안의 식당에서 일하는 연락책 박태남에게 알려주었다. 박태남은 여수 인민위원장에게 보고하였다.

 육본에서는 "14연대 1개 대대는 10월 19일 20시에 여수항을 출발 제주도에 도착하라. 육군참모총장 이응준 대령"이라는 전문을 여수우체국을 통해 보내와 14연대장이 이 전보를 받았다. 이 전보는 14연대장 박승훈이 보기 전에 우체국에서 일하는 남로당원에 의해 여수인민위원장이 먼저 알게 되어 여수인민위원장은 여수 남로당원을 동원하였고, 김백동, 이재복도 계속 지령을 내렸다. 지창수 상사 등도 부대 내에서 준비를 서두르고 있었다.

지창수는 부대 안의 남로당원 40명을 즉시 소집, 제주도 출발을 위해 연병장에 모일 때 부대를 장악하기로 하고, 식당에 있는 박태남에게 이 사실을 여수 인민위원장에게 보고하게 했다. 여수 인민위원장은 여수 남로당원을 동원하여 부대 앞 식품점 근처에서 모여 있을 테니 식품점 주인에게 물건을 사는 척하면서 반란이 성공하면 〈개는 잘 짖고 있다〉라고 하면 즉시 부대에 들어가서 합세하겠다고 하면서 암호는 "처녀" "총각"이라고 알려 주었다.

48년 10월 19일 작전명령을 접수한 14연대 박승훈 연대장은 남로당에서 이 정보를 입수하여 저지할지 모르니 19일 20시 출발을 21시로 연장해서 출발하라고 지시하였고, 군장검열은 2시부터, 식사는 오후 6시, 부대 출발은 오후 9시에 하라고 지시하고 부대는 60밀리 박격포로 무장시켰다. 1대대장 김일령 대위는 출동 준비에 정신이 없었다.

오후 7시 식사를 마친 연대장과 참모들은 여수항 군함에 군수물자를 선적하느라 부대를 출발 여수항에 도착하여 선적을 감독하고 있었다.

오후 8시 집합 나팔이 울렸다, 1대대 장병들은 아무런 의심 없이 완전무장을 하고 연병장에 모였다. 모든 전화선이 끊겼다. 남로당원인 40여 명의 장병들이 서서히 1대대 장병들을 포위하였고, 일부는 탄약고에서 대기하고 있었으며, 일부는 정문을 출입 통제하기 위해 서서히 움직이고 있었다. 여수 남로당원들은 사람들의 눈을 피하여 부대 앞 식품점에 모여들었다.

19일 오후 8시 지창수 상사가 연단에 올라가 인원 보고를 받고 있었다. 1중대- 2중대 -3중대 -중화기 중대 순으로 집합하여 이상 무, 집합 끝, 보고를 하고 있었다. 장병들의 실탄은 연병장에서 지급하기로 해서 실탄이 없었으나 반란자들에게는 사전에 2크립씩 16발의 실탄이 지급되어 있었다. 원래는 김일령 대대장이 집합 보고를 받고 훈시를 하고 출발명령을 해야 하는데 장교들은 9시에 집합한다고 해서 연병장에 나와 있는 장교가 한 사람도 없었지만 의심하는 장병이 전혀 없었다.

지창수 상사가 연단에 올라가 연설을 시작하였다. "지금 밖에는 경찰이 우리를 향해 쳐들어오고 있다. 이 때문에 비상소집을 한 것이다. 즉시 응전할 준비를 갖추어 경찰을 타도해야 한다. 지금부터 경찰은 우리들의 적이다. 총을 들고 저주스런 경찰을 타도하자... 우리들은 동족이 상쟁하는 제주도로 출동하는 것을 절대 반대 한다... 경찰을 타도하게 되면 우리들은 조국의

국가보안법 ▎ 97

염원인 남북통일을 위하여 궐기한다. 실은 지금 북조선 인민군이 남조선 해방을 위해 38도선을 돌파하여 남쪽으로 진격 중이다. 우리들도 여기에 호응 북진하여 미국의 괴뢰를 소멸시켜야 한다. 지금부터 우리들은 인민해방군이 된다. 그래서 조국 통일을 볼 때까지 죽음을 각오하고 싸우자!"라고 외쳤다. 연설을 마치자 좌익들이 "옳소!"하며 일제히 소리를 질렀다. 탄약고에서는 탄약고를 점령하였다는 신호탄이 올랐다. 이때 하사관 2명과 사병 1명이 "안 된다! 우리가 어떻게 해방군이 된단 말인가? 경찰은 타도하고 제주도는 안 간다 해도 해방군은 안 된다!"라고 고함을 치자 좌익하사관들이 이 세 명을 끌어내어 병사들이 보는 앞에서 총살하였다. 우익 장병들이 이에 대항하려고 하였지만 좌익들은 실탄을 갖고 있는데 실탄이 없어 대항할수 없었다. 이것을 본 장병들은 겁에 질려 한 사람도 이의를 제기하지 못하고 모두 지창수와 함께 반란군이 되었다.

탄약고를 점령한 반란군은 신속하게 실탄을 운반하여 1대대 장병들에게 실탄을 공급하였다. 반란에 필요한 시간은 불과 10분이었다. 그리고 지창수는 의무장교만 빼고 장교는 모두 사살하라고 명령하였다.

5중대 주번사관 박윤빈 소위(육사6기)는 9시에 비상나팔을 불어야 하는데 8시에 불어서 이상하게 생각하고 연병장으로 가고 있는데 "누구냐?"하는 수하를 당하였다. "나 주번사관이다. 무슨 일이 있는가?"하자 반란군은 총을 쏘았다. 박윤빈 소위는 복부가 뜨끔하면서 다리에 힘이 빠져 쓰러지고 말았다. 1중대 주번사관 김정덕 소위도 똑같이 반란군의 총을 맞고 쓰러졌다. 구병모 소위는 반란군의 총격으로 창자가 밖으로 쏟아졌다. 박윤빈 소위는 극적으로 생명을 건졌다. 전용인 소위(육사5기)가 1대대장 김일영 대위에게 출동부대가 반란군이 되었다고 보고하니 김일영 대위는 전용인 소위에게 "여수항에 있는 연대장에게 빨리 가서 보고하라. 여기는 내가 수습 하겠다"고 명령하고 권총을 빼들고 사무실을 나가려 했다.

반란군 20여 명은 2대대와 3대대 중대장실을 다니며 장교는 무조건 사살하고 1대대장 사무실에 도착하는 순간이었다. 반란군들이 문을 벌컥 열고 1대대장에게 "손들어!"하자 "너희들 누구냐?"하며 대대장이 일어서며 외쳤다. 그러자 "왜? 니 부하다!"하며 김일영 대대장에게 총을 난사하여 죽였다. 총소리에 놀라 2대대와 3대대 장병들이 내무반에서 밖으로 나오려 하자 반란군들이 막사를 점령하고"경찰이 부대를 공격하려 하고 있다. 빨리 탄약고에 가서 실탄을 가지고 집합하라!"고 명령하자, 2대대와 3대대 장병들은 영문도 모르고 실탄을 지급받아 연병장에 모여 반란군이 되었다. 여기에 반항하는 자는 무조건 사살하고 장교들을 죽이니 장병들은 무슨 일로 그러는지 영문도 모르고, 지휘할 장교들도 없어 겁에 질려 반란군이 된 것이다. 반란군은 1대대장 김일령 대위, 2대대장 김순철 대위, 3대대장 이봉규 대위, 연대 작전주임 간성윤 대위, 1중대장 차지영 소위, 2중대장 김용관 중위, 진도영 중위 외 3명(육사 3기) 김록영 중위 외 7명(육사 5기), 이병순 소위 외 6명(육사6기) 이상 우익 장교 20여 명을 죽이고, 2대대와 3대대까지 반란군으로 만들어 14연대 2,300여 명이 완전히 반란연대가 되었다. 반란에 저항한 하사관과 사병 40여 명을 반란군은 죽였다. 한편 14연대 정문 앞 식품점에서 반란이 성공하기를 초조하게 기다리고 있던 여수 남로당원 23명은"개는 잘 짖고 있습니다."라는 연락을 받고 인민공화국 만세! 를 부르며 부대 안으로 들어가 무장하고 반란군과 합세하였다.

좌파들은 이상과 같은 14연대 반란을 이승만의 단독정부에 항거한 여·순 항쟁이라고 허위주장을 하면서, 연세대 박명림 교수와 김용옥, 주철희 등은 14연대 반란군을 14연대 봉기군이라고 허위주장을 하고 있다.

2. 14연대 반란군 여수 점령

지창수가 반란에 완전히 성공한 시간은 1948년 10월 20일 새벽 1시로 5시간이 걸렸다. 반란군은 즉시 정문을 출발, 남로당원 600여명에게 무기를 지급하고 여수경찰서를 향해 진격하였다.

이것으로 14연대 반란은 남로당 중앙당과 도당과 남로당 여수시당의 지령에 의해 반란이 일어난 것이 증거가 되었으나 좌파에서는 남로당의 지령이 없다고 허위주장을 하고 있다.

반란 소식을 듣고 고인수 여수경찰서장은 200여 명으로 방어 준비를 하였다. 그러나 반란군은 새벽3시 여수경찰서를 순식간에 점령하고 20일 오전 9시 조선민주주의 인민공화국 세상을 만들고 태극기를 내리고 인공기를 걸었다. 여수시 남로당원 600여 명은 무장을 하고 여수시를 이 잡듯이 뒤져 경찰과 우익을 찾아 21일까지 800여명을 죽였다. 경찰이 잡히면 그 자리에서 구타 살해하였고, 고인수 서장 외 간부 10여명이 잡혀 무참하게 살해되었다.

3. 14연대 반란군 순천 점령

10월 20일 오전 9시 반란군은 여수역 광장에 모였다. 이때 남로당 중앙당 연락부장 이현상의 지령으로 김지회 중위가 반란군 사령관이 되고 지창수는 1개 대대로 여수에 남아 치안을 담당하고 있었다. 김지회는 중앙당으로부터 순천을 점령하고 학구와 구례를 거쳐 남원으로 북상하라는 지령을 받았다. 반란군 700명은 열차를 타고 20일 아침 9시30분 순천을 향해 출발하였고, 1,300여명은 차량으로 순천을 향해 공격하러 가는데 차량 끝이 보이지 않았다. 순천은 남로당원 홍석중 중대장이 반란군을 기다리고 있어 순천 점령은 시간문제였다.

　10월 20일 여수에서 14연대 반란이 일어났다는 정보를 입수한 양계원 순천 경찰서장은 경찰 500명을 동원하여 삼거리에서 반란군을 저지하게 하고, 전 경찰을 순천역 동쪽 봉화산 밑에서 14연대 병력이 기차에서 내릴 때 공격하게 하고, 호를 깊이 파게 지시하였다. 10시 경찰 배치가 끝나자 순천 시내 여러 곳에서 총성이 요란하였다. 10시 30분 순천에 온 반란군에 의해 삼거리 경찰은 순식간에 돌파되었고, 10여명의 경찰은 현장에서 즉사하였다. 반란군이 순천역 동쪽 고지를 향해 바람처럼 진격하자 이것을 본 경찰은 싸움 한 번 해보지 못하고 도망쳤다. 급보를 받고 반란군을 진압하라고 광주 4연대 2대대 1중대를 순천에 급파하였는데 1중대 좌익들은 중대장과 우익을 죽이고 반란군에 합세하였다. 반란군과 진압군과 구분하기 위하여 진압군은 철모에 흰 띠를 둘렀는데 이제는 반란군도 흰 띠 진압군도 흰 띠여서 도대체 누가 누구인지 알 수 없어 혼란이 가중되었다. 순천의 홍석중에게 반란을 진압하라고 명령하였지만 홍석중은 남로당원으로 이미 2개 중대가 반란군에 합세하였다.

　10월 20일 오후 3시경 반란군은 순천을 완전히 점령하여 순천은 인민공화국이 되어 태극기를 내리고 인공기를 올렸고, 남로당원들은 무장을 하고 우익과 경찰들을 잡아 죽이기 시작하였다. 반란군은 순천중학교에 연대본부를 설치하고 참모들과 대

대장 중대장들을 더욱 보강하여 조직을 튼튼히 하고 순천방어
준비를 하고 있었다.

4. 14연대 반란군 작전

10월 20일 오후 3시 순천중학교에 있는 반란군 연대본부에
서 김지회 사령관은 반란군을 3개 대대로 조직, 1대대는 순천
을 방어하게 하고, 2대대는 벌교·학구와 광양으로 진격하라고
명령하였다. 이에 홍석중 중대장이 "부대를 분산하면 각개격파
당하므로 순천은 입구만 봉쇄하면 여수까지 자연 봉쇄되어서
여수와 순천을 해방구로 만들어 철저히 방어진지를 구축하여
몇 년이고 버티는 작전과, 아니면 즉시 지리산으로 들어가 유
격대가 되어 장기전을 해야 합니다. 이유는, 곧 광주의 4연대,
군산의 12연대, 전주 3연대, 대전 2연대, 마산 15연대가 올 것
인데 벌교·학구·광양을 공격하여 부대를 분산하면 우리는 각
개격파 당하고 북진해서 서울도 가지 못하고 패하고 말 것입니
다."하고 김지회의 작전을 반대하였다. 만일 김지회가 홍석중의
작전대로 순천 입구의 고지를 점령하고 철통같이 방어전을 했
다면 국군이 이 방어진지를 뚫기는 어려웠다. 이때 미군은 한
국에서 철수한다고 공포하였고, 이미 미24군은 일본에서 해체
중이었으며, 한국에 있는 미군 3개 사단은 철수 준비를 하고
있는데, 미군의 전차를 동원하지 않고는 공군도 해군도 여수·순

천을 탈환하기는 심히 어려울 것이었기 때문이다.

김지회가 홍석중의 작전을 듣지 않은 것이 작전에 큰 실수였지만, 김지회는 중앙당에서 학구를 거쳐 남원으로 진격하라는 명령이 있어 어쩔 수 없었다. 그리고 당에서는 광주 4연대 일부, 군산12연대, 전주 3연대, 마산 15연대 내의 남로당원 등에게 반란을 일으켜 이들과 합세하여 서울로 진격하라는 명령이어서 내일이 최대 고비라고 설명하였다. 결국 2개 대대는 벌교, 보성, 화순, 학구, 광양, 하동을 점령하기 위해 순천을 출발하였다. 그러자 남로당원들은 반란군이 도착하기 전 경찰서를 점령, 지역을 완전 장악하였다. 이때 남로당 중앙당 연락부장 이현상은 순천에 도착하여 작전을 지도하고 있었다.

5. 14연대 반란군 진압작전

1) 10월 20일

48년 10월 20일 이성가 4연대장은 부연대장 박기병 소령에게 1개 대대를 지휘하여 순천 북방 10㎞ 지점 학구에서 반란군이 구례 남원으로 가는 것을 저지하라고 명령하였다. 박기병 부연대장은 정신없이 군장을 준비하고 1개 대대를 지휘하여 학구에 도착하였다. 그는 광주에서 학구까지 오는 도중 누가 좌익사상을 가지고 반란을 일으킬지 몰라 불안하였는데 무사히 학구에 도착하여 다행으로 생각하였다. 그런데 4연대 장병들이 싸우려 하지 않아 걱정이 이만저만이 아니었다. 육본에서도 급보를 받고 깜짝 놀라 참모총장 채병덕 준장, 작전참모부장 정일권 대령, 정보국장 백선엽 중령이 비행기로 광주에 도착하여 보고를 받고 14연대 반란군 진압사령부를 신설하여 사령관에 송호성 준장을 임명하고 참모장에 백선엽 중령, 작전참모에 김점곤을 임명하였고, 작전참모 보좌관에 박정희 대위를 임명하였는데, 박정희는 남로당원으로 육군 안의 남로당 총책임자였다. 광주 4연대 1개 대대가 학구에 도착하였고, 군산의 12연대 2개 대대는 부연대장 백인엽 소령이, 전주 3연대 1개 대대는 부연대장 송석하 소령이 지휘하여 진압사령부에 배속되었고, 5연대 1개 대대, 15연대 1개 대대 합 5개 대대로 진압에 나섰다.

2) 10월 21일

진압군 사령부는 12연대, 3연대, 4연대를 주력으로 학구에서 반란군 북상을 저지하고, 광양을 15연대, 보성과 벌교는 4연대 일부를 조공으로 진압명령을 내렸다. 순천을 3개 방향에서 공격 진압할 계획이었다.

① 4연대 2개 중대 보성 탈환 실패.

광주 4연대 1대대 2개 중대를 오덕준 중령이 인솔하여 보성을 점령한 반란군을 진압하러 군 트럭 5대에 분승하여 보성 위 4킬로 지점에 도착하였을 때 반란군이 매복하고 있다가 집중공격을 하였다. 최훈섭 대대장이 장병들에게 하차하여 포위망을 뚫으라고 명령하여 겨우 포위망을 뚫었으나 보성 진압에 실패하였다.

② 15연대 광양 탈환 실패

마산의 15연대는 어제 진주를 거쳐 하동에서 잠을 자고 아침 6시 최남근 연대장은 광양에 있는 반란군을 진압하기 위하여 출발하였다. 15연대 최남근 연대장은 좌익 장교로서 그는 김일성의 직계였다. 15연대는 3중대가 첨병중대가 되고, 2중대 1중대 순으로 행군을 하였다. 반란군들은 15연대가 진압 차 광양으로 오는 것을 알고 광양 동쪽 8킬로 지점 옥고면 산중턱에서 매복하고 기다리고 있다가 15연대가 사정권에 들어오자 집중사격을 하였다. 첨병중대장 손 중위(육사 5기)가 차에서 뛰어내려 부대를 지휘할 때 몸이 노출되어 반란군의 총을 맞고 그 자리에서 전사하였다. 조시형 소위(육사 5기)가 2개 중대를 지휘하여 고지를 점령하라고 명령하고 고지를 점령하기 위하여 장병들과 같이 뛰었다. 대대장 한진영 대위(육사 2기)도 같이 뛰었다. 고지를 향해 뛰어가는데 한 군인이 "국군이 어느 부대입니까?" 하고 물어왔다. 한진영 대대장은 의심도 않고 "나 15연대 1대대장이다." 하자 그 군인이 한 대대장에게 총질을 하여 한 대대장도 그 자리에서 전사하였다. 그 군인은 반란군이었다. 이 광경을 본 3중대 장병들은 싸우려하지 않고 슬금슬금 도망치려

했으나 이미 반란군에 완전히 포위되어 있는 상태였다. 이 광경을 보고 15연대장은 전 병력을 후퇴시켰다. 그런데 3중대가 타고 온 트럭 세 대가 도로상에 그대로 있었다. 최남근 연대장은 조시영 소위와 같이 그 트럭 세 대를 끌어 오려고 차량 가까이 가서 보니 차량 주위에는 온통 반란군뿐이었다. 이것을 알고 조시영 소위가 연대장에게 눈치를 보내어 빨리 가자고 할 때 장병 한 명이 "손들엇!"하고 총구를 두 사람 가슴에 겨누었다. 결국 최남근 연대장과 조시영 소위는 포로가 되어 화엄사와 피아골 사이의 문수골로 끌려갔다.

㉠ 15연대는 반란군 진압에 실패하였고, ㉡ 부하들에게 차량을 가져오라고 해야지 최남근 연대장이 직접 차량을 가지러 간 것이 이상하고, ㉢ 최남근 연대장은 부대 출동 목적을 대대장과 중대장들에게 설명하지 않았고, ㉣ 광양까지 왔어도 실탄을 지급하지 않는 등 최남근 연대장은 이해할 수 없는 행동을 하여 반란군 포로에서 탈출한 후 조사를 받았다.

③ 4연대 학구전투

4연대 박기병 부연대장은 아침 일찍 순천을 향해 공격하던 중 학구 근방에서 반란군의 저항을 받고 진격하지 못하고 고지를 점령하고 대치상태였다. 특히 4연대 장병들은 남로당 세포원들의 선동으로 "14연대 장병들은 우리와 함께 지내던 사이였는데 어떻게 총질을 하느냐?" 고 하며 싸우려하지 않으니 박기병 소령은 고민이었다. 그런데 반란군에서 먼저 공격해오자 4

연대 장병들도 공격을 하여 치열한 전투 중 1개 중대를 포로로 잡았다. 반란군이 치열하게 공격해 오자 전투는 교착상태에 빠졌다. 이때 12연대 2개 대대를 이끌고 부연대장인 백인엽 소령이 도착하였다. 백인엽 소령은 부대를 출발하면서 "반란군 빨갱이와 싸우기 싫은 사람은 안 가도 된다. 싸울 사람만 나서라!" 하고 훈시를 하였다. 그런데도 장병들은 모두 싸우겠다고 따라왔다. 백인엽 소령은 도착하여 이성가 4연대장으로부터 현재의 상황 설명을 듣고 즉시 12연대 2대대장 김희준 대위에게 반란군 후방을, 3대대장 이우성 대위에게는 정면에서 공격하도록 명령하고 백인엽 소령은 3대대를 지휘하였다.

4연대와 12연대 장병들이 와- 하고 함성을 지르며 공격하자 반란군은 순식간에 혼란에 빠져 순천으로 도망치는 척하면서 광양으로 도망치고, 어쩔 수 없이 반란군에 가담하게 된 장병들은 이때 틈을 타 손을 들고 항복하여 1시간 만에 반란군을 격퇴하였다. 4연대 장병들은 12연대 장병들이 한 시간 만에 반란군을 해치우는 것을 보고 깜짝 놀랐다. 백인엽 부연대장은 여세를 몰아 순천을 점령하기 위해 오후 4시에 순천 입구에 도착하였다. 순천 시내로 진격하려면 300고지가 여러 개 있는데 백인엽 부연대장은 반란군이 이 고지에서 저지하면 공격이 어려울 것으로 보고 먼저 수색대에게 고지에 반란군이 있는지 수색하라고 명령을 내렸다. 반란군이 전혀 없다는 보고를 받은 백인엽 부연대장은 "김지회가 돌대가리구나!"하고 천만다행으로 생각하였다.

백인엽 소령이 순천 시내로 들어가자 도로 양쪽 고지에서 공격을 하는 것이 아니라 건물 사이에서 반란군이 공격해왔다. 12연대가 공격하자 반란군은 힘없이 무너지고 도망쳤다.

송석하 3연대는 순천 서쪽을 공격해 들어갔다. 김지회 반란군 사령관은 12연대와 3연대 내의 세포원 공작에 의해 장병들이 반란군과 합세하여 진압군이 순천을 공격하지 않을 줄 알았는데 예상을 뒤엎고 12연대가 순천 중앙으로, 3연대가 서쪽으로 진격해오자 난감하였다. 한편 12연대 2대대 5중대장 김응록 대위는 김희준 대대장을 죽이고 5중대를 반란군 중대로 만들어 12연대를 장악하려는 계획을 세우고 김희준 대대장을 공격하였다. 그런데 김희준 대대장은 기적적으로 살고 보좌관들만 부상을 입어 즉시 김응록 5중대장을 체포하여 헌병대로 넘겼다. 김응록은 남로당원으로 12연대를 반란군으로 만들려다 세포가 약하고 시간이 없어 결국 성공하지 못하고 체포된 것이다.

김희준 대대장은 김응록 후임으로 김한수 중위를 5중대장에 임명하고 81밀리 박격포 2문을 주어 반란군을 공격하게 하였다. 그리고 중대 안에 남로당 세포가 있어 또 반란을 일으키려 할 지 모르니 조심하라고 주의를 단단히 주었다. 김한수 중위는 명령대로 박격포 2문으로 순천중학교에 있는 반란군 본부를 계속 공격하였다. 반란군 본부는 박격포 2문으로 쑥밭이 되고 있었다. 이 틈을 타 김희준 대대장이 12연대를 동원 공격해 들어갔다. 반란군은 예상을 뒤엎고 신속하게 12연대가 공격해오자 순천교 근방으로 도망치기 시작하였다. 백선엽 참모장이 연락기를 타고 반란군의 움직임을 동생 백인엽 부연대장에게 알려주어 백인엽은 형님의 지시대로 공격해 들어갔다. 12연대는 순천교를 향해 반란군을 추격하였다. 반란군은 동천강을 배수진으로 하여 12연대를 기다리고 있다가 12연대 선발부대가 동천강 쪽으로 접근하자 공격을 하였다. 12연대 2대대 9중대 송호림 중대장은 선봉에서 반란군을 공격하여 농업학교까지 진격하였다. 그러나 9중대가 다른 부대와 전선을 유지하면서 공격해야 하는데 9중대만 돌출되어 반란군에 포위되었다. 송 중대장은 아차 하는 순간에 포위되자 50명으로 특공대를 조직하여 이끌고 반란군 1개 소대를 역 포위하여 포위망을 뚫었다. 그러나 반란군 1개 중대에 의해 또다시 포위되어 포위망을 뚫을 수가 없었다. 이때 송호림 중대장이"우리들 싸우지 말고 협상하자!"고 제의하였다. 그러자 이 말을 진압군이 반란군에 합류하겠다는 뜻으로 알고 "좋소!"하며 반란군 대표가 나와 "속히 합류하라"고 하자 송호림은 "중대 돌격하라!"하고 큰소리로 명령을 내렸다. 반란군은 진압군이 합류할 줄 알고 방심하고 있었는데 진압군 중대장이 갑자기 "돌격하라"는 명령을 내리고 중대장이 먼저 반란군을 향해 뛰어드니 반란군은 어리둥절하였다.

송호림 중대장은 뛰기 시작하여 반란군 진지에 도착하여 뒤를 보니 특공대 50명 중 한 명도 보이지 않고 홀로 반란군 앞에 서 있는 것이 아닌가! 그는 "이제 나는 죽었구나!"하고 등에서 식은땀이 났지만 반란군도 얼떨떨하고 있어 송 중대장은 자기도 모르게 "차렷!"하고 고함치니 반란군이 동요하기 시작하였다. 송 중대장은 용기를 내어 큰소리로 "너희는 완전히 포위되었다. 총을 버려라!"하고 명령을 하니 1개 중대 187명이 총을 버리고 손을 들었다. 그런데 송 중대장의 뒤를 따라온 장병들은 10명밖에 안 되어 이들을 다 인솔해 간다는 것이 큰일이었다. 송 중대장은 10명에게 먼저 땅에 내려놓은 총을 회수하게 하고, 10명씩 앉게 한 다음 대대장에게 보고하니 지원군이 와서 187명을 인솔해 갔다. 이 187명은 좌익들에 의해 할 수 없이 반란군에 가담한 사람들로 자수할 기회를 얻었던 것이다.

반란군은 대패하여 일부는 광양으로 도망치고 있었으나 순천교에 집결하여 결사 항전할 태세여서 진압군은 불안하였다. 진압군은 보성과 광양에서 패하여 사기가 저하되었으나 순천에서 대승하여 사기가 올랐다. 또 대전의 2연대 1개 대대와 강필원 대위의 장갑차부대 장갑차 20대가 증원 차 도착하여 진압군은 사기충천하였다.

반란군 김지회는 순천에서 계속 항전할 수 없게 되었다. 만일 진압군이 광양을 막아버리면 반란군은 오도 가도 못하는데 다행히 진압군이 광양에서 패하여 김지회는 밤 10시를 기해 순천을 빠져나와 광양과 백운산을 거쳐 지리산으로 들어갈 계획으로 무기와 식량을 준비해서 출발하려고 서둘렀다.

10월 21일 밤 진압군 사령관 송호성, 참모장 백선엽, 그리고 연대장들이 모였다. 먼저 백선엽 참모장이 현재의 상황을 설명하였다.

백선엽: "보성과 광양에서는 진압군이 패하였으나 순천은 승리해서 다행입니다. 반란군 2개 대대는 순천교에 집결해 있고, 보성과 광양과 여수에 1개 대대가 있는 것으로 파악 됩니다"

송호성: "순천과 여수를 빨리 탈환하여야 전국의 남로당원들이 극성을 부리지 않지 탈환이 늦어지면 제주도 같은데서 남로당원들이 더 극성을 부려 안 되니 순천을 탈환 즉시 여수를 공격합시다."

백선엽: "즉시 광양과 백운산과 지리산 입구를 봉쇄하여 반란군을 진입해야지 만일 반란군이 광양, 백운산, 지리산으로 빠져나가면 진압이 장기화 될 수 있습니다. 그러면 국내가 혼란할 것이며, 제주도에서는 남로당원들이 더욱더 극성을 부려 안 됩니다" 이 회의에서 송호성 사령관이 자기주장을 고집하여 결국 다음 날 순천과 여수를 탈환하기로 하였다. 이렇게 되어 김지회 반란군은 광양을 거쳐 백운산으로 들어가는 데 성공하였다.

3) 10월 22일(순천 탈환. 계엄령 선포)

아침 6시 진압군은 장갑차를 선두에 세우고 순천 시내로 진격하면서 순천교 근방의 반란군 진지를 공격하였다. 그러나 시내에 도착하고 보니 반란군은 지난 밤 다 도망쳐버리고 한 명도 없었다. 어제 백선엽 참모장이 주장한 대로 광양에서 길목을 막았어야 하는데 잘못하였다고 지휘관들은 한 마디씩 하였다. 잔당을 소탕하기 위해 시내로 들어갔으나 반란군은 보이지 않고 젊은이들과 남녀 학생들이 진압군을 향해 총을 쏘자 진압군은 기가 막혔다. 진압군이 순천을 탈환한 후 순천경찰서에 도착하여 보니 70여명의 경찰 시체가 쌓여 있었다.

"아무리 혁명도 좋고 좋은 세상도 좋지만 동족끼리 싸우지 말자 하면서 동족을 이토록 죽이다니, 빨갱이들은 동족이 아니고 적이다!" 하면서 진압군들은 좌익들의 잔인함에 치를 떨었다.

진압군은 약 5만여 명의 순천시민들을 순천 북초등학교와 다른 학교에 집합시킨 후 남로당원과 반란 가담자를 찾아내기 시작하였다. 우선 40세 이하 남자로 군용 팬티를 입은 자, 머리를 짧게 자른 자를 찾아 반란군 여부를 조사하였다. 이때 경찰에서는 인민재판을 하여 수십 명의 경찰을 죽인 인민재판 검사 박창길과 인민재판위원 11명을 공개처형 하였다.

4) 10월 23일

김지회 반란군은 순천 방어에 실패하여 그 길로 21일 밤중에 순천에서 광양까지 8킬로를 걸어 비봉산까지 도착하여 숨는데 성공하였다.

백선엽 참모장이 "지금이라도 3연대와 6연대로 하여금 하동에서 구례까지 진압군이 봉쇄해 반란군이 지리산에 들어가지 못하게 하고, 12연대와 15연대로 반란군을 추격하고, 3연대 1개 대대와 장갑부대로 여수를 탈환해야 합니다."하고 작전계획을 설명하자 지난번의 실패를 다시 하지 않으려고 모두들 동의하여 백선엽 참모장의 작전계획대로 작전을 세워 반란군이 지리산에 들어가지 못하게 하였다.

5) 10월 24일(여수 탈환 실패)

10월 24일 아침 6시 송호성 사령관이 직접 지휘하여 장갑부대가 선발부대가 되고 3연대 1개 대대가 뒤를 이어 여수 탈환을 위해 진격해 들어갔다. 여수 반란군은 순천에서 맥없이 진압군에 당한 것을 기억하고 이번에는 2개 중대로 고지에 60밀리 박격포와 기관총을 준비하였다. 그리고 좌익청년들로 조직하여 호를 깊이 파서 진지를 구축하고 도로 양쪽에서 매복하고 진압군을 기다리고 있었다.

여수도 순천과 같아서 도로 양쪽에 200고지의 장군산을 점령하기 전에는 여수를 탈환하기 어려웠다. 지창수가 지휘하는 반란군은 미평동 330고지와 종고산과 구봉산 고지를 점령하고 진압군이 오기를 기다리고 있었다. 송호성은 진압군이 순천을 쉽게 탈환하였기 때문에 여수도 쉽게 탈환할 것으로 판단하고 고지에 수색대를 보내 수색하지도 않고 바로 공격해 들어갔다. 그러나 고지에서 박격포와 기관총으로 무장한 반란군의 공격으로 진압군은 사상자가 속출하고 전열이 흩어졌으며, 송호성 사령관은 철모에 총탄을 맞아 고막이 찢어지고 차에서 떨어져 병원으로 후송되었다. 송석하 3연대 부연대장이 장갑부대와 장병들에게 "진격하라!"고 아무리 고함을 치고 격려해도 고지에서 공격하는 반란군을 해볼 수가 없었다. 진압군은 200여명의 사상자를 내고 대패하여 순천으로 후퇴하였다. 이 소문은 삽시간에 퍼져 진압군의 사기를 떨어뜨렸다. 신문에는 〈송호성 사령관 부상, 1차 여수공격 실패〉라고 대서특필되자 남로당에서는 만세를 불렀다. 10월 25일 하루는 진압군이 겁을 먹고 꼼짝하지 않았다. 그러나 여수 반란군 1개 대대는 진압군이 장갑차를 동원하고 다음 작전 때는 고지를 점령하면 승산이 없다고 판단하고 밤중에 피해 없이 백운산으로 도망쳤다.

백선엽 참모장은 광양에서 반란군이 지리산으로 들어가는 것을 막고 있던 12연대로 하여금 여수를 공격하게 하였고, 2연대 1개 대대, 5연대 1개 대대까지 반란군이 지리산으로 들어가는 것을 막고 있던 병력을 여수 탈환에 투입하였다.

6) 10월 27일(여수 탈환)

여수에 있는 반란군은 광양을 거쳐 백운산으로 도망쳤다. 지창수 등 일부는 벌교로 도망쳤고, 남로당 무장세력 1천여 명과 동조세력 12,000여 명이 여수를 지키고 있었다. 10월 26일 아침 6시, 진압군 12연대, 3연대, 2연대, 장갑부대, 5연대 1개 대대가 여수로 진격하고, 여수항에서 다른 부대가 상륙 협공하기로 하고 진격해 들어갔다. 장갑부대가 선발부대가 되어 전진하고, 12연대가 동쪽, 3연대는 200고지와 종고산, 2연대는 여수 서부를 담당 공격이 시작되었다. 3연대 장병들이 24일 고지의 반란군 때문에 고전을 해서 아침 일찍부터 미평리 고람산과 호암산 고지를 공격하였으나 반란군이 한 명도 없어 맥이 빠졌다. 오후 3시 구봉산, 종고산, 장군산 등 야산 고지를 공격하였으나 반란군은 그림자도 보이지 않았다. 진압군은 고지에서 여수 시내를 향해 81밀리 박격포로 위협사격을 하였다.

백인엽 소령이 장갑차를 타고 선두에 서서 여수 시내를 향해 진격해 들어갔다. 여수는 순천과 달리 저항이 의외로 강하였다. 반란군은 보이지 않고 젊은 학생들이 99식 소총을 가지고 저항하고 있었다. 27일 오후 3시 30분, 진압군은 하루 종일 시가전을 해서 여수를 완전히 탈환하였다. 이튿날 반란군은 백운산에서 지리산 화엄사 옆 문수골로 진압군의 저항 없이 들어갔고, 여수시내에서는 20일부터 인민공화국 세상이 되어 26일까지 숨어 있던 국군, 경찰, 우익들이 만세를 부르며 나왔다. 7일 동안 우익이 죽는 세상에서 이제는 좌익이 죽는 세상이 되었다.

진압군은 여수시민 4만여 명을 여수서초등학교에 모이게 하고 반란 가담자를 색출하기 시작하였다. 여수에서는 고인수 서장 외 74명의 경찰이 비참하게 죽어 있어 진압군을 분노하게 하였다. 여수 수산중학교 교장 송욱이 좌익이어서 그의 영향을 받아 여수 수산학교 학생들이 폭도에 가담하였다. 5연대 1대대장 김종원 대위는 긴 칼을 가지고 고인수 서장 외 10명의 경찰 간부를 죽인 폭도들의 목을 쳐서 죽여 보는 사람들로 하여금 치를 떨게 하였다. 여수 사람들은 만성리로 가는 터널에서 많이 처형되었다. 진압군과 경찰은 14연대 반란 가담자 2,817명을 기소하고 410명을 사형, 568명을 종신형, 나머지는 유죄 혹은 석방하였다.

7) 10월 28일

남로당 무장 폭도들은 백운산에 350여명, 벌교 200여명, 고흥 150여명, 보성 300여명 등으로 흩어졌고, 반란군 주력부대는 지리산으로 들어갔다.

반란군이 지리산으로 도망쳤다는 정보를 입수한 12연대는 구례에 집결하였다.

10월 29일 아침 6시 12연대 2대대와 3대대는 구례 화엄사에 도착하여 계곡과 능선을 따라 1,500미터 노고단까지 뒤지기 시작하였다. 29일~31일 3일을 밤낮으로 반란군을 추격하였다. 그러나 어디에 숨었는지 반란군은 흔적조차 없었다. 적어도 천명 정도는 지리산으로 도망쳤을 텐데 그 많은 반란군이 그림자도 보이지 않았다. 반란군은 화엄사 옆 문수골에 숨어 있었다.

11월 1일 노고단 정상까지 추격하였으나 반란군을 전혀 볼수가 없었다. 백인엽 소령은 더 이상 반란군 추격을 중단하고

12연대 2개 대대를 화개장으로 하산시키고, 2개 대대와 백인엽 부연대장은 군산 연대본부로 갔다. 그리고 백인기 연대장이 1대대와 하사관 교육대를 지휘하여 반란군 진압에 나섰다.

백인기 연대장은 부대 일부는 구례역에, 일개 중대는 파도리에 배치하고, 주력부대는 반란군 찾는데 전력을 다하였다. 수색대로 반란군을 찾게 하고, 경찰과 정보원을 동원하고, 주민신고를 부탁해도 반란군은 흔적이 없었다.

6. 진압군 12연대 대패

48년 11월 3일 12연대 1개 중대가 구례에서 하동 방향으로 6킬로 떨어진 파도리에 주둔하고 있었다. 이때 이장과 마을 사람들이 환영식을 해준다고 하며 교육대 김두열 소위 이하 장병 100여 명을 저녁식사에 초대하였다. 시간은 오후 6시였다. 김두열 소위나 장병들은 오랜만에 푸짐한 음식을 대하니 긴장이 풀려 막걸리도 마셔 거나하게 취하기 시작하였다. 이때 반란군들이 완전히 포위하여 "손들엇!"하며 총구를 들이대었다. 김두열 소위는 "아차!"하였으나 때는 이미 늦어 진압군들은 모두 손을 들고 포로가 되었다. 100여 명의 진압군이 단 5분 만에 포로가 된 것이다. 이 일은 이장과 김지회가 짜고 벌인 사건이었다. 반란군에 끌려가던 중·상사 외 10여 명이 도망쳐 탈출에 성공하여 연대장에게 즉시 보고하였다. 급보를 받고 백인기 연대장은 1개 중대를 지휘하여 추격하였으나 흔적이 없었다. 남원의 진압사령부에서는 진압군 1개 중대가 포로로 끌려갔다는 보고를 받고 깜짝 놀랐다.

11월 4일 오후 3시 30분, 구례 백인기 12연대장은 남원 사령부로 오라는 연락을 받고 헌병 1개 분대의 호위를 받으며 산동지서 근방의 고개를 넘고 있었다. 이때 반란군의 집중공격을 받았다. 백인기 연대장이 차에서 뛰어내려 골짜기를 따라 도망쳤으나 포위망을 뚫을 수 없어 대나무 숲속에서 권총으로 자결을 하였다. 그의 나이 25세였다. 연대장이 행방불명이 되었다고 판단한 진압사령부에서는 11월 5일 새벽 4시 12연대 2대대로 하여금 경찰과 함께 연대장을 찾기 위해 남원을 출발하여 화엄사를 거쳐 신동리를 지나 구례에 갈 계획이었다. 2대대 5중대가 선발부대가 되고, 선두 차에는 작전주임이, 다음 김희준 대대장 순으로 계곡 등을 수색하며 가고 있었다. 화엄사를 못 미쳤을 때 반란군들의 집중사격을 받고 선두부대인 5중대 김한주 중대장, 작전주임 등 80여 명이 순식간에 포위가 되었고, 김희준 대대장은 팔에 관통상을 입었다. 화가 난 김희준 대대장이 즉시 박격포부대로 반란군을 사정없이 공격하게 하니 반란군은 도망치면서 진압군 80명을 끌고 갔다. 전장을 보니 진압군은 전사 50명, 부상 55명, 포로 80명으로 대패하였다.

7. 김지회 반란군 대패

군산에서 휴식을 취하고 있던 백인엽 부연대장은 연대장이 자결하고 김희준 대대장은 부상으로 남원 병원에 입원했고, 장병 50여 명이 전사하고, 12연대가 대패하였다는 보고를 받고 깜짝 놀랐다. 백인엽 부연대장은 남원 원용덕 사령관으로부터 "즉시 반란군을 진압하라"는 명령을 받고 3대대를 이끌고 구례에 도착하였다.

이때 구례와 남원의 남로당원들의 극성은 말할 수도 없고, 신문에서는 연일 진압군 대패라고 대서특필을 하니 전국의 남로당원들은 만세를 부르고 있었다. 또한 제주도 남로당 폭도들은 9연대 6중대를 공격하여 9연대가 수세로 몰렸다고 하니 금시라도 이승만 정부가 넘어가는 것 같았다. 전군 안의 남로당원 1만여 명은 기회를 봐서 전군 안에서 반란을 기도하고 있어 이승만 정부가 넘어가는 것은 시간문제로 생각하여 14연대 반란군을 빠른 시간 내에 진압하지 못하면 대한민국에 위기가 올 것 같았다.

백인엽 부연대장은 구례에 도착하여 전황과 정보를 수집한 후 낚시 밥을 주어 고기가 모이면 잡는 방법인 '낚시 밥 작전'을 세웠다. 진압군이 김지회의 치고 빠지는 잠적작전과 매복작전에 꼼짝없이 당한 것을 역이용하려 하였다. 백인엽 부연대장은 12연대 전 장병을 구례초등학교에 집결시켜 낮에는 잠을 자고 밤에는 경계를 튼튼히 하고 일체 장병들을 밖에 나가지 못하게 하고 김지회가 공격해오면 덮치기로 하였다. 그리고는 구례유지들에게 김지회가 무서워서 출동을 할 수 없다고 소문을 퍼뜨렸다. 이 소문을 듣고 김지회가 남로당 세포원을 구례초등학교에 있는 부대에 보내 정탐을 해보니 정말 장병들이 잠만 자고 꼼짝도 하지 않고 있음을 확인하였다.

48년 11월 7일 김지회도 머리를 썼다. 그것은 파도리에서 포로로 잡은 진압군에게 400원씩 여비를 주어 진압군에서 제대를 해서 집으로 돌아가라고 석방시켜 주었다. 백인엽 부연대장은 김두열 중대장이 90명을 인솔해서 구례초등학교까지 와서 보고하자 기가 막혔다. 백인엽은 이들을 처벌할 마음이 없었다. 그러나 상황은 알아야 하겠고 반란군의 정보를 알아야 했기에 김두열 중대장부터 조사를 하였다. 이때 백인엽 부연대장은 포로 석방을 해서 마음이 해이해 질 때 김지회가 공격하지 않을까? 하는 예감이 들었다. 백인엽 부연대장은 중대장과 소대장들에게 임무를 부여하고 실탄을 옆에 쌓아놓게 하고 잠을 자지 말고 경계를 튼튼히 하게 한 후 90여 명의 포로를 조사하였다. 조사를 마친 백인엽 부연대장은 김두열 중대장 이하 중대원들에게 "군법으로 처벌받을 것인가? 아니면 김지회 반란군을 진압하여 공을 세워 포로 된 불명예를 씻을 것인가?"하고 물었다. 그러자 이구동성으로 "한 번만 기회를 주시면 반란군을 진압하여 명예를 회복하겠다."고 해서 "그러면 12연대 돌격중대가 되겠는가?"

하고 물으니 "그렇게 하겠다."고 해서 백인엽 부연대장은 이들을 특별히 배치하였다. 백인엽 소령은 81밀리 박격포 8문을 구례초등학교 운동장에 감추어 놓았고, 1개 중대는 구례근방을 경비하게 하고, 185고지 봉성산에 가장 용감한 이동호 중대를 배치하고 단단히 부탁을 하고 김지회가 오기만 기다렸다.

48년 11월 8일 새벽 4시, 예상대로 봉성산 쪽에서 총소리가 나기 시작하였다. 백인엽 소령은 다시 한 번 김두열 중대장에게 다짐을 시키고 잠을 자려고 하는데 총소리가 났다. 그는 즉시 비상을 걸고 부관, 전령, 작전주임 등을 불러 대대장 중대장들에게 전투태세를 갖추라고 명령하고 반란군이 오기를 기다렸다.

반란군은 봉성산을 공격하면서 1개 대대로 구례역과 서시천을 따라 2개 방향에서 구례초등학교를 포위하고 있었다. 백인엽 소령은 용기 있는 송호림 중대장에게 81밀리 박격포 3문을 주면서 반란군이 소총을 쏘면 그 불빛을 보고 무조건 박격포를 퍼부어대라고 하였다. 나머지 5문도 그렇게 명령을 하였다. 조금 있으니 반란군이 2개 방향에서 공격하기 시작하였다. 진압군은 박격포 8문으로 총 쏘는 불빛을 향해 포탄을 우박같이 퍼붓고 기관총으로 쏘아댔다. 총격전은 치열하였다. 한 시간 정도의 총격전이 지나자 안개가 걷히고 약간의 물체가 보이기 시작하였다. 이때 백인엽 소령은 포로가 되었던 김두열 중대장과 중대원들에게 "돌격하라!" 명령하니 함성을 지르며 반란군 후방에서 돌격하였다. 이 함성 소리에 맞추어 12연대 전 장병이 함성을 지르며 돌격하자 반란군은 전·후방에서 공격을 받자 견디지 못하고 도망치기 시작하였다.

화엄사 쪽으로 도망치는 반란군을 진압군은 추격하였고, 반란군은 사생결단하고 도망쳐 노고단 쪽으로 들어가 숨어버렸다. 반란군은 수십 구의 시체와 부상자와 총과 2가마 정도의 지폐를 버리고 도망친 후 다시는 구례에 얼씬하지 않았다. 백인엽 소령은 순천, 여수, 구례 전투에서 대승하여 일약 스타가 되었고, 이승만 정권을 위기에서 구한 장교로서 이승만대통령의 두터운 신임을 얻게 되었다. 이로써 전북의 남로당원들은 기가 꺾여 진압군에 협조하였고, 군 안의 남로당원들도 주춤하였으며, 제주도 남로당 폭도들도 송요찬 9연대에 밀리기 시작하여 많은 제주도민이 희생을 당함으로써 남한의 판도가 바꾸어졌다.

8. 국군 연속 반란, 대한민국 위기에 처함

1) 광주 4연대 반란

광주 4연대를 조사하고 재편성하기 위하여 나주부대를 연대본부로 집결하도록 명령하고, 2대대장 유정택 대위(육사2기)에게 나주의 김남근 중대를 인솔해 오라고 명령하였다. 그러나 김남근은 남로당원으로 유정택 대대장을 총을 쏘아 죽이고 중대원을 반란군으로 만들어 장성으로 도망쳤다. 그러자 박기병 부연대장이 2대대를 인솔해서 반란군을 포위하여 전원 체포하여 광주로 끌고 왔다. 결국 광주 4연대도 해체되고 14연대도 해체되었다.

2) 남로당원 15연대장 최남근 처형

최남근 15연대장이 반란군에 포로가 되었는데 10월 27일 화개장 15연대본부에 나타났다. 조사 결과 최남근은 남로당원으로 확인되었고, 그는 고의로 포로가 되어 반란군 김지회를 만난 것이 확인되어 49년 5월 수원에서 총살형을 당하였다. 그는 키가 크고 인물이 잘 생기고 점잖고 정직하여 국군에서 존경받은 장교였는데 불행하게 김일성 직계였던 것이다.

14연대 작전참모 보좌관 박정희 대위가 3일 동안 행방불명이 되었다. 나중에 알고 보니 박정희도 반란군 사령관 김지회를 만난 사실이 확인되어 체포 구속되어 사형 구형을 하였는데, 장도영, 백선엽 장군 등이 이승만 대통령에게 사면을 건의하여 이승만 대통령의 특별사면으로 목숨은 구하였으나 불명예제대를 하였다.

3) 대구 6연대 반란

대구 6연대는 48년 7월 10일 제주도 4.3폭동 진압군으로 1개 대대가 파병되었고, 1개 중대는 김천, 다른 1개 중대는 포항에 파견되었다. 그리고 1개 대대는 14연대 반란 진압명령을 받고 출동하여 부대 잔류 병사는 200여 명뿐이었다.

6연대장 김종갑 소령은 부연대장 최경만 소령에게 부대를 맡기고 3대대를 이끌고 벌교 반란군 소탕에 들어갔다. 이때 지창수는 벌교 전투에서 죽었다.(대구형무소에서 죽었다)

48년 11월 2일 6연대 정보과 선임하사 이정택 상사는 남로당 군사부장 이재복의 레포를 통해 〈진압군 출동을 저지하라〉는 지령을 받고 곽종진 중위와 세포원들과 모의를 한 후 우익장교 조장필 소위를 총으로 쏘아 죽였다. 그리고 부연대장 최경만 소령을 집중사격을 하였으나 그는 요리조리 잘 피하여 부대를 빠져나와 헌병대로 직행하였다. 이정택과 곽종진은 200여 명의 부대원들을 전원 무장시켜 집합시킨 후 장교들을 사살하려고 하였지만 장교들이 기를 쓰고 도망쳐 죽은 자가 없었다. 이때 집합한 장병들은 겁에 질려 반란군이 되었다. 반란군은 대구경찰서를 습격한 후 지리산으로 도망치려는 작전으로 정문을 나가던 중이었다.

부연대장 최경만 소령은 헌병대장 김진위 대위(육사 3기)에게 부대에 반란이 일어났으니 빨리 진압하라는 명령을 내렸다. 김진위 대위가 40명의 헌병을 데리고 부대 정문에 도착하자마자 반란군으로부터 기관총 사격을 받고 6명이 순식간에 쓰러졌다. 헌병은 권총밖에 없어 어떻게 해볼 수가 없었다. 만일 반란군이 박격포로 사격을 하게 되면 포탄 한 방이면 40명은 시체도 못 찾을 일이었다. 김진위 헌병대장은 후퇴 명령을 내렸다. 아찔한 순간이었다. 최경만 부연대장은 즉시 미 1연대로 달려가 지원을 요청하여 미 1연대의 전차가 출동하여 6연대를 포위하였다. 그러나 이정택과 곽종진 등 40명의 반란군들은 차량으로 돌파하여 다부동 쪽으로 도망쳤고, 190여 명은 체포되어 반란이 수습되었다.

4) 대구 6연대 2차 반란

정보과에서 6연대 반란자를 조사하는 과정에서 14연대 반란 진압 차 함양에 있던 6연대 1대대 하사관 중 여러 명이 남로당에 가입된 사실이 밝혀졌다는 신철 정보주임의 보고에 김종갑 6연대장은 1대대장 차갑준 대위에게 1대대 380명을 이끌고 부대로 복귀하라고 명령하였다.

48년 12월 6일 오후 4시 17대의 트럭에 1대대 장병들을 태우고 함양에서 고령을 지나 월배에 도착하였을 때 부대 복귀를 이상하게 생각한 이동백 상사가 중심이 되어 장교 9명을 순식간에 사살하고 반란을 선동하였다. 우익 장병들은 천신만고 끝에 도망쳐 10킬로 떨어진 부대에 복귀하여 세어보니 330여 명이었고, 반란에 가담한 자는 하사관 38명, 사병 14명 계 52명이었다. 이들은 달성지서를 기습한 후 대구 팔공산으로 도망쳤다.

5) 대구 6연대 3차 반란

포항 남쪽 오천의 영일비행장을 6연대 4중대가 경비를 하고 있었다. 정보과에서 반란자를 조사하던 중 4중대 안에서도 남로당원이 있음을 알게 되어 연대본부로 귀대하라고 명령하였는데 이런 특급비밀이 남로당원들에 의해 본인들의 귀에 들어갔다.

4중대 경리하사관은 중대 내의 남로당 세포원 20명을 규합 반란을 준비하였다. 이들은 4중대장 이영삼 중위에게 술을 잔뜩 먹여 부대를 지휘하지 못하게 하고, 백달현 소대장을 사살하고 우익하사관 1명도 사살하고 반란을 일으켰다. 우익하사관들도 무장을 하고 좌익놈들을 모조리 죽이자고 대항하자 반란군 20여 명은 도망치고 말았다. 그래서 6연대를 아예 해체시켜 버렸다.

강정구 전 동국대 교수는 『분단과 전쟁의 한국 현대사』203쪽에서, "10월 민중항쟁, 2.7구국투쟁, 제주4.3항쟁, 여순 군민항쟁 등 단선 단정 반대 투쟁을 열렬히 전개하였다"고 주장하고 있는데, 10월 1일 대구 폭동, 제주 4.3폭동, 14연대 반란이지 어떻게 항쟁인가? 좌파들은 모두 다 항쟁이라고 거짓주장을 하고 있다. 좌파 학자나 전교조나 좌파들은 거짓말의 전문가들로서 그들의 주장을 믿어서는 절대 안 된다.

9. 국군 안의 남로당원(조선공산당) 숙청

이승만 대통령은 이범석 국방부장관과 이응준 참모총장에게 "도대체 국군이 빨갱이 부대인가? 14연대, 9연대, 4연대, 6연대가 반란을 일으키다니 이러다가는 빨갱이들에 의해 국가가 전복되고 말 것이 아닌가!"라고 하면서 대책을 세우라고 명령하였다.

이때 "남로당은 합법정당이며, 경비대를 모집할 때 구별해서 받아야 하는데 구별하지 않고 입대시킨 결과이며, 현재 군 부대 안의 남로당 좌익을 처벌할 수 있는 법이 없어서 처벌하기 어렵습니다."라고 이범석과 이응준이 어려움을 말하자 "그거야 법을 만들면 되지"해서 이승만 대통령이 법제처장 유진오에게 보안법 초안을 알려주면서 보안법을 만들게 하였다. 법안 중 7조 고무찬양죄가 가장 무서운데 이 보안법 7조에 의해 남로당을 숙청하였다. 이 보안법은 48년 12월 1일 40일 만에 국회를 통과하여 12월 20일 보안법이 공포되어 현재에 이른 것이다.

대통령의 명령에 따라 명동 육군본부 별관(구 증권거래소) 2층 헌병사령부, 3층 정보국 사무실에서 정보국장 백선엽 중령은 김안일 소령을 조사과장에, 빈철현 대위가 조사반장이 되어 이세호, 김창룡, 박평래, 이영희, 양인석 등을 조사관으로 임명해 광주로 보내 14연대 포로 1,000명과 4연대 1,000여 명을 조사하여 150명이 남로당원임이 밝혀졌다.

남로당원 혐의자는 헌병이 체포하고, 조사는 정보국 특별조사과에서 하고 있었다. 육사 8기 30명을 더 보충하여 전군의 대대적인 남로당원 조사가 시작되었다. 정보과에서는 48년 6월 18일 제주도 9연대장 박진경 대령을 남로당원이 암살한 것을 조사하는 과정에서 군부대 안에 남로당원이 많이 있는 것을 알게 되어 극비에 조사하였다. 그리고 서울시경 경찰국장인 김태선은 이북으로 밀송중인 공산당 조직표를 압수하여 이승만 대통령에게 보고하였다.

　　이승만은 이범석과 채병덕을 불러 이 명단 안에 있는 자는 고하를 막론하고 조사하여 처벌하라고 엄명을 내렸다. 그런데 이 명단에는 채병덕 참모총장과 김백일 8연대장도 포함되어 있었다. 더구나 김백일은 정보과에서 요시찰 인물로 미행하고 있었고, 국방부 4국에서는 채병덕을 요시찰 인물로 극비에 미행하고 있었다.

　　49년 1월 초 소령으로 승진한 김창룡은 남로당(공산당) 군사부장 이재복의 레포 김영식을 체포하고 그의 아지트를 압수수색하였다. 그 결과 군부 안의 남로당원 100여 명의 명단이 있었다. 그리고 49년 1월 15일 남로당 군사부장 이재복이 체포되어 조사가 시작되었다. 그리고 육군 총책 박정희 대위도 1948년 11월 11일 체포되어 김창룡의 조사를 받았다. 박정희는 육군 안의 남로당원의 명단을 제공하는 조건으로 목숨을 살려준다는 협상이 되어 군부 안의 남로당원의 조사를 마쳤다.

◉ 남로당원으로 군사영어학교 출신

최남근 중령(만주군 중위 6여단 참모장),

김종석 중령(일본 육사 56기 6사단 참모장)

조병건 소령(일본 육사60기 육사 중대장),

오일균 소령(일본 육사61기 5연대 대대장)

이상진 소령(만주군 중위 여단 군수참모),

최상빈 소령, 이병위 소령, 오규범 중령, 낙학선 소령.

◉ 육군사관학교 1기

김학림 소령, 안영길 소령, 김창영 소령, 최창근 대위,

태용만 대위.

◉ 육군사관학교 2기

박정희 소령(일본군 육사 졸. 14연대 반란진압 작전참모

보좌관. 5.16군사반란 주모자)

노재길 대위, 강우석 대위, 안흥만 대위, 황택림 대위.

◉ 육군사관학교 3기

김응록 대위, 이군종 중위, 문상길 중위, 김지회 중위,

홍석중 중위.

정보국에서는 국군 안의 남로당원을 조사하여 4,749명을 밝혀내 사형, 무기, 파면, 훈방 등 처벌하였고, 이 중에서 육사 2기이며 육사 중대장으로 근무했고, 육본 작전교육국 과장이었던 박정희 소령만 사형구형에서 무기 선고를 받고 이승만 대통령

의 특사로 유일하게 석방되었다. 이때 김창룡은 조사결과 "박정희는 반드시 처형해야지 살려두면 국가에 회근이 됩니다."라고 이승만 대통령에게 건의하였으나 백선엽 정보국장, 김안일 조사과장, 장도영 등이 "박정희를 살려주어야 합니다."하여 살려주었다. 그리고 박정희는 불명예 예편되어 정보국 문관으로 근무하다 6.25전쟁이 나자 50년 7월 현역으로 복직되어 중령으로 승진도 하였다. 6.25는 박정희로 하여금 출세하게 하였다.

정보과에서 4,749명을 조사하여 숙청하자 각 부대의 남로당원들은 부대를 탈영하였다. 탈영자는 5,568명(박명림 한국전쟁 발발과 기원Ⅱ 430쪽)으로 숙청자와 탈영자 합 10,517명이 남로당원으로 국군의 10%였다. 그러나 국군 안의 남로당원을 완전히 숙청한다는 것은 어려웠다. 채병덕, 김백일, 조암 중령 같은 사람은 여전히 건재하여 공작을 하고 있었다.

그 후 박정희는 1961년 5월 16일 반란을 일으켜 헌법과 윤리를 파괴하고 18년의 군부독재를 하다 결국 김재규의 권총으로 살해당하였고, 그는 국군 안에 사조직인 하나회를 조직하여, 하나회는 전두환이 중심이 되어 12.12 반란을 일으켜 군부를 장악하고, 80년 5월 18일 광주시민을 학살하고, 80년 8월 27일 최규하 대통령을 몰아내고 정권을 장악하였다. 이들이 박정희 뒤를 이어 군사독재를 하자 여기에 항거하는 주사파를 낳았고, 젊은이들로 하여금 반미·친북 좌파를 양성, 전대협 출신 60명이 17대 국회에 진출하여 이들이 민주당의 중심인물이 되어 우리 사회가 좌파로 기울어지게 하였다. 2016년 더불어민주당 원내총무인 우상호가 386세대 운동권 출신이다.

10. 춘천의 8연대 2개 대대 월북

국군 내의 남로당의 조직 관리를 장교는 중앙당에서, 하사관과 사병은 도당에서 하였다. 남로당 조직은 종적으로 되어 있고 횡적으로 되어 있지 않아 이재복이 군부 안의 남로당원을 일시에 선동하여 반란을 일으키는데 실패하였다. 만일 이재복이 전군 안에 있는 좌파 장교나 하사관이나 사병들에게 동시에 반란을 일으킬 수 있었다면 국군은 도저히 진압할 수 없었을 것이다. 그리고 이재복은 당적을 인민당에서 대구 폭동 후 공산당으로 바꾸었고, 또한 목사로서 투쟁 경험이 없고, 조직 관리를 해본 일이 없고, 변장과 잠복기술도 부족하여 조직 관리를 잘못하여 전군 반란에 실패하고 모두 검거되게 하였다.

48년 12월 20일 이승만 대통령이 보안법을 공포하여 특별수사본부, 군 정보과, 방첩대, 경찰 사찰과 등이 거미줄처럼 연결되어 요시찰 인물을 미행, 감시, 조사하고 있어서 군내 남로당원들은 동시에 반란을 일으키지 못하고 초긴장을 하고 있었다. 춘천의 8연대 연대장은 김형일 중령이었고, 1대대장은 표무원 소령, 2대대장은 강태무 소령이었으며, 정보장교는 김인철 대위였다.

표무원 소령은 대구출생으로 동경의 대성중학교를 졸업하고 일본군에 입대하여 중사 때 해방을 맞이했다. 그는 하재필과 최남근과 오일균으로부터 공산주의 사상 교육을 받은 자였다.

강태무 소령은 경남 고성 출신으로 동경 입교대학을 졸업하고 육사 2기로 입교해서 오일균으로부터 공산주의 사상 교육을 받은 자이며, 이들은 좌익이면서 철저하게 우익으로 가장하여 겉으로 볼 때는 절대로 좌익인 것 같지 않았다. 이들과 같은 자가 최남근, 김종석, 박정희였다. 이들은 좌익이라는 것을 은폐하기 위하여 우익 장교를 가장하여 대한민국과 이승만에게 충성하는 척하였고, 전방에서 인민군을 잡으면 그 자리에서 목을 쳐 죽임으로 철저하게 우익으로 가장해서 부하들이나 동료들은 꿈에도 좌익이라는 생각을 못하였으나 정보장교 김인철 대위의 눈을 속일 수는 없었다.

8연대 표무원 소령의 1대대는 춘천 북방 38선을, 강태무 소령의 2대대는 홍천 북방 38선을, 3대대는 연대본부와 같이 춘천역 부근에 있었다. 정보과에서 육사 2기생 남로당원을 조사하고 있었고, 특히 박정희가 체포되어 조사를 받고 있고, 최남근 중령도 조사를 받고 있다는 정보를 입수한 표무원과 강태무는 이들이 입을 여는 날이면 자기들은 꼼짝없이 숙청당한다고 판단하고 초조한 나날을 보내고 있었다. 김인철 정보장교는 표무원과 강태무의 뒷조사와 미행을 마치고 극비에 정보국에 표무원과 강태무의 체포 상신을 하였다. 정보국에서는 극비에 참모총장 이응준 장군에게 구속영장을 상신하였다. 그러나 참모총장은 38선 경계를 하는 대대장들을 일시에 2명이나 체포하는 것은 신중을 기해야 한다고 하면서 보류하였다. 이 극비 정보를 반민특위에서 근무하는 강태무 형인 남로당원 강태인이 남로당 중앙당을 통해 알게 되어 동생에게 알려 주었다. 그래서 표무원과 강태무는 대대 병력을 이끌고 38선을 넘기로 하였고, 이북과의 관계는 강태인이 맡기로 하였다.

49년 5월 4일 8연대 1대대 표무원 대대장은 야간훈련이 있다고 속이고 일반 장병들은 실탄을 주지 않고 남로당 세포들에게만 극비에 실탄을 지급하여 455명을 완전무장 시킨 후 오후 1시 부대를 출발하여 오후 6시 모진교(일명 38교. 현재는 수몰됨.)를 건넜다. 표무원 대대장은 38선을 훨씬 넘어 북한 땅 말고개까지 도착하니 인민군이 대대를 포위하였다. 최동섭 2중대장이 38교를 넘으면 안 된다고 하였으나 야간 적진 침투훈련이라는 데는 할 말이 없었다. 그러나 그는 불안하고 이상하여 조심하고 있을 때 인민군에게 포위를 당한 것이다. 이때 표무원 대대장의 "인민군에 포위되었으니 무기를 버리고 투항하라!"는 소리가 들렸다. 최동섭 2중대장은 설마 표무원 대대장이 빨갱이는 아니겠지 하였는데 설마가 현실이 되어 표무원이 부대원들을 모두 빨갱이로 만들려하고 있었다. 최동섭 2중대장은 "우리는 대대장에게 속았다. 즉시 원대 복귀하라!"는 명령을 내림과 함께 어둠을 틈타 도망쳤다. 이때 탈출에 성공한 장병이

239명이었고, 월북자는 표무원 대대장, 김관식 1중대장 외 장교 4명, 사병 213명이었다.

49년 5월 4일 오후 1시, 홍천의 2대대는 5, 6, 8중대 294명을 데리고 38선에서 훈련이 있다고 속이고 부대를 출발하였다. 5월 5일 새벽 3시 현리를 출발하여 하답을 지나 5시에 38선 402고지 개봉 밑에 도착하였다. 5월 5일 정각 오후 6시 5, 6보병중대는 정면에서, 8중대 중화기 중대는 배후에서 공격을 시작했다. 국군은 고작 60밀리 박격포였는데 미리 내통한 인민군은 120밀리 박격포로 쏘아대니 국군이 전멸 위기에 처하였다. 이때 강태무가 "포위가 되었으니 무기를 버리고 투항하라!"고 부하들에게 외쳤다. 8중대장 김인식 중위는 보병을 정면에서 공격하게 하고 중화기는 뒤에서 공격하는 것이 일반적인 작전인데 자기를 적 후방으로 가서 공격하라고 하여 이상하게 생각하고 있었으나 강태무가 빨갱이라는 것은 꿈에도 생각 못하였다. 그런데 싸움도 하기 전에 투항하라는 강태무의 말에 "속았구나!"하고 부하들에게 "원대 복귀하라!"고 명령을 내리고 사생결단 도망쳤다. 이때 장병 4명이 전사하고, 박격포를 매고 강을 건너다 3명이 익사하고, 장교 2명이 전사하여 총 전사 9명, 탈출에 성공한 자는 140명, 월북자는 150명이었다.

표무원 1대대와 강태무 2대대는 M1소총 209정, 칼빈 127정, 자동소총 20정, 경기관총 6정, 기관단총 2정, 권총 2정, 60밀리 박격포 5문, 81밀리 박격포 3문을 가지고 368명이 완전 무장한 채 평양의 김일성의 환영식에 참석하여 평양시가지를 행진하였다.

김일성, 최용건, 김책 등은 국군 2개 대대가 완전무장한 채 평양 시내를 행진하는 것을 보고 남조선은 이제 끝났다. 인민군이 38선만 넘으면 남조선 해방은 시간문제라고 확신하였다. 이때 박헌영은 제주 4.3폭동, 14연대 반란, 6연대 반란, 국군 2개 대대 월북과 같이 남로당원 20만이 인민군이 38선을 넘기만 하면 민중봉기를 일으켜 남조선을 해방시킬 수 있으므로 서둘러야 한다고 하니 김일성은 이상과 같은 사건을 보고 더욱더 자신을 갖고 남침준비에 전력을 다하여 50년 6월 25일 남침을 하였다.

11. 14연대 반란군 사령관 김지회의 죽음

1) 진압군의 추격

김지회 반란군은 백인엽에게 대패하고 지리산으로 들어가 숨어버렸다. 반란군은 뭉쳐서 다니면 노출될 가능성이 많아 중대별로 흩어져서 숨어 있었다. 겨울을 나는 것이 식량 부족과 추위와 눈으로 인한 발자국 때문에 어려움이 많았다. 반란군은 산청, 거창, 화개장, 하동, 진주, 위천 등의 우익 집과 관공서를 습격하여 필요한 것을 채웠다.

정부에서는 남원의 진압사령부를 더욱 보강하였다. 사령관에 정일권 준장, 3연대 3대대장 한웅진 대위, 5연대 1대대, 9연대 1개 대대, 19연대 1개 대대, 독립 1개 대대, 합 5개 대대로 증강하였고, 작전참모 공국진 대위, 정보참모 이유성 대위, 군수참모 박종진 대위, 인사참모 이극성 대위 등으로 참모진을 강화하였다. 진압군도 11월~2월 말까지는 지리산을 중심해서 반란군이 내려오지 못하게 지키기만 하였지 추위와 눈 때문에 공격을 못하였다.

49년 3월 1일 진압군은 남원, 구례, 화개, 하동, 진주, 산청과 덕유산과 백운산 밑에서 일주일 동안 반란군을 지리산으로 몰고 갔다. 3월 11일 진압군 5개 대대는 지리산을 뒤지기 시작하였다. 그러나 김지회 반란군은 진압군이 지나온 자리 뒤로 살짝 빠져나가 진압군을 맥 빠지게 하곤 하였다.

3월 16일에는 거창, 함양, 산청 쪽을 뒤졌다. 반란군은 흔적도 없이 도망치고 진압군은 허탕만 치고 있었다. 낮에는 대한민국 밤에는 조선민주주의 인민공화국의 세상이었다. 거창의 3연대 3대대 한웅진 대위는 매일 거창, 사천, 위천, 함양을 뒤졌으나 반란군의 흔적을 찾을 수가 없었다.

49년 3월 21일 김지회 반란군은 지리산에서 덕유산으로 빠져나와 장안산 용추사를 넘어 황점마을에 도착하였다. 반란군은 여기에서 소를 잡아 마을사람들에게 식사를 부탁하고 늘어지게 잠을 잤다. 마을사람들이 이들을 보니 군복이 깨끗해 새 옷 같았으며, 여자도 3명이 있었다. 여자 3명 중 한 명은 광주 도립병원 간호사 조경순으로 제주도 출신이며 나이는 20세였다. 그녀는 이재복의 레포인데 김지회에게 자주 연락을 하면서 이제는 김지회 애인이 되어 김지회와 같이 반란에 참여하였다. 조경순은 제주도 지리를 잘 알아 48년 4.3폭동 때 김달삼에게 이재복의 지령을 전달하기도 하였다. 황점에 도착한 반란군 장교는 2명이고, 인원은 200여 명 정도였다.(주민들의 증언)

3월 23일 반란군은 목재 차량 2대를 탈취하여 아침식사를 마치고 북상지서를 향하였다. 북상지서는 경찰 10명이 지키고 있었다. 반란군은 군인으로 가장하여 북상지서 경찰 10명을 집합시켜 무장해제하고 꽁꽁 묶어서 숙직실에 가두었다. 경찰은 국군인 줄 알고 하라는 대로 하였는데 이들이 반란군이라는 것을 알았을 때는 이미 늦었다. 반란군 장교인 홍석중이 거창경찰서장에게 전화를 걸어 위천 지서에 진압군 500명이 반란 진압차 왔으니 식사를 준비하고 차량 8대도 준비해서 위천 지서로 오라고 명령하였다.

거창경찰서장은 3대대라는 말을 듣고 예, 예하고 대답을 하기는 했는데 이상한 생각이 들었다. 그것은 위천지서에 진압군 500여 명이 도착하였으면 사전에 연락이 있을 것인데 아무런 연락이 없었고, 또 국군은 양민이나 관공서나 경찰에게 피해를 주지 않는데 식사준비를 하라는 것이었다. 의심이 난 거창경찰서장은 즉시 3연대 3대대 한웅진 대대장에게 연락하니 한웅진 대대장은 "그자들 반란군이다"고 하였다.

거창경찰서장으로부터 위천지서에 반란군이 있다는 보고를 받은 한웅진 대대장은 주위의 진압군을 위천지서로 모이게 하고 한웅진 대위는 반란군이 도망치기 전에 우선 1개 중대를 이끌고 위천지서로 달렸다. 김지회도 진압군 차량이 오는 것을 보고 위천지서장을 트럭에 태우고 다시 황점으로 도망쳤다. 한웅진 대위가 위천지서에 와서 보니 위천지서는 텅텅 비어있었다. 그때 바로 반란군이 황점 쪽으로 도망쳤다는 보고를 받고 추격을 하였다.

황점 뒷산에서 진압군과 반란군 사이에 총격전이 벌어져 진압군 6명이 전사하고 반란군 10명이 죽었다. 반란군은 이 사이 덕유산으로 들어갔고, 진압군은 추격을 못하였다. 진압군은 반란군 부상자 3명의 포로를 통해 반란군에 대한 정체를 5개월 만에 처음 알게 되었다.

3월 28일 진압군 5개 대대와 경찰이 함양에 집결하였다. 그리고 29일부터 덕유산을 뒤지기 시작하여 정상까지 갔으나 반란군은 흔적도 없었다.

"큰일 났습니다. 거창에 반란군이 와서 금품과 식량을 털어가고 있습니다."하는 경찰의 다급한 전화를 받은 남원 사령부는 기가 막혔다. 덕유산에 반란군이 있다고 해서 5개 대대가 뒤지고 있는데 반란군이 거창에서 약탈을 하고 있다는 연락을 해오니 기가 막힐 수밖에 없었다.

3월 29일 반란군이 안의 쪽에 나타났다는 민간인 신고를 받고 한웅진 대대장이 즉시 출동하였다. 한웅진 대대장이 쌍안경으로 관찰하니 높은 산 쪽에서 반란군도 지쳤는지 쉬고 있는 것이 보였다. 한웅진 대대장은 14일 동안 반란군의 뒤를 쫓은 후 처음으로 반란군을 보았다. 한웅진 대대장은 전 대대 병력에 명령하여 집중공격하게 하였다. 한 시간 정도 사격전이 벌어진 후 반란군 측의 반격이 없자 살금살금 전진하여 현장을 가보니 90구의 시체가 있고 나머지는 도망치고 없었다. 김지회 반란군은 14일 동안 밤낮으로 680킬로미터를 도망치고 한웅진 진압군은 780킬로미터를 추격한 결과였다.

2) 개관산 전투

4월 4일 진압군은 개관산 밑에 집결하였다. 반란군 100여 명이 개관산 북쪽 천전동에 숙영하고 있다는 보고를 받았기 때문이다. 4월 5일 진압군은 개관산을 포위해 올라가다 반란군이 보이자 집중사격을 하여 사격전이 벌어졌다. 한참이 지나 반란군이 저항하지 않아 현장을 보니 반란군 시체 60구가 있고 김지회는 또 도망치고 없었다.

3) 김지회의 죽음

반란군 부상병들이 "김지회는 지리산으로 갔습니다."하여 한웅진은 즉시 부대를 이끌고 김지회 뒤를 추격하였다. 한웅진 대대는 입석에 도착하여 지리산 일대를 뒤져도 반란군의 흔적이 없었다. 대대 정보계 김갑순 상사는 사복을 입고 산내면 반선리 선술집을 찾아 술집아주머니에게 선물을 주고 반란군이 여기 자주 오느냐고 물으니 반란군인지 진압군인지는 몰라도 군복을 입은 분들이 오는데 낮에 오면 진압군, 밤에 오면 폭도 아니면 반란군인 것을 짐작한다고 하였다. 김갑순은 술집아주머니에게 "상금을 충분히 줄 테니 밤에 군복을 입고 오면 술을 많이 먹이고 부엌에 호롱불을 켜 주세요. 아주머니를 책임지고 보호하겠습니다."라고 부탁을 하였다.

49년 4월 9일 새벽 2시 30분 술집 문을 조심스럽게 두드리며 술집아주머니를 부르는 소리가 났다. 술집 주인이 문을 열고 보니 40여 명의 군인들이 밖에서 기다리고 있었다. 술집 주인은 "어서 들어오세요!"하고 반갑게 말을 한 후 뜨뜻한 방에 우선 밥하기 전 막걸리라도 드시라고 주니 배가 고팠는지 정신없이 먹고 있었다. 주인아주머니는 부엌에다 호롱불을 켰다. 반선마을 청년단장은 매일 밤잠을 자지 않고 술집에 불이 켜지는지만 보고 있었는데 불이 켜진 것을 보고 한웅진 대대장이 있는 입석으로 뛰었다. 보고를 받은 한웅진 대위는 대대병력을 이끌고 6킬로 떨어진 현장으로 즉시 출동하였다. 반란군들은 밤중에 자동차 소리에 놀라 진압군이 아닌가 하고 뛰기 시작하였다. 그런데 밥도 많이 먹은 데다 술도 많이 먹어 취해서 뛸 수가 없었다. 달이 밝아 물체가 다 보였다. 진압군이 현장에 도착하니 반란군이 도망치는 것이 달빛에 보여 차에서 내리지도 않고 차 위에서 바로 사격하고 일부는 하차하여 공격하였다. 진압군은 반선마을 전체를 포위하였다. 날이 새어 현장을 점검하니 17명이 죽어 있고, 7명이 부상당해 포로가 되었고, 도망자는 15명 정도였다. 사망자를 확인하니 홍석중도 있고, 정치부장과 후방부장도 있었다. 포로들 말에는 김지회와 조경순은 도망쳤다고 하였다. 김갑순 상사는 부하들을 데리고 덕동을 향해 반란군 뒤를 추격하여 부상당한 조경순을 체포하였다. 조경순은 6명이 도망쳤다고 하였다. 김지회는 배에 총상을 입고 창자가 밖으로 빠져 나오는 데도 600미터 이상을 도망쳐 피가 많이 흘러 죽고 말았다. 이렇게 되어 14연대 반란은 6개월 만에 진압이 되었고, 나머지 반란군은 이영회가 김지회 부대를 조직하여 유격대가 되었다.

12. 14연대 반란의 피해와 결과

• 14연대 반란 피해

여 수		순 천	
반란군에 학살당한 자	1,200여명	사망자	1,143명
반란군에 부상당한 자	1,150 명	행불자	818명
소실 및 파괴된 가옥	154 동	파괴된 가옥	18동
행방불명	3,500여명	반란군 사살	392명
이재민	9,800여명	포로	1,512명
국군피해 : 장교 21명,` 사병 43명 사망, 14연대 · 6연대 · 4연대 해체			

14연대 장병들의 부모들이 여수 14연대 본부에 가서 보니 시체는 벌써 썩어서 냄새가 나고 멀쩡한 자식이 반란군이 되어 죽어 국가의 역적이 되었고, 포로가 되어 묶인 채 구타당하고, 재판을 받고, 감옥살이를 하는 것을 보고 통곡을 하지 않은 부모가 없었다. 남로당원들이 순천경찰서장 양세봉을 차에 묶고 끌고 다니다 죽인 참상을 보고 같은 민족 되기를 포기하고 절대 우익과 좌익은 같이 살 수 없다고 한을 품게 되었다. 그래서 공산주의자를 빨갱이라고 하기 시작하였다.

공산주의는 개인 재산을 착취하고, 사상도 착취하고, 자유도 착취하고, 인간의 기본적 욕구마저 착취하여, 혁명을 위해 사람을 인격적으로 취급하지 않고 하나의 물건인 혁명도구로 사용했다. 그렇기 때문에 사람을 죽이는 것을 짐승 죽이듯 하는 잔인함에 치를 떨고, 공산당은 토지개혁을 해서 네 것 내 것이 없고, 빈부격차가 없고, 계급이 없는 평등사회를 만든다고 해서 좋게 생각하고 지지하던 서민들조차 돌아서기 시작하여 남로당에 협조를 하지 않게 되었다. 공산주의는 인간의 기본적인 욕구마저 착취하기 때문에 경제 발전과 다른 분야도 발전할 수 없는 지구상에서 가장 인간을 비참하게 하는 사상이라고 국민들은 치를 떨었다. 자본주의와 권력자가 부패해서 국민이 살기 어렵다면 끊임없는 투쟁과 감시와 법을 통해서 정의로운 사회를 이룩하여 경제 발전과 인류 문명을 발전시키면 되는 것인데, 공산주의자들은 혁명 곧 폭력투쟁 만을 통해서 목적을 달성하려 하고 있는 사상은 1917년 소련식 공산주의 노선으로 종주국인 소련은 이 공산주의가 잘못되었다고 포기한지 오래 되었는데 오직 북한과 남한의 좌파들만 좋다고 실천하려 하고 있다.

• 14연대 반란의 결과

① 제주 4.3폭동과 14연대 반란으로 미군은 48년 말까지 완전 철수 중 보류 상태였고,

② 미군은 한국군이 장개석 군대와 같아 믿을 수 없다고 판단하고 한국군을 불신하게 되었으며,

③ 미국이 장개석 군대를 도운 것이 결국 모택동 군대를 도운 것이 된 것 같이, 국군을 도운 것이 2개 대대가 완전무장하고 북으로 탈영하여 인민군을 도운 꼴이 되었다고 군사원조를 중단하게 되었다.

④ 이래서 이승만은 "우리 국군은 장개석 군대와 다르다. 우리는 공산주의와 끝까지 싸울 것이다."하면서 군원을 얻기 위하여 북진통일을 외쳤고,

⑤ 미국은 혹시 이승만이 말한 대로 북진을 하면 골치 아프다고 판단, 더욱더 군원을 증액시키지 않고 철수하면서 전차와 전차 방어 무기인 지뢰와 로켓포도 주지 않았다.

48년 11월 3일 제주도 4.3폭동과 여수 14연대 반란으로 대한민국 정부가 위기에 처해 있을 때 김구 선생은 "미·소 양군

철수 후 통일정부를 수립하자" 하면서 미군 철수를 외치고 5.10선거 즉 대한민국을 인정하지 않자 미군은 한국을 도울 가치가 없다고 판단하였다. 국민들은 이구동성으로 "저 늙은이가 망령이 들었다." "이런 난리 통에 미군 철수를 외치다니 김구부터 죽여야 한다."고 우익에서는 아우성이었다.

⑥ 14연대 반란군 이영회는 김지회가 죽은 후 반란군을 흡수하여 김지회 부대를 조직 이현상 부대에 합류하였다. 그는 남부군 5연대장이 되어 53년 11월 28일 지리산 상봉골에서 부하 62명과 함께 국군 토벌군에 의해 전멸되었다.

49년 1월 18일 "미군이 즉시 철수하고 남북협상을 다시 해야 한다"고 김구 선생은 또 담화문을 발표하였다. 국민들은 김구 선생이 남한이 적화되기를 원하는가? 하고 불안해하였다. 김구 선생은 결국 1949년 6월 26일 안두희의 권총에 암살되고 말았다.

⑦ 48년 9월 7일 친일파 처단의 반민법이 국회를 통과하여 이승만 대통령이 9월 22일 공포하였다. 그러나 49년 2월 "제주도 4.3폭동과 14연대 반란 때문에 친일파 장교를 숙청하면 반란과 폭동을 진압할 수 없다"고 이승만 대통령이 국회의원들을 설득하자 국회의원 대부분이 동조하여 49년 2월 24일 반민특위법 철폐 안이 국회를 통과하여 폐기 되었다. 그래서 좌익들 즉 조선공산당의 폭동으로 인하여 친일파를 숙청하지 못하여 일본에 침략을 당한 것보다 더 부끄러운 민족이 되었다.

⑧ 48년 11월 16일 국가보안법이 국회에 상정되어 국회를 12월 1일 통과하여 법률 제10호로 이승만 대통령의 서명으로 20일 공포하여 남로당이 불법단체가 되어 현재에 이르고 있다.

⑨ 14연대 반란으로 남로당 전남·전북 도당이 무너지고 군부 안의 1만 명의 남로당원이 숙청되어 인민군 남침 시 반란이나 폭동을 일으키지 못하여 결정적일 때 인민군을 돕지 못하여 인민군이 패전하게 되었다.

⑩ 제주 4.3폭동과 14연대 반란과 춘천 8연대 2개 대대의 월북을 본 김일성과 그 일행은 남침하면 남한을 완전히 점령할 수 있다는 자신감을 가지고 무기는 소련에서, 인력은 중공에서 지원받아 50년 6월 25일 인민군은 38선을 넘어 남침하게 되었다.

49년 6월 14연대 반란과 제주도 4.3폭동이 진압되자 6월 30일 미군은 고문관 487명만 남기고 한반도에서 완전히 철수하였다. 철수하면서 전차나 전차를 막을 수 있는 로켓포나 지뢰나 155밀리 곡사포는 한 문도 주지 않고 떠나버렸다. 너무도 야속하였다.

그래서 국방은 우리 스스로가 해야지 미국에만 의지하는 것은 있을 수 없는 사대주의 사상의 결과이다. 2012년 국가 예산 320조 원 중 보건복지부 예산은 92조 원인데 국방예산은 33조 원이다. 6.25 때와 똑같은 일이 벌어져 미군만 철수하면 대한민국은 인민군이 남침하면 방어하기가 어려울 것이다.

강정구 전 동국대 교수의 『분단과 전쟁의 한국 현대사』48쪽
에 "만약 미 점령군의 개입이 없었다면 필연적인 사회변혁 과
정에서 친일파는 척결되지 않을 수 없었다."하고 가설을 주장하
고 있는데, 미군이 일본과 싸워서 이기지 못하였으면 우리는
해방되지도 못하였다. 친일파 숙청을 못한 것은 이상과 같이
조선공산당의 4.3폭동과 14연대 반란 때문이다. 강정구 는 말
도 안 되는 허위주장을 하고 있다.

52쪽에서는 "친일파 청산이 좌절의 결정적 요인은 반공, 반
소, 반탁의 기치로 과거의 민족반역자나 친일파가 애국자로 둔
갑되는 세상이었기 때문이다."라고 허위주장을 하고 있다.

이이화, 강정구, 이영일, 김동춘, 이령경, 이창수, 장석규, 강
창일 공저 『죽여라 다 쓰러버려라』 44쪽에 보면 "여·순 항쟁
계기로 48. 12. 1 보안법을 제정해 한 달 남짓 사이에 11만
명을 체포 구금했고, 30만 명 이상의 보도연맹을 만들어 이들
의 거주 이전의 자유와 사상의 자유를 원칙적으로 탄압하게 되
었다고 허위주장을 하고 있다. 이 책자는 행정자치부에서 후원
하여 김대중·노무현 정부는 좌파 양성기관과 같다.

조정래가 쓴 태백산맥은 현대사를 소재로 쓴 소설인데 특히
14연대 반란 때 벌교에서 남로당 청년들의 무장 유격활동을 다
루었다. 그런데 작가는 14연대 반란군이 우익 장교와 하사관과

경찰을 잔인하게 죽인 사건은 전혀 언급하고 있지 않다. 그러면서 1권 67쪽 "결과적으로 그들이 무장투쟁을 전개하지 않을 수 없는 것은 미군정의 무력탄압에 그 명백한 원인이 있었다. 그러니까 그들의 행위를 '폭력'으로 간주하더라도 그건 어디까지나 '방어적 폭력'이었고 '상대적 폭력'이었다."라고 반란을 정당화 하였고, 2권 142쪽에 "남쪽 땅에는 민주주의라는 미명아래 지주계급과 친일세력이 합세하여 남쪽만의 나라를 세우고만 것이다. 결코 용납될 수 없는 일인 것이다. 사회주의 건설, 그것만이 최선의 길이고 유일한 길일뿐이다. 그 목적 달성을 위해서 투쟁, 오로지 투쟁이 있을 뿐이다."라고 사회주의 운동을 선동하였고, 3권 316쪽에 "여수 앞바다에서 군함의 함포사격을 받고 순천 상공에서 폭격기의 폭격을 받고 지상군의 공격을 받아야 했던 연대병력의 반란군은 후퇴하지 않을 수가 없었을 것이다."라고 폭격기가 폭격을 한 일도 없는데 폭격하였다고 거짓선동을 하였고, 4권 46쪽에서는 "그들은 아무도 문상길 중위가 누군지 알지 못했다. 그러나 그들은 매국노의 단독정부 아래서 미국의 지휘 하에 한국 민족을 학살하는 한국군대가 되지 말라는 것이 저의 마지막 염원입니다."라고 제주4.3폭동 진압사령관 박진경 연대장을 암살한 문상길 중위를 두둔하고 제주 4.3폭동을 민중항쟁으로 정당화 하고 있고, 한국군이 국민을 학살하는 것으로 주장하고 있다. 4권 160쪽에 "그들이 폭격기를 띠워 순천을 무차별 폭격해대고, 군함을 동원해 여수를 향해 무차별 함포사격을 가해댄 것은 새삼스럽게 놀랄 일이 못되었다. 그들은 벌써 십일 인민항쟁 때 비무장인 군중을 향해 탱크를 몰아댔고, 비행기로 위협폭격을 해댔다. 그리고 제주도 사건이 터지자 군함을 동원해 섬을 봉쇄하는 한편 비행기로 폭격을 감행했던 것이다. 그런 그들이 자기네의 구미에 맞는 괴뢰정권을 세우자마자 일어난 여수·순천의 항쟁에 그런 입체작전을 감행하고 나온 것은 너무나 당연한 일이었다."라고 하면서 폭격기가 14연대 반란이나 제주4.3폭동 진압 때 폭격한 일이 없는데 허위주장을 하면서 미군을 강도 높게 규탄 선동하고 있고, 대한민국정부를 괴뢰정부라고 표현한 것은 대한민국을 부정하는 사람으로, 대한민국에서 살아서는 안 될 사람이다.

4권 170쪽에 "각 계파의 통합을 거쳐 조선공산당이 결성되었을 때 그 책임비서는 박헌영 동지였다. 그때 중앙당은 북조선 분국을 정식으로 인준하며 그 책임비서로 김일성 동지를 임명했다. 그런데 미군정은 공산당활동 불법화 조처를 취했고, 그에 따라 무력탄압이 가해짐으로써 박헌영 동지는 이북으로 피신하지 않을 수 없게 되었다. 그러고 나서 2년여 세월이 흐른 다음 수립된 공화국에서 김일성 동지가 수상이, 박헌영 동지가 부수상이 된 것이다."라고 터무니없는 허위주장을 하여 김일성 부하들이나 주장하는 내용을 소설로 써서 독자들로 하여금 반미 친북사상의 좌파가 되게 하고 있다.

박헌영이 북으로 간 것은 46년 9월 5일 위조지폐사건으로 도망친 것이요, 김일성이 수상이 된 것은 스탈린의 영향이다. 태백산맥은 많은 부수가 판매되어 대한민국의 젊은이들의 사상을 주도하고 있어 보통문제가 아니다.

그리고 미군정과 이승만 정권은 친일파를 숙청하지 않았다고 하는데, 친일파 숙청을 못한 것은 14연대 반란 때문이다. 태백산맥은 조선민주주의 인민공화국 선전소설이 아닌가? 하고 착각할 정도이다.

2009. 1. 8 과거사위원회에서 "전남 순천지역에서 민간인 439명이 국군과 경찰에 의해 불법적으로 희생되었다"고 주장하면서 2,000여명이 희생되었을 것으로 추정하였다. 과거사위는 집단학살하였다고 주장한다. 그러면서 최종 책임을 이승만 대통령과 국방부에 있다고 하면서 유가족에게 사과, 위령비 사업지원, 평화 인권교육을 실시할 것을 건의하였다. 그러나 이 주장은 잘못이다. 필자가 조사한 바에 의하면, 14연대 반란군이 구례 파도리에서 이장과 결탁하여 12연대 1개 중대를 마을에서 환영식을 하면서 술을 먹여놓고 포위해서 90여명이 포로로 잡혔지만 파도리 주민에 대해서는 국군이 전혀 피해를 주지 않았으며, 덕유산 밑 황점마을에서 김지회 이하 200여명의 반란군이 1박을 하고 식사를 제공하고 소도 잡아서 주었지만 국군은 황점마을 사람들에 대해 전혀 피해를 주지 않았다. 여수와 순천에서 진압군에 의해 많은 피해를 본 것은 여수와 순천의 좌파들이 무기를 들고 진압군을 공격했기 때문이다.

제3장 조선인민군 남침 1차 작전(서울 점령 목표)

1. 조선인민군 38선을 넘어 전면 남침

50년 6월 25일 새벽 3시, 김일성(38세)은 내각 비상회의를 소집하였다. 이 회의에는 노동당 정치위원도 같이 모였다. 김일성은 여기에서 "오늘 새벽 1시에 남조선 국방군이 38선을 넘어 공화국을 침공하였습니다. 인민군은 이를 반격해야 하겠습니다."라고 거짓말을 하자 참석자 전원이 일어나 "반격해야 합니다!"하고 결의하였다. 결의 후 즉시 김일성은 전선사령관 김책에게 "50년 6월 25일 04시 국방군을 반격하라!"고 명령을 내려 인민군은 50년 6월 25일 04시 240킬로 38선 전역에서 240대의 전차를 앞세워 11만 대병으로 국군을 공격하기 시작하였다. 38선 전 지역에서 30분 동안 모든 중포가 국군을 향해 포탄을 쏟아 부었다. 그리고 전차는 4시 30분 38선을 넘어 국군을 기습 공격하기 시작하였다. 25일 오전 11시 평양방송은 국군이 북침하여 인민군이 반격 중이라고 거짓방송을 하였다.

2. 잘 방어한 강릉 국군 8사단

인민군은 강릉을 공격하기 위하여 5사단과 766부대와 549부대 등 22,000여 명을 배치하였다. 그들은 전차 10대, 자주포 16대, 122밀리 곡사포 12문 등 각종 포 200문과 61밀리 박격포 수백 문으로 6월 24일 밤 10시부터 공격을 개시하였다.

국군은 50년 6월 21일 6.25 4일전 이성가 대령이 8사단장에 부임하였다. 8사단은 10연대가 주문진 38선을 경계하고, 21연대는 삼척에서 후방을 경계하고 있었고, 예비연대는 없었다. 그리고 18포병대가 있어 사단 총인원은 6,900여 명이었다. 사단 차량은 40대, 105밀리 곡사포 15문, 각종 포 202문이었다. 21연대 2대대는 하진부리에서 인민유격대를 토벌 중에 있었고, 3대대는 태백산에서 인민유격대를 토벌 중이어서 21연대는 부대 내에 1대대밖에 없었다. 18포병대는 포대장 이하 10명의 장교들이 교육을 받으러 나가 부대에 없었다. 6월 24일 육본으로부터 휴가 외출을 보내라고 해서 장병들 1/3 이상을 휴가 외출을 보내 병력이 적었다. 또한 경계령도 해제된 데다, 25일은 일요일로 휴일이라 장병들 마음이 해이해져 있을 때 인민군의 전면 기습공격을 받았다.

"국방군은 서부와 중부에서 우리 공화국을 향해 공격하고 있다. 우리는 반격하여 강릉을 해방하고 부산을 향해 진격, 남조선을 해방시켜야 한다. 5사단 전사들은 주문진과 강릉을 향해 전진하라!"

50년 6월 25일 새벽 4시 "발포하라!"는 인민군 5사단장 마상철 소장의 명령에 따라 5사단 포병대의 모든 화력은 잠자는 국군 10연대 3대대와 1대대를 향해 소나기같이 퍼부었다. 그런 후 마상철 소장이 전사들에게 주문진과 강릉을 향해 전진하라는 명령에 따라 4시 30분 인민군 보병은 전차 10대를 앞세우고 38선을 넘어 국군 초소를 순식간에 해치우고 남진하였다. 766부대는 오진우의 명령에 따라 삼척의 21연대 북상을 차단하기 위해 간성에서 24일 밤 10시부터 항구를 떠나 밤새도록 배를 타고 38선을 넘어 강릉 밑 옥계와 정동진에 새벽 4시에 상륙하였다. 삼척 밑 임원에는 표무원과 강태무가 이끄는 549부대 500명이 지형을 찾느라 시간을 허비하여 아침 6시 상륙하여 태백산으로 들어갔다.

1) 잘 방어한 국군 10연대

잠자고 있던 국군 10연대 장병들은 갑자기 소나기같이 떨어지는 포탄에 정신이 없었다. "참모장, 나 10연대장 고근홍이요. 현재시간 5시. 적의 공격은 사단규모이며 그 화력은 강력합니다."

10연대장의 연락을 받은 8사단 참모장 최갑중 중령은 즉시 이성가 8사단장에게 보고하였다. 그리고 10연대장에게 전화를 하여 "당황하지 말고 평상시 도상연습 때의 방어계획 대로 방어해 주시오!"라고 작전지시를 하였다.

인민군 5사단 1연대는 전차와 자주포를 앞세워 서점리 3대대를 공격해왔고, 10연대 배후에서는 해상 상륙부대가 북분리에 상륙하여 10연대 1대대 뒤를 공격하고 있었다.

국군 10연대장은 38선 최전방에서 방어하고 있는 3대대장에게 "3대대는 저항하면서 철수하고, 철수하는 부대를 엄호하라!"고 작전지시를 하였다.

1대대장 박치옥 소령은 1개 중대를 지휘하여 10시경 서림리를 향해 전진하였다. 구룡고개를 올라서자 엄청난 수의 인민군이 2열종대로 내려오고 있는 것을 보았다. 그는 "중대장 빨리 관원리로 가자. 거기에서 저것들을 막아야 한다!"라고 지시하고 관원리로 발걸음을 재촉하였다.

아침 6시 이성가 사단장은 부대장과 참모들을 소집하여 지금까지의 상황을 참모장에게 설명하게 하였다. 모두 분노한 가운데 상황 설명을 듣고 있었다.
"여러분에게 작전명령을 내릴 테니 시행에 착오 없으시기 바랍니다.

① 10연대는 현 전선에서 인민군을 저지하라!

② 21연대는 강릉으로 집결하라! 태백과 하진부리에서 인민유격대를 진압하는 부대도 함께 집결하라!

③ 8사단은 연곡천 사천선의 사단 방어계획에 의해 인민군을

섬멸하여 어떠한 일이 있어도 강릉을 사수한다!

　④ 육군본부에 증원군과 연락기를 요청한다!

　⑤ 증원군이 도착하면 38선□이북으로 반격한다. 이상 즉시 실행하기 바란다!"

　10연대장은 작전회의가 끝나자 즉시 부대로 달려가 안인진으로 상륙해 10연대를 포위하려는 인민군을 10연대 중화기 중대를 보내 이를 저지하라고 명령하였다. 중화기 중대는 81밀리 박격포 6문, 중기관총 8정으로 상륙해오는 인민군을 공격하여 상륙을 저지하였다.

　21연대장은 1대대장 박서권 소령에게 "나 21연대장 김용배 대령이다. 옥계와 정동진에 인민군이 상륙하고 있고 임원에도 인민군이 상륙하였다. 삼척 앞바다에는 무장선이 엄청나게 떠 있으니 즉시 옥계로 출동하여 상륙하는 인민군을 저지하라!"고 명령하였다.

　박서권 소령이 출동하여 옥계에 도착하니 인민군은 이미 새벽 4시 3,000여 명이 상륙하였고, 주민들을 동원해 보급품을 배에서 육지로 옮기고 있었으며, 인민군의 상륙은 거의 끝나가고 있었다. 그리고 벌써 옥계와 정동진은 남로당원들에 의해 인민재판을 하는 것을 보고 박서권 소령은 놀랐다.

　21연대장은 18포병대에게 삼척 해안선을 방어하게 하였다.

"사단장님, 큰일 났습니다. 강릉 시내는 병력이 전혀 없습니다.

옥계에 상륙한 인민군이 강릉으로 진격하면 우리는 꼼짝없이 당하고 10연대가 위험합니다."

이성가 사단장은 이 보고를 받고 식은땀을 흘렸다. 그는 "하필이면 인민군이 쳐들어올 때 휴가 외출을 보내라고 해서 이렇게 장병이 없어 전쟁을 못하게 하는가?"하고 채병덕을 원망하고 있었지만 우선은 싸워서 이겨야 했다.

그는 즉시 공병대장 김묵 대위를 부대장으로 해서 본부요원과 통신대, 공병대를 합쳐 혼성부대를 만들어 사단본부를 방어하게 하였다. 그리고 10시에 계엄령을 선포하고 21연대를 강릉으로 즉시 집결시켜 강릉을 방어하게 하였다.

25일 오전 10시 이 명령을 받은 21연대장 김용배 대령은 앞이 캄캄하였다. 그것은 옥계에 상륙한 인민군이 21연대 북상을 막고 있어 강릉으로 갈 수 없었기 때문이었다. 21연대장은 장병들에게 "산길이고 멀더라도 백봉령과 송계의 산길을 따라 돌아서 간다."하고 부대 출동을 재촉하였다. 21연대는 25일 오후 7시 삼척을 출발하여 태백산맥을 타고 70Km의 산길을 밤새도록 강행군하였다. 21연대가 강릉에 먼저 도착하느냐 옥계에 상륙한 인민군이 강릉에 먼저 도착하느냐에 따라 싸움의 승패가 결정되기 때문이었다. 21연대 1대대는 26일 오전 10시 인민군 766부대보다 먼저 강릉에 도착하였다. 손에 땀을 쥐고 있던 이성가 사단장은 21연대 김용배 대령을 보자 그렇게 반가울 수가 없고 구세주 같았다. 그는 한 걱정을 놓았다. 21연대는 강릉 밑에서 인민군 766부대의 공격을 막고 있었다.

26일 오전 이성가 사단장은 인민군의 공격이 생각보다 강력하여 만일에 대비하였다. 그는 즉시 참모들을 소집하였다. "인민군의 공격은 전면전이요. 인민군의 공격이 생각보다 강하여 장기전이 될 것 같습니다. 그러니 즉시 시행하시오!

① 대관령에 있는 사단 군수품을 하진부리로 옮길 것!

② 만약을 위하여 군경 가족을 먼저 피난시킬 것!

③ 즉시 민사부를 조직하여 행정을 관장하고 금융기관을 철수시킬 것!

④ 차량을 최대한 징발하시오. 이상 즉시 시행 하시오!"

이성가 사단장은 장기전이 되겠다고 판단하고 먼저 후방부터 단속하였다. 그의 나이 28세 젊은 나이로 이 정도의 판단과 지도력은 훌륭하였다. 국군 10연대가 잘 방어하여 인민군은 25일 크게 전진을 못하였다. 26일에도 인민군은 도로를 따라 전진이 어려워 대포동 정면을 피하여 양장산 쪽으로 해서 장덕동 쪽으로 진격하여 강릉을 공격하려고 하여 21연대는 1대대 4중대와 다른 1중대 합 2개 중대를 급히 보내 막고 있었다.

2) 혼성부대로 인한 작전에 실패한 이성가 8사단장

이성가 사단장은 주문진 남쪽 4킬로 지점의 연곡천과 사천선에서 인민군 5사단과 결전을 하기 위해 18포병대에 엄호사격을 하게 한 후 진지편성을 하였다. 10연대 1, 4, 6, 7, 8, 10중대의 6개 중대와 12중대 일부 병력을 동원하여 해안도로의 동덕리와 하구나미에 배치하였다. 좌측 상구나미는 사단 혼성부대와 예비대의 3개 중대를 배치하였고, 21연대 잔여부대로 사단 예비대로 하였다.

26일 오후 진지편성을 마치고 인민군이 오기를 기다려도 오지 않았다. 포병들은 싸움을 위해 포탄을 운반 저장하느라 정신이 없었다. 같은 날 오후에 태백산에서 인민유격대를 진압하던 21연대 2대대와, 하진부리에서 인민유격대를 진압하던 3대대도 사령부에 도착하였다. 그리고 휴가 외출을 갔던 장병들도 속속 귀대하여 사기가 충천하였다. 사단 전방지휘소는 사천초등학교와 민가에 설치하고 사단장과 참모들은 내일 공격을 위해 작전회의와 준비에 여념이 없었다. 연곡천에 배치한 사단 혼성부대는 전투력이 약하니 전투력이 강한 21연대 2대대와 교체하라고 사단장은 작전과장에게 지시하였다.

6월 27일 새벽 3시 21연대 2대대는 사단 혼성부대와 임무 교대를 하기 위하여 사천진지로 향하고 있었다. 그런데 2대대가 진지에 들어가기 전에 인민군이 새벽 4시 30분 공격을 시작하여 2대대가 한발 늦게 되었다. 21연대 2대대는 개천 둑을 은폐물로 하면서 진지에 들어갔고, 18포병대는 105밀리 곡사포 15문으로 인민군을 향해 쉴 새 없이 쏘아댔다. 인민군과 국군은 4시 30분부터 오전 10시까지 치열한 공방전을 벌였다. 15문의 곡사포는 포신이 달아올라 물을 부어가면서 쏘아야 했다.

27일 오전 10시경 21연대 2대대가 진지에 거의 들어가고 혼성부대가 진지에서 빠져나와 후방으로 이동하였다. 이것을 본 10연대 장병들이 후퇴명령을 내려서 가는 줄 알고 후퇴명령을 내리지 않았는데도 너도 나도 강릉 쪽으로 후퇴하고 있었다. 사단장이나 연대장이나 대대장들이 "후퇴하지 말라!"고 아무리 고함을 쳐도 후퇴하는 장병들을 막을 수 없었다. 그래서 잘 싸우고 있던 8사단은 순식간에 애써 준비한 사천 방어가 무너지고 강릉으로 후퇴해야 했다.

3) 국군 8사단 대관령으로 후퇴

인민군이 국군의 약점이 노출되자 세차게 공격해 와 18포병대가 가까스로 이를 막아내고 있었다. 인민군은 해안가로 우회하여 18포병대 뒤에서 공격하자 육박전이 벌어졌다. 이 전투에서 3중대장 박두길 중위와 대전차포 중대장 박경식 대위가 전사하고 김용운 소위가 육박전을 하다 안면에 심한 부상을 입었고, 많은 장병들이 전사하였다. 부상병은 한 명도 후송을 못하였다.

인민군 5사단은 여세를 몰아 세차게 밀어붙이고 있어 8사단은 위와 아래서 공격을 받아 위기를 맞았다. 8사단은 경포대 능선에 배치되었고, 18포병대는 많은 희생 가운데 후퇴에 성공하여 사단사령부 연병장에서 27일 12시부터 쉴 새 없이 포를 쏘아댔다. 18포병대는 서북청년들이 많아 용기 있게 잘 싸우고 있었다. 이성가 사단장은 강릉에서 인민군 5사단과 시가전을 해서라도 강릉을 사수하고 싶었으나 만일 대관령을 인민군이 막으면 완전 포위되어 위기에 처할 것을 대비 시가전을 피하고 안전하게 후일을 기약하고 27일 오후 2시부터 엄호부대를 제외하고는 대관령으로 철수시켰다. 엄호부대와 2개 포대도 28일 오후 4시 대관령으로 피해 없이 철수시켰다.

최장집과 정해구는 『해방 전후사의 인식』 4권 36쪽에서 "한국전쟁은 옹진반도에서 시작되어 점차 동쪽으로 확대되면서 개성, 춘천, 동해안으로 이어져 나갔다. 전쟁이 처음 시작된 옹진반도는 1949년 여름 남북한 사이에 무력충돌이 가장 격렬하게 발생했던 지역이다. 북한군은 당시 약 18만 명으로 추산되는 전 병력 중 절반가량에 해당하는 9만 5천 명 정도의 병력만을 전선에 투입하였다."고 허위주장을 하면서 학생과 젊은이들을 선동하고 있다.

3. 잘 방어 중인 원주 국군 6사단

1) 인민군의 공격

50년 6월 10일(6.25 15일 전) 김종오 대령은 원주 6사단장에 임명되어 사령부에 도착하였다. 6사단은 춘천 정면에 임부택 중령의 7연대, 현리 정면에 2연대, 19연대는 원주사령부에 있었다. 병력은 9,388명, 화기는 57밀리 대전차포18문, 바주카포 192문, 105밀리 곡사포 16문, 81밀리 박격포 54문, 60밀리 박격포 59문이었다. 16포병대는 춘천에 있었다.

50년 6월 24일 인민군 제2군단장 김광협 소장은 화천과 양구 사이 계곡 천연동굴 속에 위치한 2군단사령부에서 작전을 지도하고 있었다. 인민군의 춘천과 홍천 방면은 인민군 2, 7사단 38경비여단 계 24,000여 명이었다. 전차 40대, 자주포 32문, 122곡사포 24문 등 중포가 200문, 61밀리 박격포 수백 문이었고, 화천에는 엄청난 탄약 및 군수품이 있었다. 인민군 2사단은 춘천을 점령한 후 가평과 광주를 거쳐 수원에서 후방 사단 북상을 저지하라는 작명을 받았다.

50년 6월 25일 정각 4시, 인민군 2사단장의 명령에 따라 인민군 포병대의 122밀리 곡사포는 춘천 북방 7연대 3대대가 방어하는 인풍리와 경운산 지역을 방어하는 2대대에 소나기같이 포탄을 퍼부었다. 30분 동안 퍼부은 다음 4시 30분 전차와 자주포를 앞세우고 일제히 38선을 넘어 인풍리의 국군 7연대 3대대와 경운산 2대대를 향해 공격해왔다. 인민군 2사단 6연대는 우두평야를 향해 진격 중이었다. 인민군 7사단도 홍천을 향하여 부평과 하남을 별 저항 없이 점령하였다.

2) 국군 16포병대의 위력

국군 7연대장 임부택 중령은 1대대와 같이 춘천역 부근 연대본부에 있는데 25일 새벽 4시 15분 제2대대장 김종수 소령으로부터 급한 전화를 받았다.

"연대장님! 인민군의 포탄이 쉴 새 없이 쏟아집니다. 인민군의 전면공격입니다!"

임부택 연대장은 전화를 받은 즉시 채병덕 참모총장 공관으로 전화하여 부관 라엄광에게 전화로 보고하였다. 그리고 즉시 3대대장과 2대대장에게 "비상을 걸고 전투 배치해서 당황하지 말고 평소 훈련대로 작전에 임하라."고 명령하였다. 그리고 7연대에 비상을 걸어 전투태세를 갖추었다. 7연대장은 작전참모에게 "1대대를 지내리와 유포리 사이 예비진지에 즉시 배치하여 방어하게 하시오! 나는 대전차포 4문을 가지고 38교로 가겠소!"하고 작전지시를 내렸다. 임부택 연대장이 38교를 향해 질주할 때 수리산과 38교는 집중포화를 받고 있었고, 국군은 인민군의 기습에 대해 부근에 10개의 특화점을 만들었는데 전차 10여대의 공격으로 순식간에 3개가 파괴되었고, 전차는 38교를 넘고 있었다.

7연대 1대대는 연대본부와 함께 있었다. 작전참모가 1대대 장병들에게 비상을 외치고 출동하려고 했으나 장병들이 휴가와 외출을 나가 장병이 없어 9시 30분까지 기다렸다가 귀대 장병과 함께 부대를 출발하였다. 각 중대마다 휴가 외출을 나가 아직 귀대하지 않은 장병은 중대마다 약 40여 명 정도였다. 1대대는 부대에 남아 있던 장병들을 모아 혼성부대를 만들어 우두동을 지나 여우고개를 넘어 하차하여 2킬로 지점 북방에 있는 진지에 들어가 전투태세를 갖추니 10시 30분이었다.

경운산 근방을 방어하고 있던 2대대 김종수 소령은 인민군의 공격을 잘 방어했다. 그러나 인민군의 화력에 밀려 11시 우두산으로 집결하였다. 그리고 소양강을 건너 지내리 진지에 모두 들어가 전투태세를 갖추니 25일 오후 2시경이 되었다.

제3대대장 김용배 소령도 인민군의 화력을 견디지 못하고 밀려서 유포리 진지에 큰 피해 없이 배치하여 전투태세를 갖추었다.

임부택 연대장은 16포병대장 김성 소령에게 봉화산 남쪽 우시장으로 포병대를 옮겨 지내리 앞의 인민군을 공격하라고 명령하였다. 우시장에 자리 잡은 16포병대는 105밀리 곡사포로 쉴 새 없이 지내리 인민군을 향해 퍼부었다. 16포병대의 명중률은 90%이상이었다.

인민군 2사단 6연대가 선두부대가 되어 국군을 공격하고 있을 때, 국군 16포병대의 포사격에 엄청난 희생자를 낳고 있었다. 38선에서 춘천까지는 12킬로로 옥산포까지 우측에는 산이고 좌측은 소양강이 흘렀다. 강둑을 따라 도로가 나 있어서 16포병대는 도로를 따라오는 인민군 2사단 6연대에 씨를 뿌리듯 포탄을 퍼부어 인민군은 도망할 곳도 없고 방어할 수가 없어 엄청난 인명피해를 보고 있었다.

용산리 부근에 중화기 중대가 인민군을 저지하려고 지키고 있었는데 전차 10여 대가 일렬종대로 보병과 같이 오고 있었다. 장병들은 말로만 들었던 탱크를 보고 겁을 먹었다. 이때 심일 소위가 57밀리 대전차포를 가지고 모퉁이에서 기다리고 있다가 전차가 보이자 포를 쏘아 명중시켰다. 포탄이 전차에 명중하니 긴장하여 지켜보고 있던 장병들은 좋아서 일제히 "만세!"하고 소리를 질렀다. 그러나 T34형 인민군 전차는 포탄을 언제 맞았느냐는 듯 끄떡도 하지 않고 전진하며 오히려 심일 소위가 있는 쪽으로 포신을 돌려 전차포를 쏘려고 하여 심일 소위는 즉시 후퇴하였다.

송광보 중대장(현재 캐나다에 생존)은 심일 소위와 특공대 6명을 선발하여 화염병을 만들게 하였다. 25일 12시경 전차가 나타나자 화염병을 바퀴 축(케터필더)에 던져 바퀴 축의 고무가 불이 붙자 궤도가 이탈하여 선두전차 두 대가 길에서 멈췄다. 그러자 후미에서 오고 있던 전차 8대가 허겁지겁 도망치고 말았다. 전차를 물리친 7연대의 사기는 충천하였다.

이렇게 7연대는 인민군을 잘 방어하여 인민군 2사단이 25일 안으로 춘천을 점령하려던 계획이 소양강도 건너지 못하고 극심한 피해만 보고 있었다.

김운한 소위는 헌병과 장병들을 데리고 다니며 춘천시내 민간인 차량 90여 대를 징발하였다. 또 헌병들을 시켜 춘천에 있는 농업학교와 춘천사범학교 학도호국단 학생들과 징발한 차량을 동원하여 소양강 북쪽에 있는 105밀리 포탄 5,000발을 전력을 다해 우시장으로 실어 날랐다. 동원된 학생들은 16포병대가 포탄이 떨어지지 않게 잘 대주고 있었다. 한편 군 내부에서는 "채병덕 총장이 암살당했다, 이응준 장군이 자살하였다, 서울의 고급장교들을 부하들이 쏘아 죽였다."하는 내용의 유언비어가 돌기 시작하였다. 이 유언비어는 남로당에서 계획적으로 군과 일반인들에게 퍼트린 것이었다.

3) 홍천 북방에서 전차를 파괴한 강승호 소위

홍천 북방을 방어하고 있는 2연대 1대대장 박노각 중령은 새벽 4시 30분 천둥치듯 어둠을 울리는 대포소리에 깜짝 놀라 확인해보니 인민군의 공격인 것이었다. 박 중령은 즉시 3중대와 중화기 중대를 이끌고 북상하여 남면 어론리 585고지에 올라 인민군의 남진을 저지하였다. 1대대 1중대와 2중대, 2대대 5중대는 6시 30분 어론리 대대 진지에 들어가 인민군 남하를 저지하고 있었다. 2대대 남은 부대는 자은리에 배치되었고, 38선□ 최전방 3대대는 인민군의 화력에 밀려 서서히 질서 있게 후퇴하였다.

25일 11시경 자은리 38선 및 부평에서 남면을 향해 인민군 전차 10여 대가 일렬종대로 남진하고 있었다. 함병선 2연대장은 강승호 소위에게 "특공대 20명을 선발하여 바주카포 10문으로 S자 길에서 숨어서 전차가 오거든 전차 축을 공격하여 전차의 전진을 막아라!"하는 명령을 내렸다. 강승호 소위는 바주카포 포수 1명에 특공대 2명씩 붙여서 S자 길에서 매복하고 인민군 전차가 오기를 기다렸다. 한참을 기다리니 전차 10대가 보병의 엄호도 없이 남진하여 왔다. 인민군 선두 전차가 S자 길을 돌기 위해 속도를 줄여서 머리가 보일 때 10명의 바주카포 사수가 일제히 전차 바퀴 줄을 향해 포를 쏘니 바퀴 줄이 끊어지면서 전차가 정지하였다. 앞에 있던 전차가 정지되어 길을 막게 되자 뒤의 전차는 길이 좁아 비껴 갈 수도 없고, 밀어낼 수도 없는 상황에 국군 바주카포 사수들이 계속 공격하니 후미전차는 허겁지겁 도망치고 말았다.

인민군은 25일 오후 내내 공격해오지 않았다. 인민군 7사단은 38선에서 25일 하루 동안 1킬로 정도 전진하고 멈췄다.

4) 춘천과 홍천의 6월 26일 격전
① 옥산포 전투

26일 새벽 4시 인민군 2사단 7연대가 선두가 되어 인민군은 춘천 북쪽 옥산포에 있는 국군 7연대 1대대를 포위하였다. 국군 7연대도 인민군을 역 포위하기 위하여 1대대는 남쪽에서 공격을 시작했다. 오전 10시 30분부터 오후 2시까지 인민군 2사단과 국군 7연대는 격전을 벌였다. 우시장의 16포병대는 곡사포 8문으로 쉴 새 없이 인민군을 향해 포탄을 퍼부어서 포신이 달구어져 물을 부어가면서 쏘아야 했다. 오후 2시 30분 인민군은 견디지 못하고 자주포 5대를 버리고 후퇴하였다.

② 김종오 사단장의 호통

도지사와 경찰국장은 금시라도 인민군이 춘천을 점령할 줄 알고 홍천으로 도망쳐 김종오 사단장은 헌병대장 정강 소령에게 춘천으로 모시고 오라고 명령하였다. 그리고 이들이 오자 "경찰이 후방 치안을 소홀히 해서 남로당원들이 후방에서 폭동을 일으키면 우리는 싸움도 하지 못하고 전멸합니다. 그러므로 헌병과 경찰은 조금만 이상한 사람이 있으면 무조건 사살하시오. 그리고 보도연맹에 가입한 자들을 경찰은 특별히 감시 하시요!"하고 호통을 쳤다.

26일 홍천 위의 인민군 7사단도 국군 2연대의 방어로 전진을 못하고 하루를 보냈다.

5) 인민군 2군단의 작전 변경

인민군 2군단장 김광협 소장은 인민군이 38선만 넘으면 남로당 20만이 봉기를 해서 싸울 것도 없이 25일 춘천을 점령하고 가평으로 해서 수원에서 국군의 북상을 막으려 하였다. 그런데 남로당원의 봉기는 한 건도 일어나지 않고 26일까지 춘천을 점령하지도 못하여 작전에 차질이 발생하였다. 그래서 김책 사령관한테서 매일 독촉을 받고 실제 싸움을 해보니 국군 6사단이 싸움을 잘 해 26일까지도 소양강을 건너지 못해 고민을 하였다. 그는 홍천 위 인민군 7사단 중에서 2개 연대를 빼서 2사단에 배속시켜 27일 안으로 춘천을 점령하기 위해 26일 밤 인제에서 양구를 거쳐 춘천 북방에 투입하였다. 국군 6사단도 원주에 있는 예비연대인 19연대 1대대를 26일 춘천으로 보내 오후 1시에서 5시까지 진지에 투입하고 방어를 더욱더 튼튼하게 하였다.

6) 6월 27일 국군 춘천에서 철수

① 춘천 북방

6월 27일 아침 5시 인민군 2사단 2개 연대와 7사단 2개 연대 합4개 연대가 우두산 164고지의 국군 7연대 1대대와 19연대 1대대를 필사적으로 공격해왔다. 국군 7연대는 61밀리 박격포와 16포병대의 곡사포 8문으로 쏘아대며 치열한 공방전이 벌어졌다. 인민군은 소양강을 건너려고 전력을 다하였고, 우두산 부근으로 도하하여 지내리 구봉산 계곡을 따라 대용산으로 진출하려 하였다. 김성 소령의 16포병대는 이곳을 집중 공격하였다. 인민군은 김성 소령의 16포병대에 걸려 전멸 위기에 처해 후퇴하고 말았다.

② 소양강 다리 폭파하지 마라.

공병대장 박정채 소령이 김종오 사단장에게 7연대가 소양강 남쪽으로 후퇴하였으니 소양강 다리를 폭파하자고 건의하였다. 그러나 김종오 사단장은"서울 중앙방송을 들으니 옹진의 17연대가 해주에 돌입 북진 중이고 의정부를 탈환하였다고 하니 우리도 현재는 밀리고 있어도 반격해서 38선 이북으로 인민군을 몰아내야 하니 폭파하지 말고 바리케이트를 치고 대전차포를 배치하라!"고 명령하였다.

그 후 김종오 사단장은 김백일 참모부장으로부터 "전황이 매우 불리하다. 당신은 강원도지구 계엄사령관이다. 인적 물적 모든 동원 권한이 있으니 최선을 다 하시오!"라는 전화명령을 받았다. 그러면 전황이 불리한 줄 알아 소양강 다리를 시간이 많이 있을 때 폭파해야 하는데 중앙방송 보도과장 김현수 대령의 "옹진의 17연대가 해주에 돌입 북진 중이고 의정부를 탈환하였다"라고 한 허풍에 소양강 다리를 폭파하지 않는 실수를 하고 말았다.

③ 홍천 북방

26일 밤 국군 2연대 3대대에게 현리에서 남면 어론리로 철수하라고 명령하였다. 그런데 3대대장이 6월 23일 서울에서 홍천에 도착하여 24일 부대배치도 하기 전에 인민군의 공격을 받게 되자 지형을 잘 몰라 풍암 옆 어론까지 후퇴를 해버렸다. 3대대장이 어론리가 두 곳이 있다는 것을 몰라서 생긴 일이었다. 그래서 자은리에 2연대 주력이 방어하고 있었는데 우측에 국군이 없자 인민군 7사단은 이상하게 생각하고 2연대 우측으로 내려와서 27일 새벽 4시 2연대 주력을 포위하려 하였다. 인민군이 내려오는 것을 목격한 함병선 연대장은 깜짝 놀라 부대를 확인해보니 인민군이 확실하였다. 그는 급히 부대를 한계리로 철수하면서 김종오 사단장에게 보고하였다.

"사단장님! 2연대 주력이 홍천 위 자은리에서 방어하고 있는데 인민군이 자은리 정면에서 공격하고 있습니다. 3대대가 지형을 몰라 너무 남쪽으로 철수하여 2연대 우측에 공백이 생기자 철정리를 공격하고 있어 잘못하면 포위될 것 같아 아침 8시 한계리로 철수합니다."

함병선 연대장의 보고를 받은 김종오 사단장은 뒤통수를 맞은 것 같았다. 김종오 사단장은 만일 인민군이 홍천을 점령하면 춘천의 7연대가 포위되기 때문에 춘천 북방에서 싸우고 있는 19연대 1대대를 27일 오전 10시 홍천을 방어하라고 명령을 내렸다. 19연대 1대대는 27일 오후 1시경부터 이동하였고, 김종오 사단장도 춘천에서 11시 홍천에 도착하여 전투를 지휘하였다. 김종오 사단장은 임부택 연대장에게 "홍천이 매우 위험하여 19연대를 홍천으로 이동하니 임 연대장은 여기를 잘 방어하시오!" 하자 "1개 연대 가지고 2개 사단을 어떻게 방어합니까?"라고 어려움을 호소하였다.

인민군 7사단은 7연대 정면을 뚫을 수 없자 우회하여 천전리 밑 지내리를 점령하였다. 7연대 2대대 김종수 소령의 방어지역이 10킬로나 되어서 방어하기 어려운 곳인 지내리를 인민군이 공격 점령하여 2대대는 고전할 수밖에 없었다.

④ 육본의 철수명령

김종오 6사단장은 "의정부 정면의 전황이 절망적이다. 육본은 수원으로 이동한다. 6사단은 전선의 균형을 유지하기 위하여 사단장의 판단으로 중앙선을 따라 지연작전을 실시하기 바란다."는 김백일 참모부장의 작전지침을 받았다. 이 명령을 받은 김종오 사단장은 "7연대는 즉시 춘천을 철수하라"고 명령하였다. 오후 3시까지 쉴 새 없이 인민군의 공격을 잘 방어하고 있던 7연대는 육본의 철수명령에 따라 인민군이 모르게 은밀하게 27일 오후3시 극비에 1대대부터 철수하기 시작하였다. 인민군이 가평으로 가는 것을 막아야 하기 때문에 석사리로 후퇴하여 진지를 구축하라고 1대대장에게 명령하였다.

인민군은 국군의 저항이 적어지자 전차를 앞세워 2사단과 7사단이 소양강다리를 넘어 물밀듯이 춘천을 향해 공격해왔다. 인민군은 27일 오후 10시부터 춘천시내에 진입하기 시작하였다.

▸ 50년 6월 28일

① 국군 7연대 춘천 석사리에서 홍천으로 철수.

국군 7연대는 27일 오후 춘천시민을 피난시키지 못하고 춘천을 철수한 것이 가슴 아팠다. 연대장은 6월 28일 아침 5시 보급과에서 실탄과 쌀 등 필요한 군수품을 빠짐없이 준비하여 횡성으로 철수하라고 명령을 내렸다. 김성 16포병대도 차량으로 철수하여 병력과 군수품의 손실 없이 철수를 하였다. 김운

한 소위가 차량 90대를 징발해놓은 것을 군 병력 이동에 활용하니 장병들이 피곤하지도 않고 신속히 부대이동을 하여 전투력을 크게 향상시켰다. 7연대는 춘천 남쪽 석사리에서 6월 28일 12시부터 홍천으로 철수를 시작하였다.

② 홍천 북방 조달진 일병 외 10명 전차 파괴

6월 28일 새벽 19연대장 민병권 대령은 조달진 외 20명으

▲ 1950년 6월 28일 아침 8시경 홍천 북방 한계리 말고개에서 6사단 2연대 소속 김학두 하사와 6사단 19연대 조달진 외 10명이 육탄으로 전차 10대를 파괴하여 전적비를 건립하였다. 이곳은 부대가 있어 민간인 출입이 통제되고 있다.

로 특공대를 조직하여 전차에 수류탄을 집어넣게 하였다. 조달진 외 20명의 특공대는 전차포 소대장 강도현 중위의 안내로 인민군 전차가 있는 곳에 접근했으나 보초병에게 발각되어 실패하고 철정휴게소 밑에 매복하고 전차가 오기를 기다렸다. 2연대 함병선 대령도 바주카포 부대를 동원하여 인민군 전차를 공격하도록 명령하고 6월 28일 새벽 철정휴게소 커브 길에서 매복하고 기다리고 있었다.

6월 28일 오전 9시경 전차가 요란한 소리를 내며 남진하고 있었다. 커브를 돌려고 속도가 줄었을 때 바주카포 부대가 전차 바퀴 줄을 공격하니 선두전차의 바퀴 줄이 끊어져 멈췄다. 그러자 후미 전차도 자연 차례로 멈추게 되었는데 이때 조달진 일병 외 9명의 특공대가 전차 속에 수류탄을 집어넣어 수류탄이 터지면서 1번 전차부터 8번 전차까지 파괴되고 맨 후미에 있던 2대의 전차만 부리나케 도망쳤다. 전차와 같이 오던 오토바이부대도 바주카포의 공격을 받고 도망쳤다. 19연대장은 조달진 외 9명에게 2계급 특진시키고 칭찬을 아끼지 않았으며, 이 싸움의 승리로 19연대뿐만 아니라 함병선의 2연대 장병들도 사기가 충천하였다. 미군에서는 조달진 일병에게 금성무공훈장을, 한국군에서는 화랑 금성훈장을 수여하였다.

이렇게 되어 홍천 북방 인민군 7사단은 더 이상 공격을 못하였다. 국군 2연대와 19연대는 29일 밤 홍천을, 30일 새벽 4시 전선을 유지하기 위해 횡성으로 철수하였다. 7연대도 횡성으로 철수하였다.

인민군 2사단은 춘천북방에서 국군 7연대에 의해 인원 및 장비가 40%이상 파괴되었고, 인민군 7사단은 9대의 전차를 잃을 정도로 고전하였다. 그 책임을 물어 2군단장 김광협은 7월10일 2군단 참모장으로 강등되었고, 김무정이 2군단장에 임명되었다. 인민군 7사단은 12사단으로 이름을 바꾸었다. 7사단장 최춘국 대좌가 이 전투에서 사망하였고, 7사단 포병사령관 최아립이 부상당해 후송되었다. 2사단은 이청송 소장이 해임되고 최현 소장이 임명되었다. 춘천전투는 인민군 전체 작전에 엄청난 영향을 주었다. 국군 6사단은 인민군 2개 사단을 잘 방어하다 26일 의정부가 인민군에 점령되자 전선을 유지하기 위해 27일 오후부터 원주와 단양으로 철수하였다.

4. 6월 25일 옹진반도에서 철수한 국군 17연대

옹진군은 국군 17연대가 방어하고 있었다. 17연대 1대대는 자동에, 3대대는 작산에, 2대대는 연대본부와 같이 옹진읍에 있었고, 7포병대가 지원하고 있었다. 차량은 100여 대가 있었고, 옹진군의 인구는 17만이었다. 국군 17연대는 2,719명의 병력과 57밀리 대전차포 6문, 바주카포 60문, 105밀리 곡사포 15문, 박격포 30문으로 인민군을 방어하고 있었다.

50년 6월 25일 새벽 4시 인민군은 6사단 14연대와 3여단 등 1만여 명의 병력과 전차 8대, 자주포 5대, 45밀리 대전차포 48문, 122밀리 곡사포 12문, 박격포 217문으로 38선을 넘어 일제히 공격해왔다.

새벽 4시 우박같이 떨어지는 포탄에 국군 장병들은 깜짝 놀라 잠에서 깨어 우왕좌왕하다 전멸할 위기에 처하였다. 자동을 방어하고 있는 1대대장 김희태 소령은 정신을 차릴 수가 없었다. 그는 즉시 후퇴 명령을 내리고 후퇴하다 인민군 포탄에 전사하여 1대대는 지휘자가 없어 대혼란이 왔다.

작산의 3대대도 인민군의 화력에 속수무책이었다. 용감한 3대대장 송호림 소령도 혼란에 빠졌고, 순식간에 옹진읍이 인민군에게 점령되어 17연대는 위기에 처하였다.

25일 아침 9시 "신속히 철수하여 서울 방어에 참가하라!"는 육본의 철수 명령이 내려졌다. 철수를 신속하게 하지 못하면 뒷면이 바다이기 때문에 전멸될 수가 있었다. 백인엽 연대장은 "야전병원은 부포리로 해서 인천으로, 연대본부는 강령으로 철수하고, 군수와 읍장과 서장은 군인들과 같이 철수한다. 작산의 3대대는 강령으로 해서 인천으로 즉시 철수하고, 2대대는 철수하는 부대를 엄호하라."고 명령하였다.

25일 저녁 부평에 LST 2척, 소형 객선 2척이 입항하여 철수를 서둘렀다. 26일 오전 17연대 장병들은 거의 안전하게 승선이 끝나고 무기와 차량은 폐기하였다. 그리고 출항하였다. 백인엽 연대장이 승선을 거부하고 권총으로 자결하려 하자 박정호 소령과 헌병대장 한승령 소령이 극구 말려 연평도로 가서 27일 해군전장 함명수 대위의 함정으로 1,750여 명이 인천으로 철수에 성공하였다. 나머지 1,000여명은 전사하거나 포로가 되었다.

그런데 육본 보도과장 김현수 대령은 17연대는 해주를 점령하고 38선 이북으로 20킬로를 북진하였다고 거짓방송을 하여 현재까지 좌파들은 이 방송을 근거로 국군이 북침하였고 6.25는 미국의 대리전쟁이었다고 주장하고 있다. 국군 17연대는 인민군의 전차 때문에 해주를 점령할 수도, 38선 이북으로 20킬로를 전진할 수가 없는 연대였다. 다른 부대 국군도 인민군 전차 때문에 38선 이북으로 북진할 수가 없다. 국군이 북침하였다고 주장하는 북한 김일성과 좌파들의 주장은 거짓주장이다.

5. 문산 국군 1사단

1) 개성의 국군 12연대 참패

문산 북방을 방어하는 국군 1사단은 12연대를 개성 전면에, 13연대는 고랑포 전면에, 11연대는 사단본부와 같이 수색에 있었고, 1사단 총병력은 10,162명이었다. 중화기는 57밀리 대전차포 18문, 바주카포 192문, 105밀리 곡사포 15문, 81밀리 박격포 36문, 60밀리 박격포 54문이었다. 중화기와 차량은 수리한다고 절반 이상이 부평으로 후송되었고, 24일 1/3 이상의 병력이 외출과 휴가를 나갔다.

개성 북방을 방어하는 국군 12연대 3대대는 연안, 2대대는 개성 북쪽을 방어하고 있었고, 1대대는 38선 남쪽 6Km 지점 강릉에서 연대본부와 같이 있었다. 국군 1사단 방어지역은 90Km이며, 12연대 방어지역은 70Km, 13연대는 20Km를 방어하고 있었다.

문산을 공격하는 인민군은 1사단, 6사단, 203전차연대, 206 기계화부대, 7여단 등 계21,000여 명이었다. 그들은 전차 40대, 자주포 32대, 45밀리 대전차포 168문, 122밀리 곡사포 24문, 76밀리 스탈린포 72문, 120밀리 박격포 18문, 82밀리 61밀리 박격포 수백 문의 화력을 가지고 50년 6월 25일 새벽 4시 국군진지에 30분 동안 각종 포를 퍼부은 다음 전차를 앞세워 38선을 넘어 국군을 공격해 왔다. 인민군 1군단장 김웅 중장은 6사단과 206기계화 부대로 개성 국군 12연대를, 인민군 1사단은 203전차 연대의 지원을 받아 고랑포 국군 13연대를 공격하게 하였다.

인민군 6사단장 방호산 소장은 14연대로 옹진을, 15연대로 개성을 공격하게 하였다. 15연대 조관 대좌는 24일 밤 개성과 여현 사이의 철로를 연결시켜 15량의 열차에 1,000여명의 전사들을 태웠다. 25일 새벽 4시 기차 머리에 '서울행'이라고 쓰고 아침 6시 개성역에 도착하여 후방에서 국군 12연대를 공격하니 국군 12연대는 앞과 뒤에서 공격을 받아 거의 전멸되었다.

연안을 방어하고 있는 국군 12연대 3대대장 이부중 소령은 25일 새벽 4시 우박같이 쏟아지며 터지는 포탄소리에 놀라 9, 10, 11 중대장을 전화로 연결하려 해도 연결이 전혀 되지 않아 정신이 없었다. 중대장들 역시 대대장에게 아무리 전화해도 통화가 되지 않아 중대장들도 정신이 없었다. 3대대는 속수무책이었다. 결국 이부중 소령은 "3대대는 강화로 철수하라!"는 명령을 내리고 즉시 철수하는데 후방인 배천을 이미 인민군이 점령하여 후퇴할 길이 없었다. 3대대는 포로가 되거나 거의 전멸하였다.

개성 북방을 방어하고 있는 12연대 2대대장 한순화 소령(육사3기) 부대는 25일 새벽 5시 전차로 보이는 차량 3대가 개성에서 평양으로 가는 국도의 국군 검문소로 오는 것을 보고 헌병이 "이상하다! 새벽에 무엇 때문에 전차가 올까?" 하면서 손으로 정지신호를 보냈다. 전차가 정지하면서 차 밖으로 고개를 빼고 "야, 임마! 우리는 서울을 해방시키려고 가는 인민군 전사다. 정지가 뭐냐?" 하면서 탱크의 기관총이 헌병의 가슴에 벌집을 만들고 전차는 헌병초소를 뭉개버리고 유유히 남쪽으로 향하였다.

2대대장 한순화 소령이 이 급보를 받고 개성에서 문산으로 후퇴하려고 하였으나 이미 개성을 인민군이 점령하고 있어 후퇴할 수가 없었다. 2대대도 전멸위기에 놓였다. 한순화 소령은 "만난을 극복하고 김포로 철수하라!"고 명령을 내리고 철수하였다.

연대본부와 같이 있는 12연대 1대대 주번사령인 정범진 대위는 25일 새벽 5시 30분 기상하여 6시에 일조점호를 취하는데 연병장에 포탄이 떨어져 장병들이 깜짝 놀라 웅성거렸다. 정범진 대위는 비상을 걸고 완전무장하여 전투태세를 갖추게 하고 3대대와 2대대에 아무리 연락을 해도 연락이 되지 않았다.

전성호 12연대장이 포 소리에 놀라 연대본부 사무실에 도착하여 1대대를 인솔하여 문산으로 후퇴하였다.

25일 오전 9시 30분 인민군 6사단 15연대는 개성을 완전히 점령하였다. 국군 12연대는 대패하였다. 전성호 12연대장은 임진교를 건너다 적탄에 맞아 부상을 당해 후송되었다. 그의 나이 52세로 광복군 출신이었다. 12연대 1대대가 임진강교를 건너 문산에 오니 25일 오후 2시였다. 1대대장 신형호 소령은 기적적으로 영산포로 후퇴하여 부대를 재편성하였다.

2) 국군 13연대 대승

국군 13연대 김익렬 연대장은 3대대는 고랑포 전방을 방어하고, 1대대는 자하리에서 훈련을 받게 하고, 2대대는 연대본부와 같이 문산 위 임진리에 있었다. 장병들은 24일 휴가 외출을 보내 부대 안에 절반 정도 남아 있었다.

50년 6월 25일 새벽 4시 인민군의 포격이 일제히 시작되었다. 고랑포를 지키고 있는 유재성 3대대장은 깜짝 놀라 각 중대장에게 연락하니 전화가 모두 불통이었다. 대덕산을 지키고 있던 11중대가 새벽 4시부터 집중포화를 맞고 거의 전멸하였다. 유재성 3대대장은 9중대와 12중대와 중화기 중대를 대대진지에 배치하였다.

6월 25일 아침 8시 대대진지 앞 하곡동으로 인민군 전차 7대가 오고 있었다. 전차 뒤에는 보병 1개 중대가 따르고 있었다. 3대대 보병들은 인민군 보병을 공격하고, 중화기부대는 인민군 전차에 전화력으로 공격하였다. 유재성 대대장은 9중대 1소대장 장두철 중위에게 특공대를 조직하여 공격하라고 명령을 하여 특공대 8명이 전차를 공격하였으나 인민군의 집중사격으로 8명 전원 전사하였다. 유 대대장은 특공대 7명을 다시 선발하여 대전차포 소대장 신병관 중위에게 바주카포탄과 수류탄으로 공격하라고 명령하여 집중공격을 하였으나 이 역시 실패하였다. 인민군 전차도 계속되는 국군 특공대 공격에 겁이 나는지 후퇴하고는 나타나지 않았다. 유재성 3대대는 밤 9시 후퇴하여 뗏목을 만들어 임진강을 건너 금곡에 집결하여 인원을 점검하니 절반 이상이 전사하고 300명뿐이었다.

25일 새벽 자하리에서 훈련 중인 13연대 1대대는 새벽 대포 소리에 깜짝 놀라 대대장 김진위 소령이 연대본부에 전화하니 작전주임 최대명 대위가 "파평산 및 금파리 고사동 진지로 들어가시오!"하여 즉시 진지에 들어갔다. 김진위 대대는 14연대 반란 후부터 최전방부대가 아니면 실탄이 지급되지 않은데다, 훈련 중이라 실탄이 전혀 없어 만일 인민군이 온다면 전멸 위기에 처하여 연대에 실탄을 공급해 달라고 애원하였다. 연대로부터 실탄이 운반되어 실탄을 지급받고 진지에 들어가니 6월 25일 12시였다. 이때 인민군 1개 대대정도가 붉은 기를 앞세우고 금파리 쪽에서 4열종대로 오고 있었다. 인민군 선두가 코앞에 오자 김진위 대대는 박격포와 105밀리 곡사포 4문으로 소낙비 내리듯 포탄을 퍼부으니 인민군은 혼비백산하여 고랑포 쪽으로 도망쳤다. 오후 2시경 인민군 전차가 선두가 되어 적성 방면에서 금파리 쪽으로 오고 있었다. 김진위 대대장은 대전차포, 바주카포, 곡사포로 전차를 향해 집중사격 하였다. 전차는 많은 중포의 공격에 놀라 객서리 쪽 마을로 숨어 버렸다. 뒤에 따라 오던 전차가 포신을 1대대를 향하여 포를 쏘아댔다. 김진위 대대장은 위기를 느끼고 즉시 특공대를 조직하여 8명에게 전차 한 대에 한 명씩 책임을 지워 박격포탄 2발과 TNT를 묶어 전차에 접근하여 전차 바퀴에 던지라고 명령하였다. 특공대 8명 중 4명은 전차를 향해 접근 중 기관총 공격에 전사하고 4명은 객서리 마을로 접근하여 전차에 TNT를 던지니 전차 4대가 폭음을 내며 불이 붙어 검은 연기가 하늘을 가렸다. 나머지 전차는 적성방면으로 부리나케 도망쳤다.

25일 오후에는 인민군이 얼씬도 하지 않았다. 김익렬 연대장은 오전 8시 연대본부에 도착하여 13연대를 지휘하였다.

백선엽 사단장은 25일 아침 7시 30분 사단 작전참모 김덕훈 소령의 연락을 받고 육본에 들려 명령을 수령하여 수색 사단본부에 도착하니 9시 30분이었다. 부대 도착 즉시 전황을 보고받고 사단사령부를 문산초등학교로 옮겼다. 백 사단장은 인민군 1사단이 파평산을 정면으로 공격하지 못하고 파평산을 돌아 금곡 쪽으로 빠져나가려는 징조가 보이자 13연대 2대대로 하여금 계목동에서 인민군을 저지하게 하였다. 그리고 11연대 3대대로 하여금 인민군 1사단이 문산을 공격할 것을 대비하여 동쪽에 배치하고 인민군을 저지하게 하였다. 12연대장 전성호 대령이 부상으로 후송되자 후임으로 김점곤 중령을 임명하였다. 사단 사령부를 문산초등학교에서 파주초등학교로 옮기자 유선가설이 되지 않아 사단이 연대의 전황을 파악할 수 없고 작전지도를 할 수 없어 지장이 많았다.

25일 오후 6시 문산 1사단에 교도연대, 5사단 15연대, 20연대 3대대, 육사교도대, 보병학교 교도대, 갑종간부후보생 등이 증원되어 배속되었다.

공병대대장 장지은 소령이 문산이 위험하니 임진교를 안전할 때 폭파하자고 건의하였다. 그러나 백 사단장이 12연대 장병들을 좀 더 기다리자고 해서 지연되고 있었다.

25일 오후 3시가 넘어서 임진교에 인민군 전차가 오고 있었다. 11연대 1대대 대전차포와 바주카포 부대가 인민군 전차를 집중으로 공격을 하니 2번 전차가 파괴되었다.

"장 소령님! 지금 다리를 폭파 하십시오! 인민군 전차가 다리를 건너고 있습니다."

11연대 1대대 부대대장 고립현 대위가 숨이 넘어갈 듯 다급하게 소리쳤다.

"교량과 철도는 국방부장관의 승인이 없이는 폭파할 수 없다. 명령이 없는데 내가 무슨 권한으로 폭파를 하는가?" "언제 장관에게 가서 폭파 허가를 받습니까? 우리가 다 죽은 다음에는 누가 허가를 받을 것입니까? 누르십시오!" 그래도 장 소령은 명령이 없다고 폭파장치를 누르지 않아 고립현 대위의 가슴이 터질 지경이었다.

이때 백사단장이 장 소령에게 다리를 폭파하라고 명령하여 장 소령이 폭파장치를 눌렀으나 양군의 포사격으로 도화선이 절단돼 결국 임진강교와 철교를 폭파하지 못하여 인민군 6사단은 만세를 부르며 임진강교와 철교로 남하하였다.
11연대는 인민군 공격을 대전차포 5문으로 방어하였으나 견디지 못하고 대전차포 5문, 차량 20대를 파기하고 6월 25일 오후 10시경 만전리로 후퇴하였다.

명령이 없어도 국가가 위기에 처할 때, 그리고 장병이 전멸 직전의 상황이 발생될 때, 그리고 상관이 남로당 좌파로서 국군에게 불리한 명령을 내릴 때는 이를 거절하고 지휘관의 판단으로 지휘관은 부하들에게 명령을 내려야 했었다.

3) 50년 6월 26일 문산의 격전

26일 아침 일찍 12연대장에 부임한 김점곤 중령은 개성에서 후퇴한 12연대 2대대 한순화 소령 부대의 소수를 이끌고 문산에 도착하였다. 1대대장 신형호 소령도 영산포로 철수하여 소수병력을 이끌고 문산에 도착하여 병력을 점검하니 3,000여 명이던 연대병력이 600여 명뿐으로, 2,400여 명이 전사하거나 포로가 되었다. 이들을 문산 서쪽에 배치하여 인민군을 방어하게 하였다.

26일 새벽에 인민군은 임진교 동쪽 4킬로 지점인 비인리를 공격해와 11연대 2중대 김봉건 중위 부대가 잘 막고 있었다. 그러나 인민군이 전차 11대를 앞세워 11연대 1대대를 공격하자 1대대는 더 이상 방어를 못하고 문산초등학교로 후퇴하였다. 11연대 2대대도 인민군 전차에 밀려 8시 30분 문산으로 후퇴하였다. 백 사단장은 오전 10시 40분 11연대 1대대가 있던 곳을 탈환하라고 명령하였다. 11연대 1대대와 3대대와 육사 교도대 2개 중대가 공격하여 문산 고지를 탈환하였다. 공병대장 장지은 소령은 공병대를 집합시켜 임진교 폭파실패를 통감하고 수류탄과 TNT를 묶어 임진교 근처에 매복하고 있다가 전차 3대가 넘어오자 TNT를 던져 전차 3대를 파괴시켰다. 이때 장지은 소령은 부상 후 후송도중 전사함으로 임진교 폭파 실수에 대한 책임을 진 것 같았다.

광주 5사단 15연대장 최영희 대령이 3대대를 이끌고 문산에 도착하여 문산 동쪽 이천리에서 인민군 1사단의 공격을 막기 위하여 배치되었다. 육본에서는 "백 사단장, 26일 오후 1시 의정부가 인민군에 의해 점령되어 동두천에서 싸우고 있는 국군이 포위되어 송추 근방으로 후퇴할 것이오. 선전을 바랍니다!" 하는 현재 의정부 전황을 전해 주었다.

4) 반석고개 뚫려 문산 위기

인민군 1사단장 최광 소장은 파평산에서 국군 13연대가 잘 싸우고 있어 좀처럼 문산을 공격할 수 없었다. 따라서 파평산 뒤를 돌아 어우동, 노파동, 반석고개, 이천리를 거쳐 문산을 공격하도록 명령하였다. 인민군 전차부대 전차 14대는 26일 새벽 공격을 시작하였다. 노파면을 지키고 있던 국군 13연대 3중대가 포위되었다. 유재성 대대장이 김익렬 연대장에게 "연대장님, 전차 10대가 남진하고 있습니다!"라고 보고하자 "전차는 보병과 같이 오지 않기 때문에 반석고개를 넘지 않을 것 같으니 특공대를 조직해서 파괴할 테니 특공대를 조직하라!"고 명령하였다. 그러나 조금 있으니 인민군 전차 10대가 반석고개를 넘어 이천리를 지나 국군의 저항이 없자 문산경찰서 앞에 도착 줄지어 서서 전차포로 문산 동쪽을 방어하는 11연대와 12연대에 퍼부으니 문산 11연대와 12연대는 크게 혼란에 빠졌다.

11연대장 최경록 대령은 대전차포 2문으로 선두전차를 공격하라고 명령하였다. 여러 발의 포탄이 전차에 명중하였으나 인민군 전차는 끄떡도 하지 않고 11연대를 향해 불을 품었다. 평지라서 육탄공격도 어려웠다. 전차 4대가 더 추가되어 왔다. 11연대와 12연대는 전차 14대에 의해서 속수무책으로 무너지고 문산이 위기에 처하였다. 이때 6포병대장 노재현 소령이 (12.12반란 때 국방부장관) 105밀리 곡사포로 14대의 전차를 향해 쉴 새 없이 공격하여 위기를 모면하였다. 15연대 3대대가 6포병대 뒤에 배치되었는데 사단에서는 노재현 소령에게 보고를 하지 않아 3대대가 인민군인 줄 알고 6포병대가 급히 문산 밑 위전리로 철수하였다. 백사단장은 전차 14대의 위기를 모면한 후 11, 12, 13연대를 위전리 선으로 후퇴하라고 명령하였다. 사단사령부는 봉일천 초등학교로 철수하였다.

광주 5사단 20연대 3대대가 도착하였다. 20연대 3대대는 봉서산에 배치하여 철수하는 부대를 엄호함으로써 모든 부대는 26일 밤중까지 위전리로 철수를 무사히 끝낼 수 있었다.

5) 50년 6월 27일 국군 1사단 위전리에서 방어

6월 27일 새벽 백선엽 사단장은 인민군이 오기 전 각 부대가 진지에 들어가야 하기 때문에 마음이 급했다. 광주 5사단 20연대 3대대는 15연대에 배속시켜 15연대를 2개 대대로 편성하여 사단 좌일선에 배치하고, 13연대는 파주에서 고양 쪽으로 배치하였다. 그리고 11연대는 제2선, 12연대는 예비대로 사단사령부와 같이 있게 부대 배치를 하였다. 27일 오전 10시 장병들은 부대 배치가 완료되어 진지에 들어갔다.

인민군은 25일도 공격이 예리하지 못하였고, 26일도 공격이 예리하지 못하였다. 국군 15연대 최영희 연대장은 전차가 지나가도 끄떡없게 호를 깊이 파라고 독려하였다. 그리고 연대의 모든 화력을 도로를 중심해서 배치하였다. 15연대는 바주카포 6문, 대전차포 8문, 육탄공격조 10개조를 편성하여 전차를 집중공격하게 하였으며, 105밀리 곡사포 3문도 지원 받았다. 국군 1사단은 인민군이 오기만 기다리고 있었다.

인민군 6사단은 국군 11연대에, 인민군 1사단은 국군 13연대에 많은 피해를 입고 재편성 중이어서 계속 전격작전을 하지 못하고 있었다.

6월 27일 11시경 인민군은 18대의 전차를 앞세우고 보병들의 엄호 하에 봉암리 쪽에서 위전리 쪽으로 오고 있었다. 최영희 연대장은 10개조 육탄공격조에게 전차를 공격하라 명하였다. 육탄공격조가 수류탄을 들고 전차에 붙어 공격하여 선두전차 4대를 파괴하였다. 이때 특공대를 인솔한 9중대장 이선도 대위가 후미 전차의 기관총에 맞아 현장에서 전사하였다. 국군 장갑차 10대가 인민군 전차에 대들었다가 장갑차 8대가 순식간에 파괴되고 2대만 도망쳤다. 인민군 전차가 국군 진지를 통과

하자 15연대 전 화력은 전차 뒤의 배기통과 연료통을 집중 공격하였다. 이때 인민군 보병 2개 대대가 15연대를 공격하고 있었다. 15연대는 더 이상 견디지 못하고 오후 6시경 봉일천으로 후퇴하였다. 꼬박 8시간을 싸운 후였다. 15연대는 전사자가 100여 명이었다. 급히 후퇴하느라 부상병은 데려오지 못하였다.

파주와 고양을 방어하고 있는 13연대 1대대 정면에 전차 7대가 공격해오고 있었다. 1대대장 김진위 소령은 바주카포와 대전차포 사수들에게 전차 바퀴줄을 집중 공격하도록 명령하여 선두 전차 3대를 파괴하였다. 그러자 후미전차는 도망치고 말았다.

13연대 3대대 유재성 소령부대 정면에도 전차 7대가 공격해왔다. 유재성 대대장은 포대원들에게 전차 바퀴줄을 공격하게 하여 전차 1대가 파괴되니 나머지 전차는 도망쳐버렸다. 13연대는 인민군 보병과 치열한 전투를 하면서 밤11시 고양 방면으로 후퇴하였다.

6월 26일 동두천에서 싸우다 의정부를 인민군이 점령하여 퇴로가 차단되어 적성과 마차산에서 고립되어 있던 18연대 2대대가 인민군 점령지역인 적성과 법원리를 거쳐 용지리 가자미고개를 통과하고 있었다. 18연대 2대대가 적진을 통과하는데 대담하게 열을 지어 행군하자 인민군은 이들이 인민군인 줄 알고 전혀 신경을 쓰지 않아 사상자가 전혀 없이 적진을 빠져나왔다.

6월 27일 오후 4시경 참모학교장 김홍일 소장이 채병덕 소장의 작전지도를 위촉받고 봉일천의 1사단 사령부에 도착하였다. 김홍일 장군은 백 사단장에게 "인민군이 어제 의정부를 점령하고 오늘은 수유리가 점령되어 내일 오전에는 서울까지 진격할 것으로 보고 있습니다. 그러니 1사단 차량과 야포와 병력이 건재하니 오늘 밤 한강 이남으로 안전하게 철수하여 한강에서 인민군을 저지하는 것이 좋을 것 같습니다."하고 철수를 권고하였다.

"채 총장님으로부터 사수하라는 명령을 받았지 철수하라는 명령은 없었습니다. 경솔하게 임무를 방기할 수 없습니다."

"서울이 점령되면 1사단 퇴로가 차단되어 붕괴가 올지 모릅니다. 그러니 수색이나 행주를 통해 철수할 수 있도록 공병대를 먼저 파견하여 뗏목을 만들어 부대가 한강을 건널 수 있도록 해서 1사단 장병들의 생명을 안전하게 보전하는 것이 사단장의 책임이요 도리일 것입니다."

"그러면 속히 채 총장님을 만나 명령을 내려 주십시오! 그러면 즉시 철수하겠습니다!"

"그렇게 하겠소! 지금 내가 즉시 육본으로 가겠소!"

김 장군이 육본으로 떠난 후 백사단장은 극비에 공병대장에게 "행주에 가서 1사단이 철수할 수 있도록 준비하라! 이것은 극비로 하라!"고 지시하였다.

6월 27일 오후 7시 전령이 채병덕 총장의 명령서를 가져왔다. 그 내용은 "미군이 참전한다. 1사단은 현지를 사수하라. 참모총장 채병덕 소장"이라 하였다. 백 사단장은 이 명령서를 받고 철수준비를 중단하였다.

이때 백선엽 1사단장은 공병대에게 철수준비를 중단시키지 말고 "국군 1사단이 한강을 건널 수 있도록 준비하라"고 했어야 했다. 그것은 김홍일 소장을 통해서 수유리 전황을 들었고, 인민군이 서울을 점령하면 한강 때문에 잘못하면 장병이 전멸될 수 있기 때문이다. 특히 포병부대는 27일 밤중에 한강을 건너 다음 작전을 준비했어야 했다.

백사단장은 사령부로 부대장들을 소집하였다. 11연대장 최경록, 12연대장 김점곤, 13연대 김익렬, 15연대 최영희, 유해준 중령, 6포병대장 노재현 소령 등이 도착하였다.

"여러분! 육본에서는 미군이 참전하였으니 현 위치를 사수하라는 명령이요. 그래서 방어는 역습을 병행해야 성공할 수 있기 때문에 내일 아침 미명에 역습을 하려고 하는데 연대장들의 의견은 어떤지 말씀해 보시오."

"역습을 해야 합니다. 싸워보니 별거 아닙니다. 특히 전차에 대해서 초전에 불안하였는데 이제는 장병들이 겁을 내지 않고 자신을 갖고 있습니다. 105밀리로 500~1000미터 거리를 두고 직격탄으로 쏘아대고 바주카포와 대전차포로 바퀴줄을 공격하니 선두전차가 고장이 나면 길이 좁아 후미전차는 도망치고 있습니다. 포병이 전차만 막아준다면 인민군 보병과 포병은 문제가 아닙니다. 그러니 내일 아침 역습해서 본때를 보여주어야 합니다. 성공하면 문산까지 밀어붙여야지요!"

최영희 연대장과 노재현 6포병대장이 역습을 주장하고, 최경록, 김점곤 연대장이 찬성하였다. 그리하여 1사단은 28일 아침 인민군을 역습하기로 하였다. (이때 백사단장은 김홍일 장군이 "인민군이 의정부와 수유리를 점령하고 내일이면 서울이 점령되어 국군 1사단의 후퇴 길이 없어 사단에 위기가 올지 모른다."고 한 말을 하지 않아 연대장들이 의정부 방면의 전황을 모르고 반격하자고 한 것 같다. 결국 이 결의가 1사단이 전멸되는 결과가 된 것은 조금 후에 나타나게 된다.)

6) 50년 6월 28일 국군 1사단 봉일천에서 역습

백 사단장은 6월 28일 오전 8시 한강에서 철수하지 않고 개전 4일 만에 전력이 회복되어 역습을 하기 위해 연대장들에게 작전지시를 하였다.

"각 연대장들은 위전리 전선을 회복하면 여세를 몰아 문산을 탈환해 주시오. 지금까지 인민군과 싸워보니 해 볼 만합니다. 그러니 오늘도 선전해 주시기 바라오. 11연대와 13연대는 현 위치에서 반격하여 위전리, 도내리, 제3방어선을 회복해 주시오."

11연대는 3대대와 2대대를 공격 선두에, 1대대를 예비대로 하여 오전 8시 30분 공격이 시작되었다. 교도대장 유해준 중령은 사단 중앙에서 공격해 들어갔다. 유해준 부대는 인민군의 저항 없이 도내리 고지를 탈환하였다. 위전리 근방에서 남하하는 인민군 말이 끄는 포차 20대를 발견하고 공격하자 20대의 포차에서 포탄 터지는 소리가 진동하여 인민군은 45밀리 대전차포도 놔두고 도망을 쳐 인민군의 무기를 노획하였다.

11연대 3대대는 인민군 남하를 저지하면서 28일 11시 금촌 북방 95고지를 점령하였고, 2대대는 오후 1시 사체리까지 진격하였다. 13연대 2대대와 3대대는 양지리에, 1대대는 벽제리에 진격하여 진지를 고수하고 있었다.

7) 50년 6월 28일 국군 1사단 봉일천에서 역습 중 붕괴

"사단장님, 부상병을 실은 엠브러스가 서울로 가려고 했으나 녹번동에서 인민군 전차의 저지를 받고 다시 이곳으로 돌아왔습니다. 인민군이 서울을 점령한 것 같습니다."

"사단장님, 오늘 새벽 한강교가 폭파되었다고 합니다."

"사단장님, 육본과 연락이 전혀 되지 않고 있습니다."

"사단장님, 군수참모 박경원 중령이 수색에 탄약을 가져오려고 가다가 인민군의 공격을 받고 이곳으로 도망쳐 왔습니다."라는 보고를 듣고 백선엽 1사단장은 서울을 인민군이 점령한 것이 확실하다고 판단하였다. 참모장과 작전 참모가 백사단장에게 "철수해야 합니다!" 하고 건의하였다.

백 사단장과 참모들은 앞이 캄캄하였다. 백 사단장은 즉시 연대장들을 소집하였다.

"인민군이 오늘 아침 서울을 점령하고 한강교가 폭파된 것 같습니다. 미 지상군이 오면 한강 선에서 방어해도 가능할 것 같습니다. 그러므로 1사단은 오늘 저녁 시흥으로 후퇴합니다. 후퇴 중 지휘 연락은 기대하기 어려우니 일개 장병에 이르기까지 철저히 주지시켜 장병 한 사람이 총 한 자루라도 더 많이 가지고 시흥으로 집결해 주시기 바랍니다. 한시라도 빨리 도하 지점을 확보해서 각 연대가 한강을 도하하는데 지장이 없게 해 주시오. 만일 미 지상군이 오지 않으면 우리는 지리산에서 게 릴라가 되어 끝까지 투쟁할 것입니다. 여러분들의 자중과 용전 을 기대하면서 시흥에서 만나기를 바랍니다."

백 사단장이 비장한 철수계획을 말하자 어느 듯 연대장들의 눈에 눈물이 고였고, "도대체 의정부에서 어떻게 싸웠고, 육본 은 어떻게 하였기에 우리에게 철수명령도 내리지 않고 자기들 만 도망쳤단 말인가!"하며 분노를 참지 못하였다.

"철수는 행주나루에서 해야 합니다. 이유는 도하 자제를 구하 기 쉽기 때문입니다."

최영희 연대장이 주장하였다.

"행주는 이미 인민군이 와 있다고 보아야 합니다. 그러므로 위험합니다."

"이산포로 철수하는 것이 좋습니다."

김점곤과 석주암 참모장이 주장하였다.

"그러면 사단 주력은 행주에서, 11연대·12연대·유해준 교도대는 이산포, 나머지는 행주에서 철수한다!"

백 사단장의 결정에 모두 동의하였다.

최영희 연대장은 공병대를 이끌고 행주로 가서 도하 준비를 하고 있었다. 행주에 가서 보니 아직 인민군은 오지 않았다. 공병대는 민간인 선박 30척을 모아 문교와 잔교를 만들어 차량이 통과하게 하였다. 한강 건너편 상륙할 지점을 알아보니 이미 김포비행장에 인민군 6사단 14연대가 와 있었다. 이 보고를 받은 최영희 연대장은 깜짝 놀라 1사단이 완전히 포위된 것을 알았다.

"사단장님, 김포에 인민군이 와 있다고 합니다. 피해가 있다 해도 급히 철수를 해야 할 것 같습니다. 만일 서울을 점령한 인민군이 행주 나루터로 오게 되면 우리는 전멸될 위기에 처할 것 같습니다. 인민군이 행주에 오기 전에 한강을 건너야 합니다."

백 사단장은 이와 같은 건의를 받고 작전을 바꾸어 즉시 철수를 명하였다. 이때가 28일 오후 2시였다. 공격 5시간 30분만의 일이었다. 국군 1사단은 6포병대의 엄호를 받으며 행주와 이산포로 철수가 시작되었다.

13연대 본부중대장 박구준 중위가 본부중대원들을 이끌고 철수하려고 "집합!"하자 장병 세 명이 "나라가 망했는데 무슨 집합입니까?"하고 방해를 하고 있었다. 이 말을 듣고 박구준 중대장은 '저놈들은 틀림없이 빨갱이다. 잘못하면 저놈들에 의해 우리가 다 죽는다.'는 생각이 들었다. 박 중대장은 그 세 사람을 향해,

"뭐라고? 나라가 망했는데 무슨 집합이냐고? 이 새끼들 빨갱이구나! 네 놈이 나라가 망했는지 망하지 않았는지 어떻게 아느냐?"하고 그들이 총을 들기 전에 권총으로 사살하였다. 그러고는 "집합!"하자 전 중대원들이 즉시 집합하였고, 장병들이 말을 잘 들었다.

13연대 3대대장 유재성 소령이 한강을 도강하려고 28일 밤을 이용하여 밤새 걸어서 29일 새벽 불광동 근방에 도착하였다. 부대를 점검하니 10, 11, 12 등 3개 중대가 보이지 않았다. 유재성 대대장은 흔적을 살펴보니 서울로 가고 있는 것 같아 바짝 추격하였더니 예상대로 서울로 가고 있었다. 그래서 장병들에게 "길을 멈춰라!"하고 고함을 치자 장병들이 가던 길을 멈췄다. 그리고 보니 장병들을 5사단 작전참모 오예택 소령이 이끌고 서울로 가고 있었다. 이때 오 소령이 "중대장들이 나보고 지휘해 달라고 해서 지금 가는 중이다."라고 하여 유 소령이 중대장들에게 "내가 있는데 왜 오 소령에게 부대를 지휘해 달라고 하였느냐?"고 질문하자 "우리는 오 소령에게 지휘해달라고 한 일이 없습니다!"하고 중대장들이 대답하였다. 이 말이 끝나자마자 유 소령은 권총을 빼들고 오 소령 앞에 섰다. "오 소

령! 저 말 들었지? 장병들을 이끌고 수색으로 가야지 왜 서울로 가고 있는가? 서울은 이미 인민군이 점령하였다. 당신 서울에 가서 인민군에게 투항하려고 했지? 왜 계급장은 떼었지? 이 빨갱이 새끼야!"하며 오 소령이 공격하기 전에 유재성 소령은 오 소령의 가슴에 총을 쏘았다. 오 소령은 그 자리에서 즉사하였다. 유재성 소령은 장병들을 향해 주의를 주었다.

"각 중대장들은 잘 듣기 바란다. 부대에서 이상한 눈치만 보이면 무조건 먼저 쏘아야 한다. 아직도 국군 안에 빨갱이들이 많이 있다. 이놈들이 들고 일어나면 우리는 싸우지도 못하고 다 죽는다!" 하고 중대장들에게 "권총에 실탄을 장전하게 하고 안전핀을 항상 풀어놓고 권총을 쏠 자세로 언제든지 다녀라"하고 명령하였다. 그리고 "호랑이는 외부와의 싸움은 잘 하나 속에서 병이 들면 이기지 못하고 죽고 만다. 제일 무서운 적은 내부의 적이다."라고 주의를 주었다. 13연대는 필사적으로 29일 새벽 한강을 건넜으나 많이 죽고 말았다.

행주나루터와 이산포는 국군 1사단과 의정부 7사단 패잔병들이 모여 대 혼잡을 이루었다. 한강을 건널 수 있는 배는 어선 30척 정도가 있었는데 어선 30척 가지고는 1개 사단 이상이 도저히 한강을 건널 수 없었다. 그래서 "포로가 되느니 차라리 죽자" 하고 김홍계 중위는 아예 자살하였고, 서울로 가는 장병도 있었고, 사복으로 갈아입고 숨는 장병, 수영을 하여 한강을 건너다 죽은 장병 등 한강을 건너는 방법들이 이루 말할 수 없었다. 부상병들은 버스와 트럭에 실려 행주나루터까지 왔으나 대책이 없어 살려달라고 아우성이었다.

12연대 800여 명은 한강을 건너 강둑을 막 올라가려는데 인민군의 공격을 받고 12연대 2대대는 한강에서 빠져나와 군산에 상륙하여 북상하였다. 유해준 부대와 20연대 3대대는 후퇴명령을 받지 못해 거의 전멸되었다. 11연대와 13연대는 많이 희생되었으나 그래도 한강을 순조롭게 건넜다.

백선엽 사단장은 각 연대장과 참모들 50여명과 한강을 건너 시흥으로 걸어가고 있었다. 국군 1사단은 차량 150대와 각종 포를 모두 파기하였다. 그리고 28일 오후 2시부터 29일 새벽까지 부상병만 남겨놓고 몸만 한강을 건넜다. 만일 이때 인민군의 곡사포가 행주와 이산포에 공격을 하였다면 전멸하였을 텐데 다행히 인민군의 공격이 없었다.

국군 1사단은 4일 동안 인민군 2개 사단을 맞이하여 인민군 2,000여 명을 죽이거나 부상을 입혔고, 포로 67명, 전차 13대를 파괴하고 포28문, 기관총 58정, 소총 363정, 단기관총 93정을 노획하는 전과를 올리면서 잘 싸웠다.

국군 1사단과 춘천의 6사단, 강릉의 8사단은 전차를 보지도 못하였고 방어훈련도 받아본 일이 없어도 잘 싸웠다. 육군본부에서 전차에 대한 방어훈련을 잘 했으면 국군은 절대 참패하지 않았을 것이다. 그러므로 신무기에 대한 방어훈련이 얼마나 중요한 지 알 수 있다.

국군 1사단의 4일 동안의 피해는 전사: 장교 37명, 사병 284명, 실종: 장교 45명, 사병 587명이었는데, 한강을 건너면서 당한 피해는 실종: 장교 81명, 사병 2,435명 계 3,469명으로 4일 동안 싸우다 피해를 본 것보다 한강을 건너다 피해를 본 것이 훨씬 많았다. 결국 채병덕 총장과 김백일 참모부장이 1사단에 후퇴 명령을 내리지 않은 것이 1사단을 붕괴시키는 결과를 가져와 책임을 면할 길이 없다. 그리고 김홍일 소장이 백선엽 사단장에게 수유리 전황에 대해 설명을 하면서 철수를 권고 하였고, 1사단 배후에는 한강이 있기 때문에 철수를 잘못하면 사단이 전멸할 수 있는 데도 철수 준비를 하지 않고 오히려 28일 오전 8시 반격하다 아까운 목숨 3,400여명이 죽고, 차량과 중화기를 모두 파기하고 1사단이 붕괴되는 어처구니없는 일이 벌어졌다.

백선엽 1사단장은 채병덕 총장의 명령이 없어 후일 문책을 당한다 해도 김홍일 장군이 철수를 권고했기 때문에 1사단 장병들 중 2개 연대로 방어하고 1개 연대와 포병대는 반드시 한강을 안전하게 철수시켜 장병들의 생명을 보호하고, 철수 후 국군 1사단이 한강에서 잘 방어하였다면 국군이 한강 방어에서 처참하게 패하지 않고 국군의 위신도 세웠을 것이다. 결국 백사단장도 몇 시간 후 채병덕 총장의 철수 명령이 없는 데도 철수를 했기 때문이다. 백선엽 사단장이 철수하지 않은 것에 대한 책임은 면할 길이 없다.

강릉 8사단 이성가 사단장은 채병덕 참모총장의 명령이 없는데도 장병들을 살리기 위하여 대관령으로 철수해서 8사단이 이후 인민군과 잘 싸운 것이 좋은 예이다.

잘 싸웠던 국군 1사단은 이렇게 붕괴되었다. 한강을 기적적으로 건넌 장병들은 4일 동안 거의 식사를 못하여 걷는 것은 그만두고 눈조차 뜰 기운이 없었다. 그들은 소총도 없이 맨주먹으로 걷고 또 걸어서 시흥으로 가고 있었다. 그들의 차림은 속옷만 입고 있거나 맨발로 걷는 장병들도 있어 거지 중에 상거지였다. 인민군은 이러한 국군 패잔병 2,000여 명을 포로로 잡아 김포비행장에 가두어 놓았다.

6. 잘 방어한 동두천 국군 7사단 1연대

1) 25일 국군 7사단 1연대 동두천 전투

50년 6월 10일(6.25 15일 전) 의정부 육군 7사단장에 유재흥 준장이 부임하였다. 7사단 소속 1연대는 동두천 북방에, 9연대는 포천 북방을 방어하고 있었고, 사단 사령부는 의정부에 있었다. 예비연대인 25연대는 부대 이동명령을 받고 25일 현재 온양에 있어, 남한에서 가장 중요한 수도를 방어해야 할 7사단은 예비연대가 없었다.

병력은 7,500여 명, 중화기는 57밀리 대전차포 12문, 바주카포 128문, 105밀리 곡사포 15문, 61밀리 박격포 26문, 60

밀리 박격포 54문, 제8포병대와 공병대가 있었다.

이준식 전 사단장은 1년 6개월 동안 7사단장으로 있으면서 진지하나 구축해놓지 않아 포천위 신북면사무소 위쪽에 토치카 하나 있는 것이 고작이었다.

50년 6월 18일 아침(6.25 7일 전) 미 국무장관 델레스, 무쵸 주한 미 대사, 라이트 미 군사고문단 참모장, 신성모 국방부장관, 임병직 외무부장관, 채병덕 참모총장, 미 고문관, 육본국장 등이 7사단 사령부에 도착하여 동두천 위 초성리 38선의 전초진지에서 전방을 시찰하였다. 이때 유재흥 7사단장이 이들에게 현재 상황을 보고하였다.

"인민군의 움직임이 심상치 않습니다. 인민군의 T34형 전차는 철원으로 이동하였고, 병력도 38선 부근으로 이동하였습니다. 제일 문제는 인민군 전차를 막을 무기가 한국군에는 전혀 없다는 것입니다. 그러므로 대전차 지뢰가 절대 필요합니다. 다음은 105밀리 곡사포 1개 대대가 있으나 1문 당 3탄씩뿐이어서 만일 인민군이 남침하면 탄약이 절대 부족하여 큰 문제가 발생할 것입니다."

유 사단장의 105밀리 곡사포 실탄이 없다는 보고에 어느 누구도 귀를 기울이는 이가 없었다. 이후 델러스 미 국무장관이 국회 연설에서 "만일 한국이 외부로부터 침략을 받을 경우 미국은 물심양면으로 원조 하겠습니다."라고 연설을 하고 한국을 떠났다. 이때 채병덕 총장과 유재흥 사단장은 부천에 105밀리 포탄이 많이 있고, 또 수색에 있는 1사단의 병기 창고에 105밀리 곡사포 포탄이 많이 있으니 우선 몇 백 발의 포탄이라도 7사단으로 운반했어야 했다.

50년 6월 24일 육본에서 휴가 외출을 보내라고 해서 1연대와 9연대도 장병들 30%를 휴가와 외출을 보냈다. 9연대는 차량을 수리 차 부평으로 후송하고 5대 뿐이었고, 중화기의 60%를 수리 차 후송하였다. 동두천 1연대도 같았다. 7사단 한태원 중령, 안무일 소령, 정보참모 이세호 소령, 부관 최세인 소령이 후방에서 교육 중이었다. 6월 24일 오후 휴가와 외출을 나가 부대 안에 있는 7사단 장병은 4,000여 명이었다.

유재흥 7사단장, 1연대 함준호 연대장, 9연대 윤춘근 연대장은 북한 인민군의 움직임이 심상치 않다고 하면서도 대한민국과 서울의 관문이며 서울을 지키는 의정부 북방을 방어하면서 인민군을 저지할 준비는 전혀 하지 않았다. 참모총장 채병덕 이하 참모들도 전방 4개 사단 중 가장 약한 부대가 7사단이라는 것을 알면서도 진지나 전차 벽이나 전차호나 교량 파괴나 다이너마이트도 전혀 준비하지 않았고 탄약고에 탄약이 없다는 것을 알면서도 이에 대한 대책을 마련하지 않았다.

50년 6월 25일 인민군은 의정부를 공격하기 위하여 3사단, 4사단, 105전차여단 계 34,000여 명과 전차 150대, 자주포 32대, 45밀리 대전차포 96문, 122밀리 곡사포 24문, 76스탈린포 72문, 120밀리 박격포 36문, 82밀리 162문, 61밀리 수

백 문으로 인민군 공격사단 중에서 최대 군사력(30%)으로 의정부와 서울을 단숨에 점령하기 위해 집중하였다.

50년 6월 25일 새벽 3시 인민군 4사단장 이권무 소장은 전곡 협곡리 사단사령부로 부사단장 박금철 총좌, 포병사령관 노식송 총좌, 사단참모장 허봉학 총좌, 16연대장 최인덕 대좌, 17연대장 김관대 대좌, 18연대장 김희준 대좌를 집합시켰다. 그리고 "새벽 4시 일제히 중포로 초성리에 있는 국방군을 공격 초토화 시킨 후 의정부를 25일 안으로 해방시키고, 3일 안에 서울을 해방시킨다. 이상!" 하고 작전지시를 하였다.

25일 새벽 4시 인민군 4사단은 30분 동안 각종 포로 국군 1연대 2대대가 있는 초성리에 포탄을 우박같이 퍼부었다. 4시 30분 인민군 4사단 18연대는 전차 1개 대대, 야포 1개 대대, 45밀리 1개 중대, 로켓포 1개 대대, 공병 1개 대대, 대전차포 2개 소대를 이끌고 사항리와 마지다를 공격하였다. 16연대는 전차 1개 대대, 사단 야포연대 45밀리, 야포 1개 중대, 박격포 2개 대대, 대전차포 2개 분대, 45밀리 야포 1개 대대, 공병 1개 중대를 이끌고 사항리, 폐기리, 양원리를 일제히 공격하여 왔는데 이들의 행렬은 장관을 이루었다. 105전차여단을 앞세워 25일 의정부, 26일 수유리, 27일 미아리를 넘어 서울을 해방하라는 명령을 받고 장사진을 이룬 인민군 전차는 38선 전곡에서 동두천을 향해 진격해왔다.

초성리, 양원리, 하봉암리를 방어하고 있는 국군 1연대 2대대장 이명 소령은 인민군의 대포소리에 깜짝 놀라 깨어보니 정각 4시였다. 그는 즉시 연대장에게 상황을 보고하였다. 그리고 비상을 걸고 3중대에 즉시 인민군을 방어하라고 명령을 내렸다.

3중대는 초성리 말고개에 병력을 배치하고 조금 있으니 인민군 4사단 16연대가 전차를 앞세우고 장사진을 이루고 오는데 기절할 정도였다. 3중대장은 장병들을 도로 양쪽에 매복시키고 인민군 오기를 기다렸다. 4시 30분 함준호 1연대장은 8포병대장에게 즉시 2대대를 지원하라고 명령하여 8포병대 2포대장 김한규 중위가 초성리 현지에 도착하였다. 포병대나 보병이나 전차를 보고 놀랐고, 뒤따라오는 많은 병력을 보고 다들 기절할 지경이었다. 김한규 중위는 "선두전차 한 대만 파괴하면 길이 좁아 뒤에 오는 모든 전차나 차량이나 야포는 꼼짝 못한다. 선두전차를 집중 공격하여 파괴시켜라!"고 대담하게 명령하였다.

25일 아침 6시 국군 2포대원들은 바주카포와 대전차포를 도로 양쪽에 숨기고 매복하고 있다가 선두 전차에 집중공격을 하였다. 그리고 3중대는 인민군 보병을 공격하였다. 한 시간 이상 공방전 후에 인민군 16연대는 많은 피해를 보고 후퇴하였다. 3중대 장병들과 2포대원들은 인민군에 대해 자신감을 얻었다. 2포대장 김한규 중위는 다음 전투를 준비하고 있는데 한바탕 전투를 하고 나니 실탄이 바닥나 연대와 사단에 아무리 연락을 하여도 통화가 되지 않아 결국 실탄이 없어 덕정으로 후퇴하였다.

함준호 1연대장은 3대대 휴가 장병들을 모아 소요산에 배치하고 좌편 마차산에 1대대로 방어하게 하였다.

6월 25일 오후 3시 인민군 이권무 사단장은 오전에 초성리에서 의외로 국군 강적을 만나 동두천 정면을 공격하지 못하고 우회하여 간파리로 공격해왔다. 함준호 연대장은 병력이 휴가와 외출을 가서 부족하여 애를 먹고 있었다. 함준호 연대장은 간파리 밑 안흥동에 3대대 1개 중대로 막게 하였는데 인민군 1개 연대와 치열한 전투가 벌어졌다. 1개 중대로 인민군 1개 연대와 전차를 막을 길이 없었다. 더구나 한참을 싸우고 나니 실탄이 없었다. 각 대대는 함준호 연대장에게 실탄을 달라고 아우성을 쳤다. 함준호 연대장은 실탄이 없어 결국 안흥의 중대와 2대대를 오후 5시 덕정으로 철수시켰다.

인민군은 즉시 동두천에 입성하였다. 그래서 함준호 연대장은 마차산의 1대대와 소요산의 3대대가 위기에 처하여 소요산의 3대대에 즉시 철수명령을 내려 25일 밤을 이용 덕정으로 철수하였으나 마차산의 1대대에는 연락할 방법이 없었다. 전차전에서는 도로전이여야지 고지전을 할 경우 파평산을 우회하여 문산이 위기에 처하듯 동두천에서도 우회하니 국군이 포로가 되었다. 마차산의 1대대는 전차를 막는 데는 아무런 도움이 되지 않았다. 마차산 587고지를 사수하고 있는 김봉림 대위의 1대대는 실탄도 먹을 것도 떨어져 견딜 수 없었고, 거의 전멸하였다.

6월 25일 아침 5시 15분 7사단 작전참모 이연규 중령이 약수동에 살고 있는 유재흥 사단장에게 인민군의 남침 소식을 전하자 유재흥 7사단장은 30분 만에 의정부에 도착하였다. 이때는 인민군의 대포공격으로 1연대 6중대장 최춘정 중위와 3중대장 안태섭 중위가 전사했을 때였고, 9연대 대전차 포대장 허헌 대위가 포대원을 이끌고 포천 위 만세교에서 인민군 전차를 저지하다 포대원 전원이 전사했을 때였다.

7. 국군 참패의 원인 포천 9연대

1) 6월 25일 참패한 포천 9연대

김일성은 서울을 점령하기 위해 포천에 인민군 최정예부대인 3사단과 전차 100대와 각종 중포를 집중 지원하였다. 국군 7사단 9연대장 윤춘근 중령은 38선□양문리에 2대대를, 포천에 1대대를, 3대대는 의정부 북쪽인 금호리에 연대본부와 같이 있었다.

6월 25일 새벽 4시, 인민군 3사단은 각종 중포로 30분 동안 양문리 2대대 진지에 퍼부었다. 인민군 3사단 7연대장 김창봉 대좌는 전차를 앞세워 영중교(일명 38교)인 38선을 넘어 남진하고 있는데 그 끝이 보이지 않을 정도로 장관을 이루었다. 이들은 양문리 2대대 7중대와 외가양리 6중대를 순식간에 포위하였다. 만세교에 있던 2대대장 전순기 소령은 인민군의 대포소리에 놀라 즉시 잠에서 일어나 비상을 걸고 6중대와 7중대에 즉시 전투태세를 갖추고 응전하라고 명령하였다. 그리고 의정부에 있는 9연대장 윤춘근 중령에게 숨이 넘어갈 정도로 급하게 "인민군이 전면공격하고 있다"고 보고하였다. 이때 벌써 만세교 2대대 앞에까지 전차가 오고 있었다. 38교에서 만세교까지는 산이 없어 국군이 방어하기 어려운 곳이었다. 2대대장 전순기 소령은 인민군이 갑자기 들이닥치자 정신을 차릴 수 없고 어떻게 준비해서 방어할 수도 없었다. 2대대 포병중대가 바주카포와 대전차포로 전차를 공격하였으나 전차는 끄떡도 하지 않았다. 만세교에서 57밀리 대전차포로 전차를 공격하였으나 오히려 인민군이 전차포로 공격을 하여 포대장 허헌 대위를 비롯한 포대원들이 전멸되면서 장병들은 겁을 먹고 도망치기 시작하였다. 2대대장 전순기 소령은 일단 2대대를 신북면사무소 근처 탄장으로 후퇴하라고 명령하였으나 2대대는 순식간에 붕괴되고 전차에 놀란 장병들은 포천으로 도망쳤다.

6월 25일 새벽 4시 30분 급보를 받은 윤춘근 연대장은 비상을 걸고 3대대에 5시 30분 비상식량과 탄약을 지급하고 포천 현장으로 가려고 연병장에 전원 집합하였다. 그러나 차량이 5대밖에 없어 병력을 이동할 수 없었다. 헌병은 이때서야 의정부에 나가 차량을 징발하려 하였으나 이른 아침이고 일요일이라서 차량이 보이지 않아 이것도 어려웠다. 사단본부나 육본도 일요일이자 이른 아침이라 지원을 받을 수가 없었다. 헌병이 겨우 차량 12대를 징발하여 포천에 9시 30분에 도착하였다. 30분이면 도착할 시간에 차량이 없어 천금같이 귀중한 3시간을 허비하였다.

윤춘근 연대장은 포천에서 3대대 대전차포 중대장에게 명령하여 대전차포 3문을 가지고 도로 양쪽에 매복하게 하였다. 탄장 위에서 매복하고 있을 때 인민군은 전차를 앞세우고 장사진을 이루며 오고 있었다. 국군은 3문의 대전차포로 공격하여 명중하였으나 T34전차는 끄덕도 하지 않고 오히려 국군을 향해 공격하였다. 전차는 전차 바퀴줄을 공격하지 않는 한 절대 파괴시킬 수 없는데 전순기 대대장이나 윤춘근 연대장은 이것을 모르고 있었다. 그리고 바주카포와 대전차포 20문 이상이 선두 전차에만 집중으로 공격하면 모를까 대전차포 3문으로는 너무 빈약하였다. 만세교와 포천교의 다리를 폭파하고 진지를 구축하고 방어를 해야 하는데 교량이 폭파되지 않고 진지가 전혀 없어 방어하기가 어려웠다. 그리고 38교가 북한에 속해 있기 때문에 38교 이남의 도로에 전차 함정을 만들어 전차의 전진을 막아 만세교의 2대대가 준비할 수 있는 시간을 벌었어야 하는데, 38교에서 만세교 포천까지 전차를 막을 수 있는 전차 함정이나 전차 벽이나 교량 폭파준비나 어느 것 하나 준비하지 않아 만세교 2대대가 전차의 공격에 대패하였다.

10시가 조금 지나자 인민군 전차가 장사진을 이루며 탄장으로 오고 있었다. 9연대 3대대는 화력을 총동원하여 전차를 공격하였으나 효과가 없었다. 전차는 탄장을 지나고 있었고, 뒤를 이어 오토바이 부대, 기마부대 보병부대 포부대가 뒤를 이었다. 국군 8포병대장 이규삼 소령도 105밀리 곡사포로 공격하였으나 효과를 보지 못하였고 탄약이 금방 떨어져 도망쳐야 했다. 8포병대의 105밀리 곡사포 15문은 이렇게 위급할 때 탄약이 없어 인민군을 저지하는데 쓸모가 없는 고철이 되어 버렸다. 인민군 전차는 9연대 3대대 뒤를 공격하고 있었고, 일부 인민군 전차는 포천교를 건너 11시에 포천을 점령하였다.

2) 윤춘근 9연대장 전선을 무단이탈하여 광릉 내로 철수

윤춘근 연대장은 1, 2, 3대대를 포천 밑 송우리로 후퇴시켜 증원군과 합세하여 인민군을 저지해야 하는데, 전선을 따라 후퇴하지 않고 인민군도 없는 도망치기 쉬운 광릉 내로 도망쳐 버렸다. 윤춘근 연대장은 사단장의 명령도 없는데 전선을 이탈하여 도망치면서 7사단 유재흥 사단장에게는 보고도 하지 않아 유재흥 사단장은 포천상황을 전혀 알지 못하여 위기를 당하게 하였다. 포천에서 의정부까지는 국군이 없어 위기를 맞이하였다. 또한 포천 뒷산인 왕방산의 1대대는 윤춘근 연대장이 아무런 명령을 내리지 않고 도망쳐버려 1대대 장병들은 장사진을 이룬 인민군을 구경만 하다 겁이 나서 의정부로 도망쳐 버렸다.

인민군 3사단장 이영호가 공격 7시간 만인 11시에 포천을 점령했을 때 즉시 의정부를 공격하였다면 25일 오후 1시경이면 의정부를 점령할 수 있었다. 그것은 국군 3연대 1개 대대 정도가 송우리에 있었으나 인민군의 적수가 되지 못하기 때문이다. 그리고 인민군이 의정부를 점령하면 동두천에서 싸우고 있는 1연대는 포로가 되었을 것이다. 또한 서울에서 의정부까지 방어하는 국군이 없었다. 그러므로 25일 오후 2시 국군 수도사단 3연대가 서울에서 의정부로 오는 도중이었으나 의정부에서 즉시 서울을 향해 진격하였다면 인민군을 막을 국군이 없어 인민군은 6월 25일 오후 9시까지는 충분히 서울을 점령하여 서울을 수라장으로 만들고 대한민국을 완전히 점령할 수 있었다. 그런데 11시에 포천을 점령한 인민군 3사단은 4시까지 5시간을 공격하지 않고 있었다. 인민군 3사단은 이승만 대통령을 포로로 잡아 평양으로 압송하여 "국군은 항복하라! 미국은 전쟁에 개입하지 말라!" 하였으면 김일성은 남한을 완전히 점령할 수 있었을 텐데, 대한민국으로는 최대 위기였고, 인민군은 대승할 수 있는 이 첫 번째 절호의 기회를 놓치고 있었다.

왕방산에 있는 1대대가 송우리로 집합하여 증원군과 연합하여 인민군을 막아야 하는데 의정부로 도망쳐 버렸다. 2대대장 전순기 소령은 산에 숨어 있다가 밤 9시 30분 9중대와 10중대를 이끌고 의정부로 철수하다 2대대는 거의 전멸되었다. 이렇게 되어 9연대는 개전 9시간 만에 붕괴되었고, 서울과 국군을 위기로 몰아넣었다. 윤춘근 연대장은 군법회의에 넘겨져 반드시 책임을 물었어야 했는데 지금까지 책임을 묻지 않았고 오히려 소장까지 진급하였다.

3) 수도사단 3연대 송우리에서 참패

6월 25일 오전 10시경 수도사단 18연대는 동두천에, 3연대는 포천에서 인민군의 남진을 저지하라는 육본의 명령을 받았다. 3연대장은 육본으로부터 포천방면의 인민군을 저지하라는 명령을 받고 비상을 걸고 집합하니 장병들이 휴가와 외출을 나가고 부대 안에 남아 있는 장병들의 수는 적었다. 그리고 수도 서울을 지키는 수도사단 8연대가 부대이동 명령을 받고 홍천에서 서울에 아직 도착하지 않아 수도사단에는 18연대와 3연대만 있고 예비연대가 없는 상태였다. 이렇게 되어 의정부 7사단과 서울의 수도사단은 예비연대가 없어 방어가 너무 허술하였다. 이상근 연대장은 3대대장 김창봉 소령에게 "현재 내무반에 있는 장병을 모두 집합시켜 혼성부대로 편성하여 포천에 가서 인민군을 막게 하고, 휴가 병력이 귀대하면 이상근 연대장이 이끌고 뒤를 따르겠다." 하고 서둘러 3대대를 출발시키려 했으나 차량이 없었다. 헌병을 시켜 서울시내로 가서 20대를 징발하여 장병들을 승차시키고 전속력으로 의정부를 거쳐 포천으로 달리고 있었다. 서울시민들은 이들에게 "이기고 돌아오라"하며 태극기를 흔들고 만세도 부르고 박수도 쳐 주었다.

3연대 3대대가 11시경 포천 가까이 가서 보니 패잔병들이 후퇴하여 송우리에 부대 배치를 하였다. 김창봉 대대장은 9연대가 있다는 말을 듣고 왔는데 9연대가 전혀 보이지 않고 패잔병뿐이었다. 인민군에 대한 정보가 있어야 하는데 전혀 없어 궁금하기 짝이 없었다.

　김창봉 대대장은 송우리 동쪽 고지에 병력을 배치하고 방어준비를 하였다. 이상근 연대장도 휴가병을 끌어 모아 1대대에 혼성부대를 편성하여 2시 30분 송우리에 도착하였다. 3연대 2개 대대는 전투배치를 하고 기다려도 인민군은 오지 않고 정보도 없어 아주 궁금하였다. 송우리는 전차를 막을 만한 지형이 못되었고, 진지도 구축하지 않아 전차와 인민군을 막는 데는 지형적으로 불리한 곳이었다.

　6월 25일 오후 4시 30분 인민군 전차가 선두에 서고 그 뒤를 이어 지프차와 트럭, 장갑차, 보병이 끝이 보이지 않게 오고 있었다. 국군 장병들은 이 광경을 보고 기가 죽었다. 전차가 가까이 오자 포병학교 교도대가 대전차포와 바주카포로 전차를 공격하였다. 그러나 전차는 끄떡도 하지 않고 오히려 전차 7대가 3연대 진지에 포신을 돌려 공격하였다. 3연대 대전차 포대도 같이 공격을 하였으나 3연대는 몇 분 만에 수라장이 되었다. 이상근 연대장은 육탄공격도 하지 않고 한 시간도 싸우지 못하고 대패하였다.

　이상근 연대장은 유재흥 7사단장에게 보고하여 유재흥 사단장은 그때서야 포천의 상황을 알게 되었다, 이때 예비연대인 25연대가 있으면 즉시 포천에 투입하여 인민군을 막을 것인데 25연대가 부대 이동명령을 받고 아직 의정부에 도착하지 않았다. 게다가 수도사단 8연대도 홍천에서 서울에 아직 도착하지 않아 이런 위기 때 예비연대가 없어 안타까웠다. 이상근 연대장은 3연대를 축석령으로 후퇴시켜 축석령에 도착하니 오후 6시였다.

4) 축석령에서 전선을 무단이탈한 3연대장 이상근 중령

25일 오후 6시 이상근 연대장이 축석령에서 병력을 모으니 2개 중대 정도였다. 3연대는 중화기를 모두 버리고 소총 한 자루씩만 가지고 도망쳐 왔다. 오후 8시 해가 지려 하자 3연대장 이상근 중령은 유재흥 사단장의 철수명령도 없는데 사단장에게 보고도 없이 금오리 동쪽 고지로 해서 의정부로 도망쳐 버려 축석령에는 국군이 한 명도 없이 다 도망쳐 국군에게 최대의 위기가 왔다.

인민군 3사단은 25일 오후 5시 30분경 국군 3연대를 대패시키고 송우리를 점령하였으므로 여세를 몰아 의정부를 공격하였으면 25일 9시면 인민군은 만세를 부르며 의정부를 충분히 점령하여 대승할 수 있었다. 그런데 오히려 송우리에서 4킬로 후방인 포천으로 되돌아가는 진풍경이 벌어져 인민군은 두 번째 승리할 수 있는 좋은 기회를 스스로 포기하였다.

축석령은 포천에서 의정부로 가는 중간지점 150고지로서 현재 검문소가 있는 곳으로 도로 폭은 5미터 정도이며 도로가 S자로 꾸불꾸불 하였고, 약수터 근방의 왼쪽은 30미터 절벽 계곡이고, 우측은 30도 경사의 산이다. 이곳은 인민군을 막을 수 있는 대한민국 최대의 군사요충지요 대한민국의 목줄이었다. 이런 곳을 이상근 연대장은 사단장에게 보고도 없이 도망쳐 인민군에게 대한민국의 목을 바쳐 한 칼에 치게 하였다. 채병덕이나 유재흥 사단장이나 윤춘근 연대장이 축석령에 진지를 잘 구축하고 전차벽과 함정을 준비하여 전차가 함정에 빠져 총총히 정지하고 있을 것을 대비하여 도로에 다이나마이트를 설치하였다가 폭파시켰다면 많은 전차를 일시에 파괴시킬 수 있었다. 이것도 저것도 안 되면 주민들과 국군을 시켜 도로에 함정을 만들었으면 인민군 전차는 축석령을 넘을 수 없었다. 그리고 각종 포로 잘 무장하여 춘천의 6사단, 문산의 1사단 같이 잘 싸웠다면 천하무적도 축석령을 절대 넘지 못하였을 것이다. 또한 국군은 인민군에게 그토록 비참하게 참패하지 않고 잘 막았을 것이다. 그 증거는 문산 1사단과 원주의 6사단과 강릉 8사단이 잘 싸우고 있는 것이 증거이다.

춘천의 7연대는 제1진지, 제2진지, 제3진지가 있고, 문산도 제3진지까지 있었는데, 대한민국 방어에서 제일 중요한 축석령 같은 곳에 진지가 하나도 없는 것은 채병덕, 이준식, 윤춘근 스스로가 인민군이 대한민국 심장을 한칼에 도륙하도록 하여 국군을 재기불능 상태로 참패하게 하였고, 대한민국 수도 서울을 인민군이 점령하도록 대문을 활짝 열어놓은 꼴이 되어 대한민국을 너무도 비참하게 하였다. 이상근 연대장에게도 책임을 물었어야 했는데 그는 북진하다 전사하였다.

5) 한심한 수뇌들

이승만 대통령이 경찰을 통해서 인민군 남침 보고를 받은 시각은 6월 25일 아침 10시 10분이었다. 즉시 국방부장관 신성모를 부르자 도착하였다. "도대체 인민군이 오는 것도 모르고 어떻게 된 거야?"하고 큰 소리로 나무라자 신성모는 "예, 오늘 새벽 4시에 38선 전 전선에서 인민군이 대거 남침하였습니다. 그러나 수일 이내로 평양을 향한 각하의 명령을 받으려고 합니다."하고 엉뚱한 헛소리를 하였다. 국방부장관이 인민군 남침을 보고해야 하는데 이승만 대통령이 부를 때까지 보고를 하지 않고 있었다.

임시국무회의가 열렸다.

"적의 전면남침이라고 하기 보다는 이주하와 김삼룡을 돌려받기 위한 것으로 판단됩니다. 후방에 있는 3개 사단을 즉시 출동시켜 반격하여 이를 격파하겠습니다."

채병덕 총장이 이렇게 허위보고를 하자 인민군이 전면 남침한 것인지, 조금 지나면 인민군이 38선을 넘어갈 것인지, 김삼룡과 이주하를 바꾸자는 것인지 전황을 파악할 수가 없어 국무회의에서 무엇을 어떻게 해야 할지 몰랐다.

"그러면 적을 몰아내는 거야? 아니면 서울을 지킨다는 거야? 분명하게 말해 봐!"

이승만 대통령이 다시 큰소리로 물었다. 그러자 채병덕은 "적을 몰아내겠습니다!"하고 대답하였다. 이승만은 전사도 모를뿐더러, 73세의 나이는 전쟁을 수행하기에는 너무 많았다. 그리고 국방부장관 신성모도 선장 출신으로 국방에 대해서는 전혀 경험이 없는 자로서 전쟁을 수행할 만한 인물이 못 되었다. 채병덕도 병기장교 출신으로 평생 중대장이나 전투를 해본 경험이 없는 인물이라 인민군 11만 대병이 공격하였을 때 무엇을 어떻게 해야 할지 몰랐다. 이들은 모두 인민군 11만 대군을 막을 만한 인물들이 못 되어 대한민국이 인민군에 의해 점령될 위기에 처하였던 것이다. 이렇게 되어 국무회의에서는 인민군을 어떻게 막을 것인지, 서울 시민은 어떻게 할 것인지, 군의 보급은 어떻게 할 것인지에 대해서 전혀 계획을 세우지 못하고 헤어졌다. 28세인 전방의 8사단 이성가 사단장만도 못한 대통령과 국방부장관과 참모총장과 국무위원들이었다. 임진왜란 때 원균과 이순신 장군의 전투는 하늘과 땅 차이였고, 경험자와 비경험자도 하늘과 땅 차이이다. 전쟁은 지휘관이 용기 있고 머리가 똑똑하여 전략을 세우지 않으면 절대 이길 수 없다.

전날 장도영 정보국장이 대기하고 있으라고 부탁하였는데도 어디서 술을 먹고 잠이 깨었는지 인사국장 신상철, 군수국장 양국진, 작전국장 장창국 등 육본 참모들이 6월 25일 오후 2시가 되어서야 어슬렁어슬렁 나타나 참모회의를 할 수 있었다. 그런데 참모회의라는 게 참모들의 의견을 듣는 것이 아니라 채 총장이 지시사항을 전달하는 식의 일방적인 회의로 인민군을 막을 좋은 작전과 보급과 앞으로의 대책이나 서울시민 문제 등에 대해 대책이 없었다. 전날 술 취한 참모들이 좋은 작전을 내놓을 수 없다면 육군본부 과장들이라도 계획을 세워야 하는데, 전혀 그런 일 없이 오직 채병덕과 김백일 둘이 일방적으로 명령을 하여 수도사단장 이종찬 대령은 전쟁이 났는데 수도 서울을 사수할 부하도 없고 할 일도 없는 허수아비였다.

6월 25일 인민군의 전면 남침이 확실해지자 미 고문관들은 한국에 있는 미국인들을 일본으로 철수시키느라 정신이 없었다. 주한 미고문단 참모장 라이트 대령은 6월 26일 새벽 4시 동경에서 서울에 도착하여 미 고문단 487명을 라이트 대령 외 32명을 제외하고는 가족들과 미국인 전원 철수시켰다. 그는 "미군은 아시아의 분쟁에 결코 휘말려서는 안 된다."라고 떠들어 대면서 철수시켰다. 라이트 대령만 믿고 있던 사대주의자들인 신성모, 채병덕, 군 수뇌들은 기절할 지경이었다.

6월 25일 오후 무쵸 대사는 "10일분의 보급품을 보내지 않으면 한국군은 위급하다!"고 미 국무성과 맥아더 사령부에 급전을 쳤다. 이 급전을 받아본 트루먼 대통령은 맥아더 장군에게 즉시 승인하였다. 그래서 6월 27일 밤11시 제1차로 한국으로 갈 보급품이 선적되어 요코하마를 출항하였고, 시급한 군수품은 항공기로 공수하여 수원비행장에 풀었다. 미국은 인민군의 전면 공격이라고 판단되자 유엔에 제소하여 6월 25일 밤 "북한 인민군은 즉시 전투를 중지하고 38선 이북으로 물러가라!"고 북한에 권고하였으나 북한은 들은 척도 하지 않았다.

50년 6월 25일 오후 2시 육군본부 정훈국 보도과장 김현수 대령은 중앙방송에서 "북괴군은 옹진으로부터 개성, 동두천, 춘천, 강릉 등의 각지의 전면에서 남침하였고, 동해안에서는 상륙을 기도하였다. 아군은 이를 반격하여 긴급 적절한 작전을 전개 중에 있다. 동두천 정면에는 적이 전차를 앞세우고 대응해 왔으나 아군은 이를 격퇴하였다. 전과는 옹진지구에서 전차 7대를 격파하고 따발총 72정, 소총 132정, 기관총 5정, 대포 2문을 노획하고 1개 대대를 완전히 섬멸하였다. ..... 또 옹진지구 아군 17연대는 해주시를 점령하고 38선 일대의 국군 주력 일부는 38선으로부터 20킬로 지점까지 진격 중에 있다."라고 허풍을 쳐 이 말만 믿고 작전을 세운 군 지휘관들은 작전에 차질이 생겨 국군에 혼란이 오게 하였다. 김현수 대령이 허풍을 친 이유는 남한 내의 남로당의 폭동을 막으려고 한 것이었다.

이 방송을 근거로 수정주의자들과 좌파들은 국군이 북침하였다고 주장하고 있고, 6.25 한국전쟁은 미국의 대리전쟁이었다고 전대협 운동권 출신들은 허위 주장을 하고 있다. 이 방송은 전쟁이 끝난 지 50년이 지난 지금까지도 말썽이 되고 있다.

6월 25일 오후 인민군 야크기가 경무대를 공격하자 이승만은 크게 당황하였다.

8. 6월 26일 아침 채병덕 총장의 반격 명령으로 3개 사단 붕괴

수도사단 18연대장 임충식 중령은 휴가와 외출을 나간 장병들을 모아 25일 오후 6시경 용산을 출발하여 오후 8시 덕정에 도착하였다.

6월 25일 밤 12시에 채병덕 총장은 의정부 7사단 사령부에 도착하였다. 7사단장 유재흥 준장, 2사단장 이형근 준장, 5연대 차갑준 소령이 같이 있었다. 채병덕 총장은 "7사단은 1연대와 18연대로 하여금 26일 미명에 덕정에서 동두천을 거쳐 38선을 향해 진격하고, 2사단은 16연대와 5연대로 하여금 축석령에서 포천을 향해 공격 하시오!"하고 명령하였다. 그러자 이형근 2사단장이 "내일 오전 중이면 16연대와 25연대가 도착할 것이니 그때까지 기다려 병력을 모아서 집중으로 공격하여야지, 5연대 2개 대대로 어떻게 인민군 1개 사단을 공격해서 포천까지 밀어냅니까? 기다리게 해 주시오!"라고 건의하였다. 그러자 채 총장은 "무슨 소리요? 축석령이 돌파되면 내일 적은 의정부로 들어온단 말이요! 명령이요! 내일 미명에 즉시 공격 하시오!"라고 명령하였다. 이형근 사단장이 명령을 거역하자 5연대 2대대장 차갑준 소령에게 "차 소령! 축석령에서 인민군 전차 30대를 파괴하라! 성공하면 중령으로 특진시켜 주겠다! 축석령에는 국군3연대가 있다."라고 명령하자 차갑준 소령은 그 명령대로 하겠다고 대답을 하였다.

"이 장군님! 축석령에는 장군님 동생 이상근 연대장이 방어하고 있습니다. 적은 내일 아침 공격하려고 준비하고 있는지 퇴각했는지 확실하지 않아 위력수색과 적의 공격 준비를 수색하는 뜻에서 공격해 주십시오!"라고 유재흥 7사단장이 2사단장에게 부탁을 하였다. "유 장군! 이 전쟁은 전면전이요. 그러므로 지금 병력을 서서히 한강을 건너 한강에서 적을 막아야 합니다. 그래서 나는 우리 연대를 한강을 건너지 않고 노량진에 있게 하고 싶은데 이런 작전을 채 총장에게 건의하니 채 총장은 나를 군법회의에 넘긴다고 하면서 권총으로 쏘아 죽인다고 육본에서 고래고래 소리를 지르고 싸우다 옆에 부하들이 말려 여기까지 온 것인데, 유 장군의 말을 들으니 일리가 있으니 유 장군의 권고대로 하리다!"이렇게 해서 이형근 2사단장, 유재흥 7사단장은 6월 26일 미명에 반격하기로 하였다.

대전의 2사단 5연대 연대장 백남권 대령은 일본에 있는 미군에 배속되었고, 부연대장 박기성 중령은 부산에 출장 중이었다. 5연대는 북상하라는 명령을 받고 출동하려 하니 장병들의 휴가와 외출로 병력이 부족하여 부대에 있는 장병을 우선 집합시켜 2대대에 혼성대대를 편성하고 차갑준 2대대장이 용산역에 도착하여 명령을 받고 25일 오후 8시 의정부에 도착한 것이다.

1) 6월 26일 의정부 위 금오리에서 국군 16연대와 5연대
   실탄이 없어 대패함.

6월 26일 새벽 3시 의정부에서 2사단 5연대 2대대장 차갑준 소령은 2대대와 1대대 장병을 이끌고 축석령을 향해 3킬로를 행군하고 있었다. 그런데 걱정이 태산 같았다. 그것은 기본 실탄 15발밖에 없었기 때문이다. 그래서 채병덕 총장에게 실탄이 없다고 하니 "축석령에 도착하기 전에 실탄을 지급 하겠다"라고 해서 어제 저녁 보내줄 줄 알았는데 26일 새벽까지도 도착하지 않고 있었기 때문이었다. 새벽 4시 축석령 밑 자일리 마을에 도착했을 때 기관총 소리가 요란하고 선두 장병들이 "탱크다! 탱크다!"하고 소리 지르고 있어 차 소령이 앞을 보니 탱크가 일렬종대로 축석령에서 자일리로 내려오고 있었다. 차 소령이 "공격하라!"고 명령하자 5연대 2대대와 1대대 장병들이 언덕에 붙어 박격포, 바주카포, 대전차포로 전차를 향해 공격하였지만 전차는 끄떡도 하지 않고 오히려 국군을 향해 전차포와 기관총으로 사격하여 국군은 견딜 수 없었다.

이때 "대대장님! 포탄을 주어야 싸우지요! 수류탄이라도 있으면 육탄공격이라도 하지요!"하고 장병들이 아우성이었다. 그리고 축석령에 3연대가 있다고 해서 와보니 3연대 장병들은커녕 패잔병도 없어 이상하게 생각하였다. 차갑준 소령은 앞이 캄캄하였다. 전투 경험이 많은 차갑준 소령은 장병들이 실탄이 없어 개죽음을 당하게 할 수는 없었다. 그래서 차 소령은 후퇴명령이 없었고 또 사단장에게 보고도 하지 않고 "2대대와 1대대는 퇴계원 쪽으로 철수하라!"고 철수명령을 내린 후 전선을 따라 창동에서 집결하여 서울을 방어하도록 후퇴시켰다.

2사단 16연대는 청주에 주둔하고 있었다. 문용채 16연대장은 육본으로부터 "급히 서울로 출동하라"는 출동명령을 받았다. 그는 헌병을 시켜 "휴가병과 외출병은 즉시 부대에 귀대하라"고 확성기로 고함을 쳐도 장병들이 좀처럼 모아지지 않아 부대에 있는 장병들을 모아 혼성 1개 대대를 편성하여 열차를 타고 26일 새벽 4시 창동역에 도착하였다. 창동역에 하차하여 방학동 의정부를 거쳐 금오리로 도보행군을 하고 있었다.

"천금 같은 귀중한 시간에 트럭으로 속히 전투현장으로 달려가야 하는데 장병들이 걸어서 가니 시간이 걸리고 지치게 하고 있었다. 도대체 육본에서는 전쟁에 대해 무엇을 하고 있는가?" 하고 중대장들의 불평이 이만저만이 아니었다.

26일 새벽 3시간을 걸어서 아침 7시에 2사단 사령부가 있는 금오리에 도착하여 문용채 연대장은 이형근 사단장에게 도착보고를 하였다. 그러자 이형근 준장으로부터 "즉시 축석령을 확보해 주시오."라는 명령을 받았다.

"사단장님, 조금만 있으면 2대대와 3대대가 올 것이니 같이 인민군을 방어해야지 1개 대대 가지고는 인민군 방어가 어렵겠습니다."라고 건의한 후 문용채 연대장은 "장병들이 어제 저녁부터 밥도 먹지 못하고 창동에서 이곳까지 13킬로나 되는 곳을 속보로 걸었더니 지쳐 있습니다."하고 사정을 이야기 하였다.그러자 이형근 사단장은 "시간이 없습니다. 거기는 3연대와 5연대가 있습니다. 식사도 탄약도 즉시 보내주겠습니다."라고 하여 문용채 대령은 장병들을 설득하여 축석령으로 가고 있었다. 그런데 후퇴하는 장병이 있어 "너희들 왜 후퇴하느냐?"고 물으니 "5연대는 실탄이 없어 인민군 전차와 싸울 수 없어 퇴계원 쪽으로 후퇴하였습니다."라고 대답하였다. 이 말을 듣고 문용채 대령은 "아차!"하였다. 16연대 장병들도 실탄이 없기 때문이었다. 문용채 연대장은 금오리 사단사령부로 되돌아가 이형근 사단장에게 "탄약을 주십시요!"하고 간청하였다. 이형근 사단장은 "실탄은 걱정하지 마시요! 지금 막 도착할 것이요!"라고 하여 문용채 연대장은 장병들에게 금오리에서 자일리 사이 동쪽 산으로 올라가 개인호를 파게 하였다.

6월 26일 아침 8시 자일리 쪽에서 금오리 쪽으로 인민군 전차가 일렬종대로 내려오는데 끝이 보이지 않고 장사진을 이루고 있었다. 자일리 전방 500미터 지점에 포병학교 제2교도대 제2포대가 105밀리 곡사포 5문을 가지고 25일 오후부터 김풍익 소령이 진지를 구축하고 인민군 오기를 기다리고 있었다. 인민군 전차가 자일리에서 금오리 쪽으로 내려오자 김풍익 포대장은 1번 전차만 집중적으로 공격해서 파괴시키면 후미 전차는 길이 좁아 전진을 못할 때 후미전차를 공격하라고 교육을 잘 시켰다. 인민군 전차가 사정거리에 나타나자 직격탄으로 105밀리 곡사포 5문이 1번 전차를 집중 공격하자,

전차는 맥없이 파괴되었다. 포천 가도에서 인민군 전차를 첫 번째 파괴시킨 것이다. 전차가 파괴되자 온 장병들이 만세를 불렀다. 인민군 후미 전차는 전진을 못하고 총총히 정지해 있었다. 그런데 후미전차 한 대가 포신을 돌려 2포대를 향해 전차포를 쏘아 김풍익 소령과 장세풍 대위와 A포대원 전원이 공중에 날려 형체를 찾을 수 없었다. 2포대는 105밀리 곡사포 4문이 남아 있어 인민군 전차를 향해 맹렬히 공격하자 인민군은 축석령 쪽으로 도망쳐 버렸다. 2포대 포병들과 16연대 장병들은 전투에 자신감을 가졌다. 7사단 8포병대 이규삼 소령도 축석령에서 2포대와 같이 105밀리 곡사포 15문을 가지고 싸웠으면 인민군 전차를 막을 수 있는데 탄약이 없어 어디로 도망쳤는지 8포병대는 흔적도 없었다.

문용채 16연대장은 호를 더 깊이 파고 다음 전투를 준비하고 있었다. 그런데 한바탕 싸우고 나니 실탄이 한 발도 남지 않았다. 9시가 지나고 10시가 지나고 11시가 지나도 보내주겠다는 탄약은 영영 오지 않고 있었다. 의정부를 방어하는 7사단 사령부에 이토록 실탄이 없었고, 서울을 방어하는 수도사단도 실탄이 없어 국군이 붕괴된 것이다. 상상이나 할 일인가!

12시경 인민군 전차가 내려오자 문용채 연대장은 연락장교를

시켜 이형근 사단장에게 "실탄이 없어 싸울 수 없어 금오리와 퇴계원 쪽으로 후퇴하겠습니다. 인민군이 사단 사령부에 곧 도착할 것입니다."라고 보고하였다. 이형근 사단장은 연락장교에 의하여 3연대, 5연대, 16연대가 붕괴되고 곧 전차가 도착할 것이라는 축석령의 전황을 처음 알게 되고 깜짝 놀랐다.

"전 장병은 창동으로 후퇴하라!"고 이형근 준장은 명령을 내렸다. 2사단 참모장 최창언 대령, 작전참모 오창근 중령, 정보참모 빈철현 소령, 군수참모 차광선 소령 등도 창동으로 도망치는데 정신이 없었다.

인민군 전차는 12시 30분 금오리 사단사령부를 향해 전차포 공격을 시작하자 사령부를 방어하고 있는 김계원 대령이 105밀리 포 5문으로 전차를 막으려 하였으나 국군 포 부대는 인민군 전차포에 순식간에 수라장이 되었다. 이형근 사단장은 얼마나 급했던지 사단장 지프차를 버리고 도망쳤다.

2) 6월 26일 오후 1시 인민군 3사단 의정부 점령

6월 26일 새벽 유재흥 7사단장은 채병덕 총장이 "반격하라! 오늘 미B-29기 100대가 출격한다."라는 명령을 받고 18연대를 한산리, 1연대는 동두천을 탈환하라고 명령하였다.

임충식 18연대장은 아침 일찍 2대대를 좌측, 3대대는 우측에서 공격해 들어가게 하였고, 1대대는 예비대로 하였으며, 연대본부는 덕정에 두었다. 한신 부연대장은 수색대를 지휘하여 최일선에서 부대를 선도하면서 아침 7시에 한산리에 도착하여 인민군 전차를 발견하였다. 2대대 장병들도 전화력을 동원하여 전차 공격을 하였으나 전차를 파괴하는 방법을 몰라 실패하였다. 오히려 2대대가 전차공격을 받고 장춘권 2대대장은 장병들을 이끌고 214고지 망석산으로 들어갔다. 산에서 보니 인민군 전차와 자주포와 차량과 각종 포가 뒤따르는데 끝이 보이지 않을 정도로 장사진을 이루어 오고 있는 모습에 장춘권은 크게 놀랐다. 26일 오후 1시경 인민군 보급부대의 마차 12량이 오고 있었다. 장춘권 대대장은 "저것들이나 해치우자"하고 산 밑으로 내려가 마차 12량을 50미터 앞에서 포위하였다. 인민군 군관 이하 11명이 손을 들었고, 마차에는 각종 포탄이 실려 있었다. 장춘권 대대장은 마차는 그대로 두고 인민군 11명만 묶어서 산속으로 데리고 가고 인민군이 또 올 것이라고 판단하고 기다리고 있는데 예상대로 인민군 보병들이 2열종대로 오고 있었다. 인민군이 코앞에 왔을 때 집중 공격하니 인민군은 많은 피해를 보고 도망쳤다. 2대대는 마차 12량의 포탄도 공격하여 폭파시키자 천지가 진동하였다. 의정부를 점령한 인민군 3사단장 이영호 소장이 이 포탄 터지는 소리에 놀라 서울 진격을 서두르지 않을 정도였다. 장 소령은 밤을 이용하여 법원리를 통해 행주에서 한강을 건넜다.

1연대장 함준호 중령은 1대대는 도로를 따라, 3대대는 서쪽, 2대대는 동쪽에서 동두천을 향해 조심스럽게 공격해 들어갔다.

동두천까지 전투 한 번 하지 않고 26일 오전 10시에 탈환하였다.

1대대장 한태원 중령은 "38선을 향해 진격하라"고 중대장들에게 명령하였다. 1연대 장병들은 인민군을 얕보았다.

인민군 3사단은 국군 2사단이 방어하는 축석령 밑 금호리에서 전차포와 122밀리 곡사포와 각종 포탄을 후퇴하는 국군 16연대와 5연대, 의정부에 쉴 새 없이 퍼부어 의정부는 순식간에 대혼란에 빠졌다. 6월 26일 오후 1시 인민군 3사단 7연대는 의정부를 점령하였다. 인민군 전차 7대가 덕정의 국군 7사단 사령부를 공격하여 7사단은 순식간에 포위가 되어 퇴로가 차단되었고, 인민군을 막을 예비대가 없었다.

유재흥 7사단장은 도봉산을 거쳐 창동으로 후퇴하라고 명령하고 즉시 임충식 18연대장과 함준호 1연대장에게 "적이 의정부에 돌입하였다. 만난을 극복하고 창동으로 후퇴하라!"고 명령하였다.

임충식 18연대장은 대대장들에게 철수 명령을 내렸는데 3대대는 연락이 되었으나 망석산의 2대대는 연락이 되지 않았다. 임충식 연대장은 1대대를 이끌고 양주를 거쳐 북한산으로 해서 고양으로 철수하였다.

1연대 함준호 연대장은 대대장들에게 창동으로 철수하라고 하니 장병들이 어리둥절하였다. 아침에는 진격 점심때는 철수하느라 정신이 없었다. 1연대 장병들은 죽자 살자 창동으로 철수하고 있었으나 인민군이 의정부를 점령함으로 포위되어 거의 전멸하였다.

이렇게 되어 6월 26일 하루 만에 국군 2사단, 7사단, 수도사단 합 3개 사단이 실탄이 없어 싸움 한 번 제대로 해보지 못하고 참패하고 국군이 붕괴되는 계기가 되었다.

채병덕 총장은 26일 7사단, 수도사단, 2사단을 창동으로 후퇴시켜 진지를 구축하고 개인호를 파고 실탄을 지급하여 방어를 철저히 하였다면 인민군이 쉽게 서울을 점령할 수 없었다. 그런데 반격을 명령하여 3개 사단이 하루 만에 붕괴되어 이제는 서울을 방어할 사단이 없어 대한민국에 위기가 몰려왔다. 실탄을 주지 않고 군대를 전선으로 보내는 장군은 세계에서 채병덕밖에 없으며, 실탄이 없어 3개 사단이 참패당해 국가를 패망케 한 장군도 한국군 장군들밖에 없다. 7사단장 유재흥 준장과 참모총장 채병덕 소장은 7사단에 탄약이 없는 것을 알면서도 준비를 하지 않아 3개 사단이 붕괴되고 국군을 재기불능으로 만든 책임을 면할 길이 없다. 그런데 유재흥 7사단장은 책임은 그만두고 진급하여 국방부장관까지 하였다. 실탄이 없어 3개 사단이 참패하였다는 것은 세계전쟁사에도 없는 상상도 할 수 없는 일이다. 채병덕 참모총장은 부평에 있는 병기 창고에 있는 실탄을 운반, 2사단과 다른 사단에 실탄을 충분히 공급할 수 있었고, 급하면 수색의 1사단의 탄약고에 탄약이 많이 있으니 우선 거기서 가져다주어도 되었는데, 실탄을 공급하지 않고

3개 사단을 패전시키면서 인민군에 의정부를 점령당하게 하였다.

9. 의정부 호원동 백석천교에서 국군 25연대 대승

국군 7사단 25연대 김병휘 연대장은 25일 오전 비상을 걸고 장병들을 집합시켰다. 장병들이 휴가와 외출을 나가 부대에 있는 장병들로 2대대와 3대대 혼성부대를 편성하여 이들을 이끌고 26일 아침 온양에서 용산역에 도착하였다. 김백일 참모부장은 25연대장에게 즉시 의정부 금오리에 가서 인민군을 저지하라고 명령을 내렸다. 김병휘 연대장이 "탄약이 없으니 즉시 지급해 주십시오!"하니 "출동부대는 탄약을 가지고 와야지 왜 탄약을 가져오지 않았는가?"하고 큰소리를 쳤다. 김병휘 연대장은 "중앙방송에서 김현수 대령이 17연대가 해주를 점령했다고 하여 서울은 안전하다 생각되어서 서울에서 탄약을 보급 받기 위해서 이렇게 온 것입니다."라고 대답하였다. 그러자 김백일이 "김현수는 왜 그렇게 쓸 데 없는 거짓방송을 해서 이렇게 어렵게 하는가?"하며 화를 내자, 양국진 군수국장이 김병휘 연대장에게 "즉시 책임지고 보내드릴 테니 걱정하지 마시오!"해서 김병휘 연대장은 용산역에서 26일 오전 10시 출발하여 창동역에 하차하여 도보로 의정부를 향하여 행군하였다. 25연대가 의정부를 가려고 하니, 의정부 밑 4킬로 지점 호원동 백석천교가 있는 곳에서 채 총장이 패잔병에게 "후퇴하지 말라"하고 헌병이나 하는 일을 참모총장이 하고 있었다. 장병들은 채 총장을 보고도 인사도 않고, 그의 말을 듣지도 않고 도망쳤다.

채 총장은 "이형근 준장을 2사단장 직에서 해임한다. 대신 유재홍 장군이 의정부지구 전투사령관이 된다." "2사단 5연대장 대리 박기성 중령을 해임하고 2사단 참모장 최창언 대령을 5연대장에 임명한다."고 그 난리 통에 지휘관을 도로상에서 즉흥적으로 교체하여 부하들은 누가 자기 사단장이고 누가 자기 연대장인 것을 몰라 명령 계통에 혼란이 왔다.

채 총장이 "25연대는 즉시 백석천교에서 인민군을 저지하라!"고 명령을 하여 김병휘 25연대장은 2대대와 3대대를 종대로 백석천교에 배치하니 26일 오후 1시였다.

25연대 2대대장 배운용 소령이 행방불명이 되어 선임중대장 라희필 대위가 2대대장 대리로 대대를 지휘하였다. 라희필 대위는 수색대를 의정부에 보내 적정을 탐색케 하니 의정부역에 인민군이 있고, 의정부는 인민군 전차가 점령하고 있다고 보고하였다. 라희필 대위는 백석천교 밑 양쪽에 바주카포 4문을 잘 배치하였다. 그리고 포병들에게 "지금 곧 탱크가 올 것인데 여기에서 탱크를 잡지 못하면 서울까지 갈 것이다.

그러면 오늘로서 대한민국은 끝이다. 그래서 어떠한 일이 있어도 선두 전차 한 대만 막으면 후미 전차는 이 다리를 넘지 못한다.

전차는 정면이나 측면을 쏘아서는 안 된다. 전차 바퀴줄이나 전차가 다리를 올라올 때 배가 들리면 배를 공격하든가 전차 뒤의 연료 탱크를 공격해야 성공한다. 당황하지 말고 정확하게 명중시켜야 한다. 25연대가 죽고 사는 것은 너희 4명에게 달려 있다."하고 포대원들의 어깨를 두드리면서 용기를 부어 주었다. 전차는 배 쪽을 공격해야 성공한다고 사전에 교육을 받았기 때문에 그는 포병들에게 단단히 주문하였다.

25연대가 방어준비를 끝내고 기다리고 있을 때 6월 26일 오후 2시 40분경 인민군 전차가 장사진을 이루어 오고 있었다. 선두 전차가 다리 위를 오를 때 공격하였으나 끄덕도 하지 않았다. 화기소대 분대장이 바주카포 사수의 포를 빼앗아 개천 둑을 타고 교량 가까이 붙어 정조준하여 전차가 약간 들릴 때 배를 쏘았다. 그러자 전차의 배가 터지면서 전차 속의 탄약이 터져 천지가 진동하고 검은 연기가 하늘을 가렸다.

후미전차들은 겁

▲ 백석천교의 라희필 대위
인민군을 13시간 저지하여 대한민국을 구한 전투지역인데도 전승기념비 하나 없어 필자는 이곳을 찾느라 6개월이 걸렸다.

을 먹고 도망치면서 포대원들을 향해 전차포를 쏘아 화기소대 분대장의 시체는 공중에 날려 흔적조차 없어져 버렸다. 전차가 돌아가는 것을 보고 25연대 장병들은 만세를 불렀다. 그 후 아무리 인민군이 오기를 기다려도 인민군 전차는 오지 않았다. 라희필 대위는 호를 깊이 파서 전차가 지나가도 끄떡하지 않게 하고 다음 전투 준비를 하였다. 그런데 어제 저녁부터 식사를 못해서 장병들이 배가 고파 죽을 지경이었다. 육본에 먹을 것을 달라고 아무리 애원을 해도 육본의 60여 명의 장교들과 서울시 경찰과 공무원들은 무엇을 하고 있는지, 차량도 징발해오지 않고 먹을 것도 보내지 않고 실탄도 보내주지 않아 싸울 수가 없었다. 한바탕 싸우고 나니 탄약도 떨어져 육본으로 아무리 탄약을 보내달라고 해도 아무 소식이 없었다. 참으로 한심하였다. 공병대로 하여금 백석천교를 폭파해 달라고 해도 육본에서는 묵묵부답 이었다.

6월 26일 오후 8시 해가 떨어지려고 해도 여전히 탄약과 밥도 오지 않고 백석천교도 폭파하지 않고 있었다. 만일 이때 인민군이 3사단과 4사단 34,000여 명의 전사와 150여 대의 전차를 앞세워 서울을 공격하였다면 26일 오후 6시면 서울을 점령, 인민군은 대승할 수 있었다. 이곳에 집결한 인민군은 인민군 전력의 30%였다. 그런데 인민군은 전차 한 대가 파괴되었다고 의정부로 다시 돌아간 후 공격이 없었다. 인민군도 한심하였다. 인민군은 스스로 대승할 수 있는 기회를 또 포기하고 있었다. 확실히 김일성·김책·김웅은 전략가가 아니었다.

1) 6월 26일 정부에서 한 일

① 6월 26일 오전 10시 군사 경력자 자문회의가 국방부에서 열렸다.

신성모의 보고 후,

채병덕 총장 : "현재 반격 중입니다. 전황은 아군에게 유리하게 진행되고 있습니다."

김홍일 소장 : "의정부나 문산에서의 반격은 매우 위험합니다. 현재 한강 이북에 있는 부대들 가지고는 지연을 하고, 남부의 3개 사단을 한강에 진격하여 방어태세를 갖추어 한강 북에 있는 부대가 안전하게 한강을 건너 천연적인 요새인 한강에서 결전을 벌여야 합니다. 만일 그렇지 않고 후방 3개 사단을 급하다고 하면서 조금씩 반격을 하게하면 엄청난 희생이 따를 것입니다."

김홍일 소장은 채병덕 총장의 반격이라는 말을 듣고 깜짝 놀라 반대하고 나섰다. 김홍일 소장의 작전에 이형근 장군, 이범석 전 장관, 김석원 장군, 이용문 대령이 지지하고 나왔다. 그러나 이종찬 수도사단장은

"한강에서의 격전은 6일 정도는 방어할 수 있으나 그 이상은 견디지 못하여 여기에서 패전하면 국군은 인민군을 막을 길이 없습니다. 그러므로 서울 이북에서 인민군을 막아야 합니다. 한

강에서의 방어 작전은 위험한 작전입니다."하고 반대하였다.

신성모는 여전히 "17연대는 해주를 점령하였습니다. 적의 공격은 위력정찰적인 것입니다. 우리 군은 이윽고 적을 격퇴한 후 끝내 북진 작전으로 옮길 것입니다."하고 잠꼬대 같은 허풍만 치고 있었다. 채병덕은 "반격해서 북진 하겠습니다"라고 여전히 허풍만 쳤다. 만약 이범석 장군이 국방부장관을 하고 김홍일 소장이 참모총장을 하였으면 한국전이 이렇게까지 처참히 패지지는 않았을 것이며, 인민군의 공격을 확실하게 막을 수 있었다.

항우는 싸움은 잘 하나 매사에 독선적이고 포용력이 없어 유명한 한신 장군도 떠나고 전략의 스승 장량도 떠났다. 그러나 유방은 싸움은 잘 못한다. 그러나 포용력이 있고, 주위사람들의 의견을 잘 수렴하였다. 그래서 한신이 유방을 도왔고, 장량이 유방을 도왔으며, 군수의 최고 전문가 소하가 도와서 천하통일을 하였다.

이승만 대통령도 연세가 많고 군사를 잘 모르니 우리나라 최고 전략가를 비서로 하고, 유명한 장군을 기용하고, 군수에 최고 전문가를 기용하여 잘 활용하였으면 인민군도 막고 통일도 했을 것이다. 그런데 간첩 채병덕을 참모총장에, 선장 출신 신성모를 국방부장관에 기용하여 비참한 환란을 자초하여 후손들에게 분단을 안겨주어 지금도 고생하고 있다.

② 6월 26일 오전 11시 국회에서 임시국회가 열렸다. 국회

의원들은 신성모 국방부장관에게 질문하였다. 신성모의 국회 답변에서,

"여러분 방송을 통해서 아시겠지만 옹진의 17연대는 해주를 점령하고 북진 중에 있습니다. 5일 이내에 평양을 향해 북진할 것입니다."라고 허풍을 치자 국회의원들도, 장관들도, 경찰도, 공무원도 신성모나 채병덕의 허풍을 믿고 국군이 전쟁에서 승리하고 있다하니 전쟁에 대한 준비를 소홀히 하고 있었다. 전황을 모르는 국회의원들은 점심은 평양에서, 저녁은 신의주에서 먹자. 이번 기회에 북진통일을 하고 김일성을 혼내주자고 한술 더 떴다.

③ 6월 26일 밤 10시경 이승만 대통령은 동경의 맥아더 장군에게 전화를 걸었다. 보좌관 호잇트니 준장이 받아"원수께서는 벌써 잠자리에 드셨습니다."하고 맥아더 원수를 바꿔주지 않았다. 그러자 이승만은 "원수가 일어나거든 만일 미군이 우리를 빨리 도와주지 않는다면 한국에 있는 미국인 모두 죽임을 당할 것이라고 전해 주시오!"하고 끊었다.

6월 26일 밤 9시 서울 시경국장 김태선이 이승만 대통령에게 "서대문형무소에는 9천여 명의 남로당원이 잡혀 있습니다. 그들이 인왕산을 넘어 제일 먼저 경무대로 올 것입니다. 피신하셔야 합니다."라고 건의하였다. 그러자 6월 26일 밤 10시 국무회의에서 이승만 대통령을 수원으로 옮겨갈 것만 결의하고 서울시민의 피난이나 서대문형무소에 수감된 남로당원 9,000여

명을 어떻게 할 것인지, 국군 작전 협력방안 등에 대해서는 전혀 의논이 없이 헤어졌다.

6월 27일 새벽 신성모, 이기붕, 조병옥 등이 이승만 대통령을 권하여 새벽 3시 이승만 대통령은 비서 황규만과 경호원 3명과 함께 경무대를 떠나 서울역을 거쳐 대전까지 가버렸다. 이승만 대통령은 국가의 최고 책임자로서 정보국장 장도영 대령을 불러 현재 전황을 정확히 파악하고 군사 경력자를 경무대로 소집하여 인민군의 남침에 대해서 어떻게 해야 될 것인지 회의를 하고 그에 대한 대책을 세워야 하는데, 국군으로 방어하려는 생각은 하지 않고, 그리고 국방수뇌회의 한 번 없었다. 이승만 대통령의 73세의 나이로는 인민군을 저지하기에는 너무 많았다.

④ 26일 밤 12시 국방 수뇌 연석회의가 열렸다.

"의정부가 인민군에 의해 실함이 되어 전쟁지도방책을 논의하기 위해 이렇게 모였습니다."하고 채병덕 총장이 처음으로 전황을 실토하였다.

"미 공군의 B29기 100대가 지원할 것이라고 들었는데 미군기가 날아온 것은 거류민 철수를 엄호할 목적뿐이었습니다. 미국이 오늘까지 약속해 준 것은 10일분의 탄약을 공급하여 준다는 것뿐이었습니다. 미군이 직접 지원하여주지 않는다면 사태는 절망적입니다……유감이지만 각 군은 독자적인 행동을 취해주시기 바랍니다."

채병덕이 처음으로 사실대로 전황을 보고하자 회의 자리는 통곡의 자리가 되었다. 회의는 27일 새벽 2시 아무런 대책 없이 끝났다.

⑤ 6월 27일 새벽 3시 비상국무회의가 이범석 장군의 요청으로 열렸다. 여기서 신성모는 여전히 국군의 전황에 대해 허풍만 쳤다. 이때 이범석 장군이 신성모에게,

"그런 분대장 같은 보고는 그만 하시오! 우리에게 전반적인 전황을 아직도 속이고 있습니다. 인민군을 어떻게 막을 것이며, 서울을 사수해야 할 것인지, 포기해야 할 것인지, 서울시민은 어떻게 해야 할 것인지, 한강교 폭파는 언제 할 것인지, 열차로 정부의 중요한 것을 언제 운반할 것인지 등을 논의해야지, 국군은 잘 싸우고 있다, 17연대는 해주를 점령하고 있다는 그런 말이나 하니 이게 되겠습니까?" 하고 국무위원들이 무엇을 해야 되는지 알려 주었다. 그런데도 아무런 결의도 대책도 없이 회의가 끝났다.

⑥ 6월 27일 새벽 1시 비상국회가 소집되어 210명 정원 중 절반이상이 참석하였다. 채병덕의 전황보고는 여전하여 "3일 내지 5일 안에 평양을 점령할 수 있는 만반의 준비와 강력한 군대를 갖고 있으므로 서울만큼은 지키겠습니다. 마침내 반격하여 백두산에 태극기를 꽂아 보이겠습니다."하고 국가를 망쳐먹을 허풍만 치고 있었다.

채병덕의 말을 듣고 국회에서는 서울 사수를 결의하였다. 결

의문을 가지고 국회의장 신익희, 부의장 조봉암 등이 즉시 경무대 이승만을 찾아가니 비서가 하는 말이 "각하는 밤중에 서울을 떠나셨습니다. 어디로 가셨는지 비밀이기 때문에 저희들도 모릅니다."하였다. 이 말에 깜짝 놀라며 신익희 국회의장은 "채병덕 이놈이 국회의원들에게 거짓말을 하고 허풍을 쳐? 이럴 수가......"하며 채병덕에 대해 극심한 분노를 나타내었다. 이들은 새벽 4시 국회에 도착하였다. 채병덕의 말을 믿고 피난을 하지 않은 국회의원은 55명, 채병덕이 거짓말을 하고 있다고 감을 잡은 국회의원 151명은 즉시 피난하여 어려움이 없었으나 피난하지 않은 55명 중 28명이 북으로 끌려가 죽임을 당하였다.

⑦ 6월 27일 아침 6시 중앙방송에서는 육본 보도과장 김현수 대령이 "정부가 수원으로 옮긴다."고 간단하게 방송을 하였다. 그리고 여전히 "국군은 반격 중이다. 국군은 서울을 사수한다. 시민은 안심하십시오."하고 우렁찬 행진곡과 같이 방송되어 시민들은 헛갈려 종잡을 수 없었고 모윤숙은 한 술 더 떴다. 의정부 쪽에서 밀려오는 피난민과 방송에서 서울 방어가 어려워진 것 같다는 감을 잡은 시민들은 즉시 피난을 하여 어려움이 없었으나, 이러한 감을 잡지 못하고 피난을 하지 못한 시민들은 죽거나 북으로 끌려가거나 심한 부역을 하여 어려움을 당하였다.

⑧ 6월 27일 아침 국방부에서 국방부장관 신성모의 주도로

국방부 수뇌회의가 열렸다. "비서실장! 참석자들에게 위스키 한 잔씩 따르시오."라고 신성모가 지시하여 비서실장 신동우가 참석자 12명 전원에게 위스키 한 잔씩 따랐다. "애국 충정에 불타고 있는 여러분! 조국의 운명은 장군에서부터 사병에 이르기까지 이제는 개개의 방식에 따라야 할 때가 되었습니다. 국가의 지도자가 이 난국을 수습할 수 있는 길은 이미 남아 있지 않습니다. 지금까지의 모든 일은 착오였습니다. 미국의 특별지원이 없는 한 우리들의 손으로 수도 서울을 지켜내기는 불가능합니다. 그러나 폴란드 정부는 영국에 망명하였다가 얼마 후 조국에 개선하였습니다."하고 국방부장관이 작전지도를 끝까지 하는 것이 아니라, 국군은 의정부에서 목숨을 걸고 싸우고 있는데, 그리고 국군이 전쟁에서 완전히 패하여 인민군이 부산까지 점령한 것도 아닌데 국가 패망을 선언하고 있었다. 이것은 확실히 간첩행위였다.

10. 6월 27일 인민군 창동 점령

1) 6월 27일 아침 국군 25연대 의정부 밑 호원동에서 탄약이 없어 후퇴

50년 6월 27일 의정부 백석천교에서 인민군 남진을 13시간 동안 막고 있던 국군 7사단 25연대는 전날 밤이 새도록 밥과 탄약을 기다려도 보급해주지 않아 장병들은 정부와 육본이 너무도 원망스러웠다. 장병들은 25일 저녁부터 27일까지 네 끼니를 굶으니 배가 고파 견딜 수 없었고, 더욱이 목이 말라도 마실 물이 없어 자기의 소변을 먹어야 할 정도였다.

50년 6월 26일 새벽 4시부터 의정부에 실탄이 없어 채병덕 총장에게 실탄을 요구하였고, 5연대 16연대가 실탄이 없어 참패한 것을 알았으며, 26일 하루 동안에 25연대에 충분히 실탄을 공급할 수 있었는데도 채병덕 총장은 25연대에 실탄을 공급해주지 않아 참패 직전이 되게 하였다. 이는 채병덕의 간첩행위가 아니고는 있을 수 없는 일이며, 참모부장 김백일 군수국장 양국진도 책임을 면할 길이 없다. 지금이라도 과거사위원회에서 조사를 하여 심판을 해야 한다.

새벽 4시가 되자 전차 오는 소리가 땅을 진동하였고, 전차는 장사진을 이루며 백석천교를 넘으려고 전날 파괴된 다리위의 전차를 밀어냈다. 선두전차가 다리 위의 폐전차를 밀어낼 동안 후미전차는 모두 정지하고 있었다. 라희필 대위는 '탄약만 있었으면 어제 길에다 다이나마이트를 도로에 설치해놓고 바주카포와 대전차포를 동원해 동시에 집중적으로 공격하여 전차가 정지하고 있을 때 다이나마이트를 폭파시켜 저 많은 전차를 한방에 날려버렸다면 국군은 대승하였을 텐데 육본에서는 무엇을 하고 지원해주지 않고 있는지 가슴이 터질 것만 같았다. 공병대에 백석천 다리를 폭파시켜달라고 해도 누구 하나 와서 도와주지 않은 것이 한없이 원망스러웠다. 이제 바주카포 3문으로 싸우려 해도 탄약이 없어 싸울 수 없고 부하들을 개죽음 시킬 수 없었다. 라희필 대위는 대한민국이 이제는 망하는가 하고 하늘을 향해 탄식하면서 "2대대는 도봉산을 끼고 후퇴하되 인민군을 저지하면서 후퇴하라"고 명령하였다.

25연대 고동석 소령 3대대는 창동으로 철수하였다. 25연대 2대대는 탄약을 모두 모아 방학동에서 매복하고 있었다. 탄약이 적어 전차는 어떻게 해볼 수 없어서 전차를 보내고, 붉은 기를 들고 2열종대로 행군해오고 있는 보병을 향해 저격병이 정조준 하여 사격을 하자 인민군 보병들은 놀라 흩어졌다. 금방 탄약이 떨어진 2대대 장병들은 모두 도망쳤다. 앞서가던 전차가 뒤에서 나는 총소리에 가던 길을 멈추고 포신을 국군 2대대 장병들에 돌리고 포탄을 퍼부었다. 이렇게 탄약이 다할 때까지 목숨을 걸고 인민군을 저지한 25연대 2대대로 인해 인민군의 전진속도가 8시간 지연되었다.

국군 25연대 2대대 장병들은 거지가 되어 도봉산, 북한산, 수색을 거쳐 28일 행주나루에서 1사단 장병들과 뒤섞여 170명만 살아서 한강을 건넜다. 이들은 25일부터 28일까지 전혀 식사를 못하고 거지가 되어 시흥을 향해 걷고 또 걸었다.

이렇게 되어 서울방어선이 무너지고 있었다. 강릉 8사단도 춘천의 6사단도 문산의 1사단도 탄약이 충분하였는데 가장 중요한 서울방어사단인 수도사단과 의정부 7사단에만 탄약고에 탄약이 없어 5연대, 16연대, 25연대, 18연대, 1연대가 후퇴하여 의정부가 점령되고, 서울이 곧 점령될 위기에 처해 있고, 국군 6개 사단이 붕괴되어 재기불능의 국군이 되어 국가가 위기에 처하여 망하게 되었다. 폭약으로 만세교와 포천교, 백석천교를 폭파하고 탄약만 있었다면 5연대, 16연대, 25연대, 18년대, 1연대 등 3개 사단은 25연대의 전투능력을 볼 때 의정부에서 인민군을 충분히 막을 수 있었다. 그리고 이상 3개 사단이 의정부에서만 인민군을 막았다면 문산 1사단, 춘천 6사단, 강릉 8사단이 인민군의 공격을 잘 저지하고 있어 국군은 절대 참패하지 않았을 것이다. 많은 사람들이 인민군이 전차로 공격하는데 어떻게 국군이 전차를 막느냐고 하지만 그것은 전사를 모르는 사람들의 생각이다.

2) 6월 27일 미국 한국전 개입 결정

미국 트루먼 대통령은 6월25일 12시 20분 국무장관 애치슨을 통해 한국전 소식을 보고받았다. 트루먼 대통령의 요청으로 유엔 안보리 회의가 25일 17시 30분에 소집되어 "북한 인민군은 38선 북으로 즉시 철수하라!"고 결의하였다.

6월 27일 오전 10시부터 12시까지 트루먼 대통령은 백악관에서 한국전 개입 여부를 가지고 회의를 하였다. 이 회의 때 일부 장관들과 참모들은 "한국은 전략적 가치가 없으니 한국전 개입을 해서는 안 된다"고 주장했을 때 6월 18일 한국 전방을 시찰한 국무장관 델러스가 "한국을 도와야 한다"고 강력히 주장하였다. 그러자 트루먼 대통령이 반대자들을 설득하여 미군의 한국전 개입을 결의했다. 우선 미 해군과 공군만 지원하고 한국군의 상황을 보아 지상군을 지원하기로 하여 지상군 지원은 보류하였다. 이 결정 내용을 12시에 트루먼은 합참의장에게, 합참의장은 맥아더 장군에게, 맥아더 장군은 2시에 한국 고문단장에게 타전하여 미군이 한국전에 참전하게 된 것을 한국군은 알게 되었다.

만일 6월 26일 백석천에서 국군 25연대가 인민군 공격을 저지하지 못하여 인민군이 26일 창동이나 미아리나 서울까지 점령하였다면 미군이 한국전에 개입하기에는 시간이 너무 늦었다. 그래서 한국전 개입을 반대하는 장관들에게 명분을 주어 델러스나 트루먼 대통령의 한국전에 개입하자는 명분이 약하여 미군의 한국전 개입은 어려웠을 것이다.

결국 신성모, 채병덕 육본 국장들이 술을 마시면서 대한민국 패망을 선언할 때, 국군 25연대는 밥을 굶으면서 인민군 2개 사단을 13시간 지연시켜 오늘의 한국이 있게 된 것이다. 그런데 백석천교에 25연대 전승기념비 하나 없다니 참으로 한심한 국가이다.

3) 6월 27일 창동 전투

6월 27일 아침 국군 공병학교 교장 엄홍섭 중령은 부하들을 데리고 방학교, 노원교, 창동교 등을 폭파하여 인민군 전차를 저지하려고 하였으나 폭약(다이나마이트 등)이 없었다. 국군 수뇌부는 도대체 국가 비상시를 대비해서 무엇 하나 준비한 것이 없었다. 양국진 군수국장과 최창식 공병감에게는 확실히 책임을 물어야 했다.

1연대, 18연대, 9연대, 5연대, 16연대, 25연대, 3연대, 육본 직할부대 등 3개 사단 패잔병과 피난민들이 창동으로 한꺼번에 몰려와 걷잡을 수 없는 대혼란이 왔다. 부대장들은 유선도 무선도 없어 어느 부대가 어디 있는지 지휘관이 어디 있는지 알 수가 없어 패잔병들을 지휘할 수 없었다. 창동에는 7사단 8포병대장 이규삼 소령이 어디로 도망쳤다가 창동에 나타났다. 축석령에서 무단으로 도망친 3연대 200여 명, 자알리에서 철수한 5연대 300여 명, 16연대 200여 명 등은 인민군 포위망을 뚫고 천신만고 끝에 기적적으로 살아 후퇴한 장병들이었다. 이들은 모든 군 장비와 중화기를 버리고 소총 한 자루씩만 가지고 포위망 탈출에 성공하였다. 중화기는 그 난리 통에서 105밀리 곡사포 5문을 끌고 후퇴한 장교는 김계원 대령뿐이었다(10.26 사건 때 박정희 비서실장). 창동 전투에서 1연대장 함준호 연대장이 인민군 전차포에 맞아 전사하였다. 그의 나이 29세였다. 유재흥 사단장은 1연대장에 이희권 중령(14연대 반란 때 하수구에 6일 동안 숨어 있다가 살아난 장교)을 임명하였다.

대구 3사단 22연대 2대대가 방학동에 배치되어 인민군을 저지하고 있었으나 2대대는 포병부대가 없어 전차를 저지할 수 없었다. 22연대 2대대는 인민군 전차 공격을 받고 총 한 방 쏘아보지 못하고 겁을 먹고 우이동으로 도망쳐 버렸다.

6월 27일 오전 채병덕 총장이 창동에 나타나 유재흥 7사단장에게 "이 선에서 적의 공격을 쳐부수고 공세로 이전 하시오! 끝까지 창동 선을 사수 하시오!"하고 명령하였다. 이때 이형근 2사단장이 "지금 빨리 한강선 방어에 착수해야지 사태를 그르쳐서는 안 된다. 나라를 생각한다면 이곳에서 무모한 전투는 피해야 한다."고 채 총장에게 건의하자 채 총장은 고함을 버럭 지르며 "무슨 소리요? 반격하여 북진하랏! 오늘 B29기 100대가 12시까지 출격하기로 하였다."라고 또 잠꼬대 같은 허풍을 쳤다.

"그래요? 그러면 당신이 저 장병들을 데리고 북진해 보시요! 서울 실함이 분초를 다투는데 왜 북진을 못하는 것이오? 실탄을 즉시 보내주겠다고 약속해놓고 실탄을 보내지 않아 장병들이 실탄이 없어 2사단이 붕괴되어 여기까지 왔소!"하고 맞고함을 쳤다. 그리고 이형근 준장은 "저런 동문서답하는 장군하고 내가 말을 해서 무엇 하겠는가? 참으로 한심한 인간이구만! 운전병 가자!"하고 그는 가슴이 터지려는 분노를 참고 신성모 국방부장관을 만나러 갔다.

"장관님! 현재 백석천 방어가 무너지고 인민군 탱크가 방학동을 지나 창동 가까이 왔습니다. 그런데 우리는 이 탱크를 막을 병력과 무기가 없습니다. 부대를 한강 이남으로 철수시켜 한강에서 인민군을 막아야 합니다."하자 신성모 국방부장관은 "이 때를 이용하여 반격하랏! 북진하라!"고 큰소리로 외쳤다. 이 말을 듣고 있던 이형근 사단장은 기가 막혔다. 그는 "신성모는 채병덕보다 더 한심한 사람이군!"하고 "저런 인간들이 참모총장이고 국방부장관을 하고 있으니 어떻게 인민군 대군을 막을 수 있단 말인가! 조국이 큰일 났구나! 서울시민이 불쌍하구나! 나라가 망하겠구나!"하고 국회를 찾아갔다. 그는 신익희 국회의장에게 "오늘 저녁에는 인민군이 서울에 도착할 것입니다. 국회의원들은 서울을 빨리 떠나야 합니다."하니 신익희 국회의장이 당황하며 "그게 무슨 말이요? 한 시간 전에 신성모와 채병덕이 국군이 의정부를 탈환해서 북진한다고 하면서 서울을 사수하겠다고 해서 그런 줄 믿고 있는데!"하였다. 이형근 장군의 말을 듣고 신익희, 윤치영, 장택상 등과 그의 말을 들은 국회의원들은 즉시 한강을 건너 피난하여 살았다.

6월 27일 오전 정훈국 장교들이 마이크를 들고 창동 가도에서 국군을 향해 "12시까지 미군 B29기 100대가 오기로 하였다. 용기를 내서 싸우라"하고 외쳤다. 그러나 2시가 되어도 전투기는 그림자도 나타나지 않았다. 그러자 장병들은 "그런 개소리 집어치우고 밥이나 가져와라!"고 고함을 쳤다.

6월 27일 12시경 인민군은 전차를 앞세워 방학동 쪽에서 창동 쪽으로 남진하고 있었다. 그리고 큰 저항 없이 창동을 지나 쌍문고개를 넘고 있었다. 5연대 2대대장 차갑준 소령과 최창언

5연대장과 패잔병들은 소총과 권총으로 전차를 향해 쏘았다. 바늘가지고 호랑이 잡겠다고 호랑이 콧구멍을 쑤시고 있었다. 국군은 중화기도, 수류탄도, 포탄도 없었다. 5연대가 쌍문고개에서 인민군을 저지한다고 매복하고 있었으나 5연대장 2대대장 부관 등 6명과 부하들 수 백 명이었다. 결국 이들은 번동 쪽으로 해서 면목동 쪽으로 철수하였다. 이렇게 되어 창동과 쌍문동에서 방어하던 1연대, 18연대, 3연대, 5연대, 16연대, 22연대, 25연대 패잔병들은 청량리 미아리 쪽으로 도망치고 없어, 인민군은 큰 저항 없이 쌍문고개를 넘어 수유리를 향해 전차포를 사정없이 쏘아대며 위협을 하였다. 병든 호랑이는 개에게도 물려 죽는다.

4) 6월 27일 미아삼거리 전투

6월 27일 오후 유재흥 7사단장과 이응준 5사단장은 철수해 오는 장병들을 미아리고개에서 제지하였다. 20연대를 좌측, 9연대를 우측, 서울 예술대학교 뒷산에서부터 미아리고개, 길음고개에서 미아삼거리에 배치하였다. 수도사단 8연대 2대대 고백규 소령 부대가 홍천에서 서울에 도착하여 중량교 정면에, 제3공병대대를 봉화산에 배치하였다. 채병덕은 육본 행정요원, 병참, 경리, 병기장교 등 100여 명을 총동원하여 미아리에 몰아넣었다. 이들에게는 소총은 고사하고 권총도 없는 장교가 있었다. 이렇듯 채병덕은 국군을 미아리에서 인민군에게 몰살시킬 계획 같았다. 이응준 5사단장은 9연대와 20연대를 종암동 뒷산에 배치하고, 20연대장 박기병 대령에게 지휘하게 하였다. 16연대 1개 대대를 예비대로 종암동 전차 종점에 배치하였다. 후방부대는 노량진으로 후퇴시켰다. 미아리고개 방어선은 8Km이며 패잔병은 7사단, 수도사단, 2사단, 5사단, 합 4개 사단, 6개 대대, 합 3,000여 명이었다. 포병은 105밀리 6문, 57밀리 대전차포 8문, 81밀리 박격포 수십 문이었다.

미아삼거리는 20연대 1대대가 방어하고 있었다. 6월 27일 오후 7시경 인민군 전차 10대가 기마대의 보호를 받으며 오고 있었다. 20연대장 박기병 대령은 전차가 가까이 오자 보병은 기마대를 집중 공격하게 하고 포병대는 105밀리 곡사포 3문과 바주카포 등으로 전차를 집중공격하자 전차가 멈추었다. 이때 9연대 2대대장 전순기 소령은 "탱크를 박살내라!"고 소리치며 전차 위에 올라가 수류탄을 전차 안에 집어넣자 전차가 파괴되어 후미전차가 정지해 있을 때 포병들이 전차에 집중사격을 하였다. 인민군 전차는 허겁지겁 수유리 쪽으로 도망치고 말았다. 20연대 장병들은 만세를 불렀고, 자신감을 얻었으며, 패잔병들에게 용기를 주었다. 박기병 연대장은 호를 깊이 파게하고 다음 전투 준비를 열심히 하였다.

5) 6월 27일 정부와 육본에서 한 일

6월 27일 오전11시 육본에서 재경 부대장회의가 있었다. 여기에서 채병덕은 "육군본부는 불가피하게 서울에서 철수하여 시흥 보병학교로 갑니다. 철수 계획은 김백일 부장이 설명할 것입니다."하고 일방적으로 선언하였다. 김백일이 육본 철수 계획에 대해 설명하는 내용에는 일선부대의 철수와 서울시민의 철수와 국가의 중요한 것에 대한 철수, 공무원 경찰 등의 철수 계획에 대해서는 전혀 언급 없이 오로지 육군본부 철수 시각과 차량 배치만 설명하자 수도사단장 이종찬 대령은 분통이 터져 견딜 수 없었다. 채병덕은 최창식 공병감에게 "인민군이 서울에 돌입한 후 2시간 이내에 한강교를 폭파하라! 예정시간은 오후 4시경이다."고 명령하였다. 채병덕은 6월 27일 낮 12시 30분 회의장을 빠져나와 육본을 출발하여 오후 2시에 시흥에 도착하였다.

6월 27일 오후 2시 미 고문단 참모장 라이트 대령이 직원들과 같이 한강을 건너 시흥보병학교에 도착하였을 때 맥아더사령부로부터 무전을 받았다.

"미 공군과 해군의 제한적 공격이 한국에 있게 된다. 곧 결정될 것이다. 힘을 내기 바란다. 더글라스 맥아더."

이 소식을 라이트 참모장이 채병덕에게 알려주면서 "육본을 서울로 복귀하는 것이 좋을 것 같다"고 조언하였다. 그래서 채병덕은 다시 "육본은 원대 복귀하라"고 지시하였다. 이때 신성모가 채병덕에게 "육본을 시흥으로 옮겨 병력의 희생을 줄이고, 미군이 지원하여 올 때까지 지구하라!"고 신동우 비서실장을 통해서 처음으로 작전지도를 하였다. 그런데 채병덕은 "나는 돌아 간다"하며 신성모 국방부장관의 명령을 어기고 오후 4시경 용 산으로 돌아갔다.

채병덕은 국군 1사단 백선엽 대령이 김홍일 장군의 권고에 의해 철수준비를 하고 있는데 "1사단은 현 위치를 사수하라!"고 명령하여 1사단은 철수준비를 하다 중단하고 28일 반격하다 1 사단이 붕괴되게 하였다.

채병덕은 육본을 시흥으로 옮기면서 송요찬 헌병사령관에게 "군 차량은 한 대도 한강을 건너지 못하게 하라!"고 명령하여 국군의 차량, 포병부대, 보급품과 부상병 등을 실은 차량을 한 대도 통과하지 못하게 하여 국군을 한강 이북에서 몰살당하게 하였다.

6월 27일 밤 10시 채병덕은 미아리고개에 나타나 유재흥 7 사단장에게 "미군이 참전하기로 하였으니 여기를 사수 하시오!" 라고 저지 명령을 내렸다.

"총장님, 현재 있는 무기 가지고는 전차를 막을 수 없습니다. 오늘 저녁 전차가 온다면 여기를 방어할 수 없으며, 서울을 확 보하기가 어렵습니다."하고 유 사단장이 방어는 어렵다고 건의 하였다. 그러면 빠른 시간에 한강을 철수해서 재기를 노려야 하는데 채병덕 총장은 유 사단장의 말을 들은 척도 하지 않고 차를 타고 길음교와 미아삼거리로 가면서 장병들에게 "장병 여 러분! 나 참모총장이다. 내일 아침 미군 비행기 100대가 지원하기로 하였다. 후퇴하는 자는 총살하겠다."라고 헌병이나 하는 일을 하고 있었다. 그러자 장병들이 "또 그 소리. 미군 비행기 온다는 소리는 25일부터 들었으니 그만하고 밥이나 가지고 오시오!"하고 불평을 하였다. 사전에 인민군을 막을 준비는 전혀 하지 않고 있다가 인민군이 남침하자 미국만 의지하는 사대주의 근성에 젖어 있었다. 조금 있으니 "장병 여러분! 서울을 빼앗기면 우리는 어떻게 됩니까? 싸워서 적을 몰아내 주십시오!" 하고 여성이 마이크를 들고 외치면서 주먹밥을 주었다. 장병들은 25일부터 3일 동안 건빵만 먹어 현기증이 나면서 속이 좋지 않은데 주먹밥을 먹으니 살 것 같았다. 그런데 그 주먹밥을 모든 장병들에게 주는 것이 아니고 도로 옆에 있는 장병들에게만 나누어주고 있었다.

6월 27일 밤 10시 중앙방송 정기 뉴스 시간에 개전 후 처음으로 이승만 대통령의 음성이 방송에 나왔다.

"친애하는 국민여러분, 유엔에서 우리를 도와주길 작정하고 이 침략을 물리치기 위해 공중으로 군수물자를 날라 와서 우리를 도우니까 국민은 좀 고생이 되더라도 굳게 참고 있으면 적을 물리칠 수 있을 것이니 안심하십시오."라고 방송을 하였다.

이 방송은 11시까지 세 번 반복되었다. 이승만 대통령의 목소리를 듣고 먼 곳에서 전화한 것을 녹음한 목소리 같다고 감을 잡은 사람들은 그 길로 한강을 건너 살았고, 이승만 대통령의 연설을 믿고 그대로 서울에서 자고 있던 150만 서울시민들은 인민군한테 죽든가, 북송되든가, 부역을 하며 고생하였고, 수복 후에는 방첩대에 의해 고생을 하였다.

6월 27일 오후 7시 처치 준장 외 15명의 전방지휘소 요원이 수원 비행장에 도착하였다.

11. 6월 28일 미아리고개 전투

6월 27일 밤 11시경 인민군이 미아리고개와 돈암동 쪽에 많은 신호탄을 올리니 국군 장병들은 불안하였다. 이때 불안을 해소하기 위해 김계원 대령이 김한규 중위에게 105밀리 곡사포 3문으로 수유리 근방을 향해 포탄을 여러 발을 발사하게 하였다. 16연대장 문용채 대령은 부하들과 같이 후퇴하여 한강을 건넜다.

6월 28일 새벽 1시 미아삼거리 공동묘지에서 비가 억수같이 쏟아지고 칠흑같이 어두운 밤에 인민군 보병은 매복하고 있는 국군 앞에 나타났다.

"정지! 누구냐?" "누구긴 누구야? 서울을 해방시키려고 온 전사다!" 하면서 대검으로 찌르며 육박전이 벌어졌다. 많은 국군 장병들이 쓰러졌다.

20연대 박기병 연대장이 포병 부대장에게 전차를 공격하게 하여 쉴 새 없이 공격하였으나 비가 오는데다 밤이어서 전차를 정확히 볼 수 없어 명중시키지 못하였다. 전차는 국군의 포 공격은 아랑곳하지 않고 길음교를 향하여 전진하고 있었다.

15연대 2대대 안광영 소령은 길음시장 건너편에서 81밀리 박격포로 전차를 향해 200발 이상 쉴 새 없이 퍼부었다. 그러나 전차는 끄떡도 하지 않았다. 도로마다 위장 함정을 만들어 전차가 함정에 빠지게 하였으면 효과가 있었을 것인데 누구 하나 이런 함정을 파서 전차의 전진을 막는 장교가 없었다.

김명환 대위가 지휘하는 57밀리 대전차포 2문으로 집중공격을 하였으나 효과가 없었다. 송종대 공병 중위는 길음교를 폭파시키라고 명령하여 도화선 폭파장치를 누르자 도화선이 타들어가다 멈추어버렸다. 조금 일찍 폭파시켜야 하는데 전차를 공격하면서 도화선이 잘려진 것 같았다. 그래서 길음교 폭파는 실패하고 말았다. 이렇게 해서 미아리고개 전투도 끝나고 말았다.

1) 6월 28일 새벽 2시 인민군 창경궁 도착

6월 28일 새벽 1시 30분 인민군 전차는 길음교를 지나 미아리고개를 넘어 돈암동에 도착하여 서울 시내를 향해 전차포를 무차별 쏘아댔다. 돈암동 김천여관에서 잠을 자고 있던 유재흥 사단장과 강문봉 대령이 깜짝 놀라 강문봉 대령은 육본으로 뛰기 시작하였다. 육본에 도착한 강문봉이 채병덕에게 "탱크가 창경원에 도착하였습니다."하고 보고하고 시간을 보니 6월 28일 새벽 2시였다. 이때 시내에 들어온 전차는 돈암동 2대, 창경궁

1대, 동대문 1대, 중앙청 1대, 화신백화점 1대, 헌병사령부(필동)2대 합 8대가 서울 시내를 향해 포를 쏘아대니 잠을 자고 있던 서울 시민들은 깜짝 놀라 기절할 지경이 되었다.

2) 6월 28일 새벽 2시 30분 한강교 폭파

채병덕은 즉시 최창식 공병감에게 "즉시 한강교를 폭파하라! 본관은 시흥을 거쳐 수원으로 간다."고 명령하였다.

김홍일 장군은 문산 1사단이 걱정되어 6월 27일 오후부터 문산 1사단을 후퇴시켜야 한다고 채병덕에게 권하면서 육본을 떠나지 않고 있었다. 채병덕이 국방부차관 장경근과 같이 육본을 떠나려 하자 김홍일 장군이 "문산 1사단에 후퇴명령을 내리고 떠나십시오. 그렇지 않으면 1사단은 전멸됩니다."라고 간청을 해도 들은 척도 않고 떠나 버렸다.

한강교 폭파 소식을 들은 미 고문단 참모부장 그린우드가
"부대가 한강교를 건너고 보급품 및 장비 등이 후송될 때까지 연기해야지 한강교를 폭파하면 무엇으로 싸울 것입니까? 한강교 폭파를 연기해 주시오!"
하고 김백일 참모부장에게 간청하였다. 그런데 김백일은
"장경근 국방부 차관이 1시 30분에 한강교를 폭파하라고 명령해서 도리가 없다"라고 그 간청을 거절하였다.

그린우드 중령은 미군의 보급품이 엄청난데 이것이 다 인민군에 넘어가면 큰일이라고 계속 간청을 하여도 소용없었다. 그

는 한국군 작전을 도대체 이해할 수 없었다. 그는 군수품보다 동료들을 깨워 한강을 건너는데 전력을 다하였다.

이형근 2사단장이 한강교 폭파 소식을 듣고 김백일 부장에게 "국군과 중화기와 장비가 철수하지 않았는데 한강교를 폭파해서는 절대 안 된다."라고 고함을 질렀다.

"채 총장의 명령이라 어쩔 수 없습니다."

"그러면 목숨 걸고 싸우는 국군을 몽땅 죽일 작정이냐?"

이형근 장군이 김백일을 죽일 듯이 고함을 쳤다. 이응준 5사단장도 한강교를 폭파한다는 소식을 듣고 즉시 김백일 참모부장에게

"미아리에서 주력부대가 싸우고 있는데 국군의 주력부대와 포병부대를 철수시키지 않고 국군의 퇴로를 차단해서 포로가 되게 하는 작전이 어디 있는가? 한강교를 폭파해서 국군을 다 죽일 작정인가? 그리고 중화기와 군 장비와 군수품을 몽당 인민군에 바치려고 하는가! 이것 사상이 이상한 것 아닌가! 이것들이 빨갱이가 아닌가!"하고 고함을 질렀다.

그러자 이때서야 '아차!'하고 김백일 참모부장은 잘못하면 빨갱이로 오해받겠다고 생각하고 장창국 작전국장에게

"즉시 최창식 공병감에게 국군 주력이 통과될 때까지 폭파를 중지하라!"고 명령을 하였다.

장창국 작전국장은 정래혁 중령, 공국진 중령, 류근창 대위, 박정인 중위(국방부 전사편찬위원장)와 같이 지프차를 타고 한

강교 폭파현장으로 달렸다. 육본에서 나와 삼각지 입구 도로에 들어서니 피난민으로 발 디딜 틈이 없었다. 지프차의 불을 켜고 클락숀을 아무리 눌러도 피난민들은 비켜갈 수가 없었다. 차에서 내려 남한강 파출소를 향해 뛰려는데 피난민 때문에 뛸 수도 없었다. 이 피난민 대열에는 수원에 미 전방사령부로 내려가는 미 고문단 해줄리트 대령과 허므즈먼 대위도 있었고, 특별수사본부 요원의 차량 3대도 있었고, 이시영 부통령도, 국군 통신부대도 있었는데 피난민은 삼각지에서 한강교까지 수만 명이 도로를 꽉 메워 자기 힘으로 가는 것이 아니라 뒤에서 밀어서 밀려가고 있었다.

폭파를 저지하기 위해 뛰는 장창국 일행이 남한강 파출소를 150미터 남겼을 때 천지를 진동하는 폭파소리가 났다. 그 소리는 한강교 폭파소리였다. 육본에서 남한강교 파출소에 만일을 대비해서 전화가설을 해서 전화로 정지명령을 내려야 하는데 전화가설도 하지 않고 있다가 한강교 조기폭파로 한강 이북에서 싸우고 있던 국군 6개 사단이 붕괴되어 이로써 국군은 재기 불능 상태가 되었다.

3) 한강교 폭파로 국군 6개 사단 붕괴

6월 28일 새벽 2시 공병감 최창식 대령은 엄홍섭 중령과 황원증 중위에게 "다리 위의 피난민을 제지하고 즉시 한강교를 폭파하라!"고 명령을 내렸다. 황원증 중위는 도화선이 60센티로 불을 붙이면 1분이 안 되어서 불을 붙이기 전 신호를 하였으나 아직 하지 말라고 다리 위에서 신호가 왔다. 이시영 부통령이 지나가자 헌병이 불을 붙이라고 손전등을 켠 손을 번쩍 들어 표시하였다. 이때 황원증 중위가 도화선에 불을 붙였다. 즉시 천지가 진동하는 폭음과 함께 한강 인도교가 내려앉았다. 확인하니 복선인 철교가 하나는 폭파되지 않았다. 한강 인도교가 폭파되면서 약 800~1,000여 명이 사망하였고, 특별수사본부의 차량 한 대도 공중으로 분해되었으며, 한국군 통신장비도 공중으로 날려 버렸다. 한강교 폭파로 문산의 국군1사단, 5사단, 미아리 국군7사단, 수도사단, 2사단, 3사단 합 6개 사단의 장병들은 포로가 되거나 전사하였고, 중화기와 차량과 군수품은 한강 이남으로 철수시키지 못하고 모두 인민군의 손에 들어갔다. 국군 8개 사단 중 6개 사단이 개전 4일 만에 붕괴되고, 강릉 8사단과 원주 6사단, 대구 3사단 23연대만 건재하고 모두 붕괴되어 재기불능의 국군이 되었다. 이때 국군 총수 98,000여 명의 절반인 44,000여 명이 죽거나 포로가 되었다. 서울시민 150만 명이 전혀 피난을 못하고 인민군 치하에 있게 되었다. 한강 폭파로 미군은 1,500여 대의 차량과 2만 겔론의 휘발유, 10만 달러의 식품을 몽땅 인민군에게 넘겨주었고, 부천에 있는 국군 군량미, 차량, 중화기도 몽땅 인민군에 바쳤고, 홍천의 6사단, 대관령의 8사단도 후퇴를 해야 하였다.

4) 6월 28일 11시 30분 인민군에 점령된 처참한 서울

1사단 13연대 수색소대장 김호 소위와 김홍규 소위, 고모 중위 등은 모두 공산당이 싫어서 월남하여 장교가 되었는데 인민군에 서울이 점령되자 다른 부대 철수를 엄호하고 한강을 건널 수 없자 "인민군에 포로가 되느니 차라리 죽자"하고 자결을 하였다.

안병범 대령은 인민군이 서울을 점령하자 "국군 장교로서 서울시민을 보호하지 못한 죄가 크다 인민군에 포로가 되느니 자결을 하겠다." 하고 자결하였다.

6월 28일 오전 8시 삼각지 육군본부를 수도사단 3연대 1대대장 박철용 소령이 경비하고 있는데 채병덕은 이들에게도 어떠한 명령을 내리지 않고 철수를 하여 박철용 대대장은 텅 빈 육본을 지키고 있자니 불안하였다. 그런데 아침 8시경 전차가 육군본부 앞을 지나 한강교 있는 곳으로 가고 있었다. 박철용 대대장은 3중대장 김상덕 중위에게 해치우라고 명령하자 김상덕 중대장도 박명용 소위, 한호 상사, 김원태 상사, 김회수 상사, 김중섭 상사와 같이 57밀리 대전차포로 150미터 앞에서 공격하였다. 그러나 전차는 아랑곳하지 않고 8시 10분 한강교에 처음 도착하였다.

미아리에서 한강까지 오는데 인민군 전차는 큰 저항 없이 7시간 만에 도착하였다. 6월 28일 오전10시 전차 7대가 육본 앞으로 또 오고 있었다. 김상덕 3중대장은 조금 전 싸운 부대원들에게 "나를 따르라"고 하면서 수류탄을 1개씩 주면서 전차의 포탑을 열고 집어넣으라고 명령하였다. 그리고 전차 위로 오르려고 몸을 낮추었을 때 전차의 기관총이 김중섭 중사를 집중 공격하여 김 중사는 몸이 두 동강이 나 버렸다. 김상덕 중대장은 인민군이 서울을 완전히 점령한 것으로 판단되어 포로가 되어 개죽음을 당하느니 명령이 없더라도 부하들을 살리기 위해 한강을 건너기로 작정하고 "중대는 마포로 철수한다."고 명령을 내리고 중대원들을 데리고 마포나루터에 11시에 도착하였다. 김두엽 중위가 배를 한 척 구해와 배를 타려고 하자 "국방군이닷!" 하면서 일반복장을 한 자들이 3중대를 향하여 고함을 지르며 달려들었다. "저자들은 틀림없이 서대문형무소에서 탈출한 남로당원이거나 보도연맹 사람들이다. 저자들부터 해치우고 가자!"하며 중대원들이 집중 공격하여 전원 사살하였다. 수도사단 3연대 1대대 3중대원들은 3회에 걸쳐 사고 없이 한강을 건넜다.

6월 27일 방첩대 김창룡 중령은 서대문형무소에 9,000여 명의 좌익들이 수감되어 있는데 다 죽일 수도 없고, 끌고 갈 수도 없어 이들을 어떻게 할 수 없어서 그냥 두고 김삼룡과 이주하를 데리고 남산을 거쳐 한강을 건너려고 남산에 도착했을 때 6월 28일 새벽 2시 30분이었다. 한강 쪽에서 천지를 진동하는 소리와 함께 폭약이 터지는 불꽃 아래 한강이 보였다. 김창룡은 폭파된 곳이 한강교라는 것을 알고 김삼룡과 이주하(좌파 남로당 대표)를 데리고 한강을 건널 수 없을 것 같아 권총을 빼서 둘을 죽이려고 하자 김삼룡과 이주하가 살려달라고 애원을 하였다. 그러나 김창룡은 "너희들이 대한민국 가슴에 총질을 하는데 내가 왜 너희들을 살려주느냐?"하며 권총으로 둘을 쏘아죽이고 한강을 건넜다.

7사단, 2사단, 5사단, 3사단, 수도사단, 1사단 패잔병들은 한강을 건너기 위해 필사적이었다. 서대문 적십자병원과 서울대병원 등 서울시내 큰 병원에서는 부상병들이 초만원이 되어 치료받고 있었다. 그런데 병원을 접수한 인민군들이 국군 부상병들을 침대에서 끌어내려 모두 죽이고 대신 인민군 부상병들이 침대를 차지하였다. 서울대병원에서 치료받고 있던 150여 명의 국군은 대항 한 번 못하고 비참하게 죽어갔다. 병원을 지키고 있던 경비병들도 순식간에 부상병들과 운명을 같이 하였다. 특히 서울대병원을 지키고 있던 1개 소대 소대장 남 소위와 함께 국군은 전멸하였고, 육군본부 보도과장 김현수 대령은 얼마든지 한강을 건너 도망쳐 살 수 있었는데 도망치지 않고 중앙방송국 입구에서 인민군에 의해 처절하게 죽고 말았다. 그는 죽음으로 허풍을 친 방송에 대해 책임을 진 것 같았다.

6월 27일 수도사단 8연대 2대대는 중량교를 방어하다 인민군 전차를 공격하였으나 방법이 서툴러 효과를 보지 못했다. 인민군 전차는 6월 28일 새벽 1시 중량교를 지나 동대문 쪽으로 갔으나 후퇴명령이 없어 중량교를 계속 지키고 있었다.

인민군은 서울 시내에서 시가전을 피하고 상황을 파악하려고 여러 방향에서 8대의 전차만 앞세워 공격하였다. 그런데 한강교가 폭파되면서 국군은 전의를 잃고 다 도망쳐버려 인민군 전차병들이 시내를 쉽게 점령할 수 있었고, 6월 28일 오전 8시 10분에 한강에 도착해도 국군이 없자 인민군 3사단, 4사단 34,000여 명이 서울로 쏟아져 들어와 서울을 점령하였다.

고백규 2대대장과 부대대장 정승화 대위(12.12반란 때 참모총장) 등은 부하들을 살리기 위해 명령이 없는데도 2대대 장병들을 인솔하여 6월 28일 낮 12시 한강을 건너려고 광장교에 도착하니 인민군 기마대 50필이 공격해왔으나 이를 물리치고 질서 있게 안전하게 한강을 건넜다. 인민군 3, 4사단은 6월 28일 11시 30분 서울을 완전히 점령하였다.

5) 6월 28일 서울을 점령한 인민군 한강을 건너지 않음.

인민군 3사단과 4사단은 큰 저항이나 손실이 없이 제1차 작전대로 3일 만에 서울을 점령하였다. 인민군 3사단과 4사단, 1사단, 6사단 등 4개 사단의 기갑부대, 포병부대, 보병부대는 학교운동장, 공원, 광장, 도로 할 것 없이 서울 시내는 인민군으로 꽉 차 있었다.

이용문 대령과 박명웅 소위가 200여 명의 패잔병을 모아 6월 28일 오후까지 남산에서 인민군과 싸우다 전멸하고 이용문 대령만 살아서 지하에 숨었다. 28일 하루에 8,000여 명의 국군이 포로가 되었는데 이 중에 서 헌병과 장교는 무조건 현장에서 사살되고 김일성에게 충성하겠다는 전향자는 인민군에 편입시켜 인민군이 되었고, 끝까지 투항을 거절한 자는 즉시 총살하였다.

김일성은 서울시 인민위원장을 박헌영이 추천하는 남로당 이승엽을 임명하면서 박헌영에게 "38선만 넘으면 남조선에 있는 남로당 20만이 총 궐기한다고 하였는데 서울을 점령해도 왜 남조선에서 봉기가 한 건도 없습니까? 빨리 봉기를 재촉해 주시오!"라고 요청했다. 박헌영은"이승엽 동무가 서울시 인민위원장으로 부임하면 즉시 봉기가 일어날 것이니 조금만 기다려 달라"고 하면서 김일성을 안심시켰다.

김일성은 박헌영에게 "6월 26일 유엔 안전보장이사회에서 남반부에 대한 적대 행위를 즉각적으로 중지하고 모든 인민군은 38선 이북으로 철수시키라고 결의하였습니다. 그러므로 남반부에서 민중봉기가 일어나야 우리는 이들을 도우려고 서울에 온 것이다 하면서 철수를 반대할 명분이 있지, 남반부에서 민중봉기가 없으면 우리의 입장이 곤란합니다."하면서 박헌영에게 민중봉기를 재촉하였다.

"그리고 남반부에서 민중봉기가 일어나야 우리는 인민해방투쟁을 협조하기 위해 서울에 왔다. 그러므로 미국은 개입하지 말라고 할 수 있습니다."라고 김일성은 박헌영에게 계속해서 민중봉기를 재촉하였다.

6월 28일 낮12시 김일성은 평양방송을 통해 "노동자 농민 여러분, 시민, 학생, 지식인 여러분, 영룡한 우리 인민군 연합부대는 적의 불의의 침공을 좌절시키고 즉시 반격으로 넘어가 남조선 괴뢰의 기본 무력집단을 소멸하고 그놈들의 근거지인 서울을 해방했습니다. 서울 인민은 승리의 영예를 드높이 장엄하게 행진해 나가는 조선 인민군 보병 대열과 지축을 울리면서 전진하는 탱크대열, 멸적의 포신을 자랑하며 나아가는 포병대열에 열렬한 환호를 보냈습니다." 라고 방송을 하였다. 이어서 "서울은 드디어 해방되었습니다...... 김일성 장군 만세! 인민공화국 만세! 서울 해방 만세!"하고 평양 방송은 요란하였다.

사울 거리에는 각종 포고문, 경고문, 지령문 등으로 경찰과 국군은 자수하라는 호소문이 도배를 하였다. 좌익들은 붉은 완장을 차고 서울 거리를 활보하고 다녔다. 6월 28일 하루 사이에 서울은 완전히 세상이 바뀌었다. 서울을 국군이 다시 탈환한다는 것은 꿈같은 생각이었다. 마포형무소와 서대문 형무소, 경찰서 옥문이 열리면서 남로당원 9,000여 명은 만세를 불렀고 이들은 영웅이 되었다. 이들은 보도연맹에 가입한 사람들을 앞장 세워 우익의 명단과 경찰 국군의 명단을 가지고 서울 시내를 이 잡듯이 뒤져 이들을 체포하여 처형하기 시작하였다.

최장집과 정해구는 『해방 전후사의 인식』4권 35쪽에서 "미국과 이승만이 공모하여 전면적으로 북침을 감행하였고, 이에 대해 북한이 반격하였다는 주장이 있다. 그러나 양측의 입장은 한국전쟁 이전의 전체적인 맥락과 관련해서라기보다는 주로 전쟁 책임을 염두에 두고 주장되고 있다. 이러한 입장 외에도 보다 주목해야 될 입장으로는 함정설, 재한전쟁설 등이 있다. 함정설은 중국 대륙의 상실과 예상되는 대만의 상실에 초조해진 미국이, 북한이 오판하여 남침하도록 만들고 이를 계기로 상황을 역전시키려했다는 주장이다. 제한전쟁설은 서울까지 군사적으로 점령하고 이러한 상황 속에서 남북 국회가 모여 정치적 통일을 모색하려 했다는 주장"이라고 대한민국 국민으로서는 있을 수 없는 허위주장을 하고 있다.

6) 6월 28일 인민군 한강을 건넜으면 대승할 수 있었다.

50년 6월 28일 오후 1시경 한강을 건너 한강 둑에는 소총 한 자루씩만 가지고 있는 거지같은 형색의 패잔병은 500여 명뿐이었다. 한강 철교는 상행선과 하행선이 있는데 하행선이 폭파되지 않아 폭파되지 않은 철교로 건너온 국군도 있었다.

서울에 입성한 인민군 3사단, 4사단 전사 34,000여 명과 전차 150여 대는 파괴되지 않은 철교에 목재를 깔아 전차가 한강을 넘으면 그야말로 무풍지대로 전차가 목포, 부산까지 가기만 하면 남한을 완전히 점령할 수 있었다. 그것은 대전의 2사단, 광주 5사단, 대구 3사단도 한강 이북에서 괴멸되었기 때문에 한강 이남에서는 인민군을 막을 병력은 강릉 8사단, 원주 6

사단, 대구 3사단 23연대뿐이었다. 그러므로 이 2개 사단 가지고는 인민군 11만 대군의 적수가 되지 못하였다. 전차의 최대 시속은 40킬로이나 평균 시속이 20킬로이다. 그러므로 10시간이면 200킬로를 갈 수 있어 서울에서 부산을 쉬어가면서 가도 5일 이내면 부산과 목포까지 점령하고, 국군 6사단과 8사단을 대구 근방에서 완전 포위하고 미군의 상륙을 부산에서 전차로 막아버리면 아무리 늦어도 7월 10일까지 미군이 상륙하기 전, 남한을 완전 점령하고도 남았다. 그런데 이런 절호의 기회에 인민군 4개 사단은 즉시 한강을 건너지 않았다. 국군 패잔병들이 광장교와 이산포와 행주나루터를 거쳐 한강을 건너고 있을 때 인민군이 전차와 122밀리 곡사포로 세 곳에 쏘아댔으면 한강을 건넌 패잔병들은 극소수였을 것이다. 그리고 김포를 점령한 6사단 14연대로 하여금 부천과 안양으로 진출하여 국군 패잔병을 포위 섬멸하고 인민군 주력부대가 한강을 도강할 때 엄호하였으면 그야말로 김일성은 대승하였을 것이다. 그런데 인민군 4개 사단은 한강을 건너지 않고 있었고, 김포를 점령한 인민군 6사단 14연대도 부천과 영등포를 공격하지 않고 있었다.

전대협 통학추 편저 『우리는 결코 둘이 될 수 없다』50쪽에 보면, "1949년 미군 철수 이후 휴전선 근처는 소규모 전투행위가 빈발하였으며, 6월 23~24에 걸쳐서는 상당 규모의 포격전이 있었다. 이러한 속에서 개전의 구실은 쌍방에 충분하였다.

그러므로 누가 먼저 침략을 시작하였느냐의 문제를 제기하는 것은 그다지 큰 문제가 없다."고 하면서 전국 대학생들을 대상으로 이 책으로 좌파사상을 선동 교육시켰다.

133쪽에는 "6.25라는 동족상잔의 말 못할 비극과 대리전쟁의 어리석음을 몸소 체험하고 그 결과 무력통일의 반 민족성과 실현 불가능성을 확인하게 되었다."라고 주장하면서 6.25 한국전쟁은 미국의 대리전쟁이었다고 좌파들은 전국 대학생들에게 이념교육을 시켰다. 이들이 성장하여 60여명이 열린우리당 국회의원이 되었고, 젊은 사람들의 사상이 되어 이들이 현재 대한민국을 장악하고 있다. 현재 더불어민주당 우상호, 안희정 등이다.

12. 참모총장 채병덕 소장의 간첩행위

1) 법무부장관 이인의 동생 이철은 남로당원으로 일본 중앙대 법대를 졸업하였다. 그는 한국 사법부를 공작하면서 남로당원이 검거되거나 재판이 있으면 공작을 하여 처리하였다. 수도경찰청장 장택상의 딸 장병민은 남로당 간부 채항식의 부인으로 정태식은 채항식의 집을 아지트로 삼아 경찰의 보호를 받으며 경찰을 장악하고 경찰의 모든 정보를 빼내고 있었다. 진해해군사령부 간부 아들인 이재웅은 서울 상대 재학생으로 정태식의 연락원이었다. 게다가 이재웅의 집 또한 정태식의 접선

장소였다. 간첩 성시백은 경찰과 국군을 공작하여 특급비밀을 빼내 북에 보내었고, 육군을 자기 마음대로 하였다. 남로당 좌파들의 공작은 상상을 초월하였고, 대한민국은 허수하였다.

2) 남로당 이론진 안에는 특공부가 있는데 제1특공과에서는 정부 내 거물 프락치 공작을 하였다. 이론진 부장은 동경대 상과대학을 졸업한 서울상대 김창환 교수였다. 그의 밑에는 동경대 출신 신진균, 보성전문학교(현고려대) 김해균 교수, 경성대 출신 정해진, 합동기자 형인식 등 지식층이 많이 있어 정부 각 기관에 프락치를 심고 모든 정보를 수집하여 북한으로 보내고 지령을 받아 인민군이 남침하는데 유리하게 공작하였다.

이론진 1특공과 내 치안국 공작은 각 도에서 그날그날 관내 치안상황을 보고받아 전국 치안일지가 내무부장관을 통해 이승만에게 보고되었다. 이 내용을 그대로 공작 당해 같은 시간에 김삼룡도 보고받고 대처하여 계획을 세워 나갈 수 있었던 것이다. 군 내부도 마찬가지였다. 이렇게 특수공작을 하는 남로당원은 360여 명이 곳곳에서 활동하고 있었다. 공작원들은 중요한 정보를 빼내야 할 인물이 설정되면 약점을 중점으로 수집하여 철저하게 협박을 해서 남로당원이 되게 하든지 아니면 돈과 여자로 매수하여 협조라도 하게 하였다. 특히 친일파는 민족반역자로 몰아 남로당원 가입을 거절하면 K대를 통하여 죽이거나 가족을 위협하거나 사회에서 철저하게 매장시켜 공작에 실패하는 일이 없었다.

3) 참모총장 채병덕 주위에는 남로당 비밀당원이 그림자처럼 따라다녔다. 채병덕의 집안의 금고 속의 돈과 뇌물과 침실에서 누구와 자는 것까지 김삼룡에게 일일보고가 되었다. 49년 육군 안의 남로당원 숙청 때 남로당원의 뿌리를 뽑았다고 하지만 남로당의 뿌리를 완전히 뽑는 것은 어려운 일이었다. 그 증거로 채병덕과 김백일, 조암 중령, 장은산, 이영순 같은 고급 장교가 건재해 있었고, 주문진 방첩대 대원 김규용도 남로당 공작원으로 건재한 채 공작을 계속하였다.

의정부 주둔 7사단 공병부대장 최정훈 소령은 50년 6월 25일 오전 9시 운현궁에서 결혼식을 하였다. 최 소령의 결혼식에 참석하러 공병대대와 작전과와 7사단 참모들이 24일 오후 모두 외출하여 7사단 참모부는 텅텅 비게 되었다. 6월 25일 서울방어의 가장 중요한 사단이 6월 25일 새벽 4시 인민군의 공격을 받았을 때 적절하게 대응하지 못하게 남로당원 최정훈 소령의 공작은 성공적이었다. 인민군의 남침으로 비상이 걸려 다른 참모들은 늦게나마 부대에 귀대하였는데 최정훈과 작전과장은 영영 나타나지 않고 행방불명되었다.(7사단 공병부대 3중대 부중대장 최종성 증언)

7사단 공병부대는 완전히 마비되어 인민군의 전차 공격을 막는 전차 벽이나 함정이나 교량폭파나 장애물 설치, 다이너마이트 폭약 등을 전혀 준비하지 않아 개전 2일 만에 의정부가 인민군에 점령되게 하였다. 의정부 7사단이 탄약이 없는 것도 남로당 공작에 의한 것이다.

4) 49년 1월 14연대 반란사건을 조사할 때 김태선 치안본부장은 이승만에게 "채병덕은 일본 육군사관학교 49기로 일본 육군 소령입니다. 해방이 되었을 때 일본 침략국 소령으로 천황에게 충성을 맹세한 친일반역자 채병덕을 숙청해야 한다고 남로당에서 공격했습니다. 그러자 채병덕이 구제받는 조건으로 여운형이 지도하는 좌익 군사단체인 국군 준비대에 속하게 된 것입니다. 국군 준비대 출신이 경비대에 들어오면 많은 협조를 하면서 조선민주주의 인민공화국을 선전했습니다. 그러니 채병덕을 조사해야 합니다."라고 이승만에게 건의하자 이승만은 "모함이다."고 한 마디로 거절하였다.

50년 5월 특별수사본부 오제도 검사가 "각하와 장개석 총통과 두 분이 극비에 회담한 것을 성시백이 알고 있고, 각하와 채병덕 총장과 둘만이 알고 있는 원자탄 모의전략 계획서를 성시백이 알고 있으며, 49년 5월 전방 4개 사단 군 배치를 새로 하였는데 그 배치에서 대대 씨피까지 한 곳도 틀리지 않게 성시백이 알고 있어 채병덕 총장과 성시백과 관련이 있으니 체포하여 조사해야 합니다."고 하자 이승만이 "주변 사람이 정보를 빼내었겠지 설마 채 총장이...?" 함으로써 채 총장을 조사할 기회를 놓치고 말았다.

　대전 2연대장 김종석 중령이 군수품 2천만 원어치를 팔아 남로당 간부 이주하에게 공작비로 준 것이 조사과정에서 나타났다. 그래서 오동기 대위가 김종석 중령을 조사하려 할 때 채병덕의 압력으로 더 이상 조사를 못하였고, 재판에서 "무죄" 판결을 하자 오동기 대위는 "이처럼 썩은 군대에는 더 이상 몸담아 있고 싶지 않다"고 하면서 제대를 신청하였다. 김종석은 49년 남로당원으로 확인되어 숙청되었다. 채병덕이 오동기 대위에게 압력을 넣은 것으로 보아 남로당의 공작을 받은 것이 틀림없다.

　48년 12월 국방부 4국 정보요원들이 청량리 이문동 특수훈련소에서 훈련을 마치고 수료식이 있는데 이 자리에서 채병덕이 축사를 하면서 "인민군이 남침하면 우리 국군은 서울을 포기하고 한강을 도하하여 한강에서 전열을 재정비하여 우회작전을 펼칠 것이다."라고 하여 4국 정보요원들이 혹시 채병덕이 간첩이 아닌가 하고 의심하였다. 그래서 채병덕 뒤를 조사하고 미행했는데 채병덕은 이를 눈치 채고 국방부 4국을 아예 없애 버렸다.

　국방부 4국 과장이 신치호 대위이고 그의 부관은 문상훈 소위였다. 신치호와 문상훈은 남로당 공작원으로 채병덕 사무실을 그들의 사무실 같이 사용하여 채병덕 총장에게 공작을 하였고, 6월 25일 신치호와 문상훈은 행방불명되었다.(KLO 출신 이연

길 증언)

남로당 간첩들이 개성에 있는 명태를 빌미로 간첩활동을 하자, 김석원 1사단장이 개성 남북교류시장에 있는 명태를 압류하니 채병덕이 이것을 가지고 시비하여, 채병덕은 이 명태사건으로 49년 10월 참모총장에서 사임되었다. 임영신은 인민군이 남침한다고 시끄러운데 전투경험이 없는 채병덕보다 전투경험이 있는 김석원 장군을 참모총장이 되어야 인민군을 막을 수 있다고 김석원을 참모총장에 추천하였다. 그러나 이승만은 무쵸 대사와 라이트 고문단장이 반대한다고 거짓말을 하면서 거절하고, 50년 4월 15일 두 번째 채병덕을 참모총장에 임명하여 이승만은 국군이 붕괴되어 재기 불능의 상태로 만드는데 협조하였다. 그는 임영신만도 못한 대통령이었다.

채병덕 부관은 라엄광 중위로, 라엄광은 군사 영어학교나 육군 사관학교나 특수임관이나 어디를 조사해도 임관자 명단에 없으며, 육군 병적을 다 뒤져도 명단에 없다. 즉 육군 장교 명단에도 없는 가짜 장교로 남로당 공작원이다. 간첩 라엄광의 공작에 의해서 채병덕은 국군을 재기 불능상태로 만들어 붕괴되도록 하였다. 이상으로 보아 채병덕은 남로당 간첩들에 의해 공작을 당한 것이 증명되었고, 라엄광은 6월 28일 행방불명되었다. 육군본부 작전과에서 근무한 박정인 대위는 "신성모 국방부 장관과 채병덕 참모총장이 김일성이 바라는 방향으로 군을 운용하여 전쟁을 도발시켰다"라고 증언하고 있다.(준장 예편,

전 전사편찬위원장)

육본 정보국에서 정보원들을 북한에 보내 201, 202 전차와 122밀리 곡사포 사진을 찍고 불발탄을 수거하여 채병덕에게 보고하면서 "인민군이 곧 남침할 것 같습니다. 제주도 남로당도 제주도를 적화하려고 제주 4.3폭동을 일으키고, 여수 14연대는 대한민국을 전복하려고 반란을 일으켰는데 북한에서 가만히 있겠습니까? 틀림없이 인민군은 내려옵니다!"라고 하여도 채병덕은"그럴 리 없다!"고 한 마디로 부인하여 국군이 인민군 공격에 대해 사전에 전혀 대비(對備)하지 않게 하여 국군을 재기불능상태로 만들었다.

8여단 소속 정보주임 김인철 대위가 김백일 대령을 체포해서 조사해야 한다고 체포 상신을 하였으나 고급지휘관들의 방해로 김백일 대령 조사를 못하였다. 24사단 딘 소장도 김백일은 위험인물이라고 하였다.

채병덕이나 김백일이 문산 국군 1사단장 백선엽 대령에게 28일 새벽 한강을 폭파할 때 철수명령을 내렸으면 국군 1사단이 28일 아침 반격하지 않고 철수하여 1사단이 붕괴되지 않았을 것이다. 그런데 국군 1사단에 철수명령을 내리지 않아 국군 1사단은 붕괴되었고, 의정부 7사단 탄약 창고에 탄약을 비축하지 않고, 공급도 하지 않아, 국군 1연대, 5연대, 16연대, 25연대 등이 대패하였다. 육군 6개 사단이 탄약이 없어 개전 4일 만에 붕괴되어 국군을 재기 불능의 상태로 만든다는 것은 도저히 상상도 할 수 없는 일로 용서할 수 없는 사건이었다. 특히 인민군 남침 하루 전에 전 장병에게 휴가와 외출을 보내 부대를 비우게 하고 혼성부대가 되도록 하여 국군 전체의 전투력을 상실하게 한 것은 결정적인 간첩행위의 증거이다.(유관종 육군 예비역 중령. 전 전사편찬위원회 간사 증언)

국방부장관 신성모는 월북한 국어학자 이극로와 의령 동향인으로 절친한 사이였다. 이극로는 열렬한 남로당원으로 49년 4월 남북회담 때 김일성의 초청장을 받고 북으로 간 인물이다. 신성모는 이극로의 영향을 많이 받았다. 신성모는 남로당 공작을 받는 것이 거의 틀림없다. 이유는 48년 8월 15일 이범석 장군이 초대 국방부장관이 되어 인민군의 남침을 기정사실로 인정하여 현재 예비군과 같은 호국군 13개 연대 4만 명을 조직하였다. 그런데 49년 2월 이범석 장관이 사임을 하고 신성모가 국방부장관이 되면서 이를 해체하여 인민군 남침 시 후방을 방어할 병력이 없었다. 신성모 비서 중 비서실장 신동우 중령을 제외한 3명은 6.25가 나자 모두 행방불명이 되었다. 이들은 남로당 공작원임이 틀림없다. 내무부장관 김효석이 남로당원이었는데 이 김효석을 내무부장관에 추천한 사람이 바로 신성모이다. 김효석은 국군이 북침하였다고 북한 방송에서 외친 자이다.

"전사를 모르는데 인민군이 남침하면 어떻게 인민군을 막습니까? 신성모 국방부장관을 실전 경험이 있는 이범석 장군으로 교체해야 합니다."라고 건의하면 이승만 대통령은 "내가 사랑하는 장관을..."하고 운운하며 한 마디로 거절하였다. 많은 사람들이 신성모와 채병덕의 이상한 행동에 대해서 건의하자 그때서야 "국방부와 군 고위층의 일부가 이상하니 조사해 봐!"하여 이승만 대통령도 의심하기 시작하였으나 이것도 6.25 전쟁이 발발(勃發)하여 조사를 못하고 1.4후퇴 후 국민방위군 사건 때 신성모가 해임될 정도였다.

13. 50년 6월 28일 오후 3시 유엔 안보리회의
제2차 회의에서 16개국 참가 결정

미 대표 오스틴이 한국전쟁 상황을 유엔에서 설명하였고, 이어서 한국대표 장면 대사가 상황을 설명하였다. 상임이사국인 소련의 대사 말리크는 50년 1월 10일 중공의 UN 가입문제로 퇴장한 후 계속 안보이사회의 소집을 반대 참석하지 않았지만 인민군이 남침하는데 뒤에서 조종하고 있다는 규탄을 받을까봐 이 회의에 참석하지 않았다. 이 회의는 10개국이 참석하여 〈북한의 무력공격을 격퇴하고 세계 평화와 한국에 있어서의 안전보장을 회복하는데 필요한 원조를 한국에 제공 한다〉라는 안이 찬성 7명, 반대 1명, 기권 2명으로 결의되었다. 미국과 안보리 안에서도 유엔과 미군이 개입하는 것을 반대하는 사람과 국가가 많았지만 미 투르먼 대통령과 에치슨 국무장관 등의 적극적인 노력의 결과로 유엔 16개국이 참전하게 되었다.

50년 6월 27일 오후 10시 미 전방지휘소 단장 처치 준장은 "미 해·공군 병력만 가지고는 노도와 같이 밀려오는 북한 침공의 물결을 막을 수 없어 지상군 투입이 절대 요청됩니다. 38선을 되찾으려면 미 지상군의 개입은 절대 필요합니다."라고 보고하였다.

14. 북한 인민군 서울점령 3일 동안 남로당 폭동을 기다림

1) 50년 6월 28일 1일째

6월 28일 오후 국군 기갑연대장 유흥수 대령은 서빙고부대에서 장갑차 6대, 81밀리 박격포 3문, 바주카포 2문, 기관총 다수, 말 300필을 가지고 비교적 손실 없이 한강을 건넜다. 기갑연대 2대대장 김병원 소령(장철부)은 5중대와 6중대를 지휘하여 동작동에서 천호동까지 방어하고 있었다. 유 대령은 노량진 고지에서 박격포로 용산 근방을 향하여 가끔씩 위협사격을 하여 한강 방어가 튼튼함을 인민군에게 위장하였다.

6월 28일 새벽 3시 30분 유재흥 7사단장은 잘려지지 않은 철교를 통하여 한강을 건넜다. 28일 아침 5시 노량진에 사령부를 설치하고 한강을 건너는 장병들을 모아 노량진에서 동작동까지 배치하였다.

6월 28일 새벽 5사단장 이응준 장군과 20연대장 박기병 대령, 1대대장 김한수 소령과 부하들은 6월 28일 새벽 3시 마포에서 여의도를 건너 노량진 수원지에 집결하여 보니 300여 명 정도였다. 중화기는 모두 버리고 소총 한 자루씩이었다. 20연대는 7사단 소속이 되어 흑석동고지를 방어하고 있었다. 28일 새벽 3시 30분 김홍일 소장은 시흥 보병학교에 도착하여 한강 방어사령부를 신설하고 작전참모부장에 김백일과 강문봉 대령, 참모 김종갑 대령을 임명하여 편성을 하였다.

미 전방지휘소 단장 처치 준장은 김홍일 장군에게 "만일 미 육군이 투입되어 부산에 상륙하여 한강까지 달려오더라도 3일이 걸립니다. 만에 하나 적이 3일 이내에 한강을 건너 급진적으로 공격하면 미 육군이 도착하기 전 인민군이 부산을 점령하면 미군은 부득이 일본으로 철수하지 않으면 안 됩니다. 따라서 국가의 존망은 오직 한강을 3일 이상 사수하느냐에 달려 있습니다. 장비와 보급품은 곧 일본에서 공수하여 한국군에 지급할 것입니다."라고 설명하였다. 참모들과 헌병들은 후퇴하는 패잔병들에게 밥을 줄 테니 시흥 보병학교로 모이라고 권고했다. 이때 모인 패잔병 500여 명에게 식사와 보급품을 지급한 후 혼성부대를 편성하여 7사단에 배속시켜 노량진으로 1차 보내고, 2차로 900여 명을 보냈다. 이렇게 해서 한강 방어 병력은 3,000여 명이 되었다.

채병덕에 의해 수도사단장 이종찬 대령이 허수아비가 되었다가 혼성 2개 대대를 지원받아 노량진에서 영등포까지 방어하였다. 중화기는 81밀리 박격포 3문, 기관총 2정이었다. 7사단은 9연대 1연대, 25연대, 20연대를 혼성 4개 대대로 편성하여 흑석동에서 동작동까지 방어하였다. 박격포 2문, 중기관총 2정이며, 각자가 가지고 있는 실탄은 기본 실탄도 못 되었다.

2사단장에 임선하 대령이 임명되어 3연대, 5연대, 16연대를 장악 사병리를 방어하였고, 우병옥 대령이 김포지구 경비대장이 되어 인민군 포로가 되었다가 탈출한 2,000여 명으로 김포비행장 근방을 방어하고 있었다. 그러나 패잔병을 모아 놓으면 자기 사단을 찾아가 병력 숫자가 수시로 바뀌었다.

미 극동공군사령관 스트레이트 메이어 중장은 맥아더로부터 6월 28일 인민군을 공격하라는 명령을 받았다. 6월 28일 미 제5공군은 즉시 B26기 12대, B29기 4대, 세이버 제트기 100대가 한반도 상공으로 출격하였다. 비행기 116대가 문산역, 서울역, 철로, 도로, 미아리, 서울 시내에 있는 전차를 공격하였다. 김포비행장에 있던 북한군 야크기를 모두 파괴하고 제공권을 장악하였다. 미 해군 순양함 추나우가 동해안에 나타나 인민군 5사단과 766부대의 남진을 막으면서 공격하자 인민군의 큰 장해물이 되었다.

6월 28일 하루 종일 인민군은 한강을 건너지 않고 있었다. 그것은 박헌영이 남로당 20만이 곧 봉기할 것이니 조금만 기다려 달라고 하였기 때문이다. 또한 남한에서 제주 4.3폭동이나

14연대 6연대와 같은 반란이 일어나야 '미군은 내전에 개입하지 말라 인민군은 남한을 침략한 것이 아니라 남한의 인민해방 투쟁에 도우러 온 것이다. 그러므로 인민군은 침략군이 아니니 미군은 참전하지 말라'는 명분을 찾기 위해 김일성은 기다린 것이다. 그리고 남로당 폭동이 일어나면 전쟁은 쉽게 끝날 것으로 판단하고 한강을 건너지 않았다. 그러나 하루를 기다려도 남한 어느 한 곳에서도 폭동이 일어나지 않자 인민군 3사단장 등 서울을 점령한 인민군 장성들이 김웅 군단장에게 한강을 빨리 건너야 한다고 아우성이었다.

김명섭은 『해방 전후사의 인식』4권 146쪽에서 "북한군은 6월 28일 서울점령이라는 제한적 목표를 달성하였으나 남한 국회를 합동 소집하여 통일국회를 선포하지 못하였을 뿐만 아니라"하였는데, 이는 좌파들이 "인민군이 서울만 점령해서 평화협상을 해서 통일정부를 세우려 하였는데 이승만이 도망치고 미군이 개입해서 전쟁이 확전되었다"고 주장하는 허위내용과 일치한다.

2) 6월 29일 인민군 서울 점령 2일째

국군 1사단장 백선엽 대령은 6월 28일 극적으로 한강을 건너 시흥 역장실에서 배가 고파 견디지 못하고 설탕을 탄 물 한 그릇을 마시고 음식을 먹은 후 세상모르게 자고 있었다. 6월

29일 아침 8시 전령이 잠을 깨웠다. "장교는 보병학교로 집합하라는 명령입니다." 백선엽 대령은 1사단 장병들을 집합하니 연대장들과 참모들과 사병들은 1개 중대인 100여 명 정도 되었다. 이들은 사단장과 같이 한강을 건넜고, 같이 시흥 보병학교로 걸어서 가는데 처량하기 그지없었다. 백 사단장은 그 많은 차량과 포병을 한강 이북에 버리고 시흥에서 영등포까지 20리 정도 되는 길을 걸어가며 "1사단은 모여라!"하고 큰소리로 장병들을 불러 모았다.

수도사단 18연대 2대대 장춘권 소령 부대는 26일 인민군이 의정부를 점령하여 퇴로가 차단되어 포위망을 뚫고 법원리를 지나 행주나루터에서 28일 한강을 안전하게 건넜다. 한강을 건넌 후 부대원을 점검하니 807명 중 759명으로 48명의 손실을 보았으나 가장 손실이 적은 대대였고, 81밀리 박격포 6문, 바주카포 3문을 가지고 한강을 건널 정도로 백선엽 1사단보다도 전투력이 있는 부대였다.

6월 29일 아침 8시 장춘권 부대가 김포공항에 도착하니 인민군 6사단 14연대가 이미 김포공항을 점령하여 망루에서 기관총을 걸어놓고 공격을 하여 바주카포로 한 방에 망루를 날려버렸다. 마침 미 폭격기가 김포비행장 활주로를 폭격할 때 틈을 타 2대대 장병들이 김포비행장 청사 안으로 돌격하자 인민군은 도망쳐버렸다. 인민군은 한강을 건넌 국군 2,000여 명을 포로로 잡았는데 이들을 그대로 두고 도망쳐 이들을 우병욱 대령부대로 보내 재편하여 인민군을 방어하게 하였다. 인민군도 즉시 6사단 14연대의 강력한 부대로 포위하려 하자 소사로 탈출하여 시간을 보니 오후 2시였다. 인민군 6사단 14연대의 강력한 화력으로 영등포를 공격하여 국군의 배후를 공격하면서 한강에 있는 국군을 포위할 수 있었는데 인민군은 공격하지 않았다.

흑석동에서 동작동까지 7사단 9연대, 2사단 25연대 약 1,500여 명이 호를 깊이 파고 호 속에 들어가 있었다. 인민군이 용산과 남산에서 흑석동에 있는 국군에게 곡사포를 펑펑 쏴댔지만 국군은 곡사포가 한 문도 없어 호 속에서 꼼짝 못하고 머리를 처박고 죽어가야 했다.

수도사단 8연대 약 1,200여 명은 81밀리 박격포 3문, 60밀리 박격포 12문, 중기관총 4정을 가진 대체적으로 양호한 부대였다. 이 부대는 홍천에서 늦게 도착하여 여의도를 방어하고 있었다.

6월 29일 아침 맥아더 장군은 전용비행기 바탄호로 한국전을 시찰하기 위해 미 극동공군사령관 스트레트 메이어 중장과 같이 동승하였다. 이때 메이어 중장은 맥아더 장군에게 "38선 이남으로만 군사작전을 제한하여 이북에 있는 군사시설을 공격할 수 없어 작전에 큰 도움을 주지 못하고 있습니다."라고 보고하였다. 그러자 맥아더 장군은 "38선 이북의 군사시설을 폭격하라!"고 명령하였다.

맥아더 장군은 6월 29일 11시 수원비행장에 도착하였다. 수원비행장에는 이승만 대통령 이하 각료들과 미군 지휘관들이 환영하였고, 곧바로 수원 농과대학에 있는 육본과 극동군 전방지휘소를 방문하였다. 맥아더 장군은 처치 준장으로부터 현 전황을 보고 받았다. 이어서 채병덕 총장이 현 전황을 보고하고 이승만 대통령이 통역을 하였다. 맥아더 장군은 채병덕이 증언 부언하고 있어 무엇을 말하는 것인지 알 수가 없어 보고를 중단하게 하고 "한강방어는 언제까지 지탱할 수 있습니까?"하고 채병덕 총장에게 질문하였다. 그러자 채병덕은 "후방 200만 명의 장병을 소집하여 적을 물리치겠습니다."하고 허풍을 쳤다. 이 말을 들은 맥아더 장군은 어이가 없는지 채병덕의 말을 더 듣지 않고 "전선을 보고 싶다. 가자!"하고 자리에서 일어났다. 맥아더 장군은 참모장, 아몬드 소장, 라이트 대령, 운전수를 대동하고 6월 29일 11시 30분 수원을 출발하였다. 송요찬 헌병사령관이 경호를 하였으나 맥아더 장군은 이것도 거절하였다. 안내는 김종갑 대령이 맡아 영등포 현장에 도착하였다. 맥아더 장군은 동양맥주 옆 언덕으로 올라갔다. 능선에서 한강 건너편 서울을 보니 검은 연기가 하늘을 가리고 있었다. 맥아더 장군은 망원경으로 3분 정도 서울 시내를 살폈다. 그리고 앞으로 걸어가 호 속에 있는 신동수 일등병에게 악수를 청하였다. 그러고는

"언제까지 한강을 지킬 수 있는가?"하고 물었다.

"그것은 중대장에게 물어봐 주십시오! 저는 중대장이 지키라고 하면 지키고, 후퇴하라하면 후퇴하겠습니다!" 하였다.

이 말에 감동을 받은 맥아더 장군은 "내가 도쿄로 돌아가는 즉시 미군 지원병과 무기를 보내 줄 테니 용기를 잃지 말고 훌륭히 싸우라!"하고 격려하였다.

맥아더 장군은 채병덕과 약속하지 않고 땀과 피투성이가 된 일등병의 손을 잡고 지원 약속을 하였다. 맥아더 장군은 김종갑 대령에게 "한국군은 몇 명이나 남아 있는가?"하고 질문하였다.

"약 3개 사단 정도는 살아남았습니다. 그러나 부대 조직은 붕괴되었고 통신수단도 중화기도 없습니다."

맥아더 장군은 워싱턴에서 현 전황에 대해서 계속 물어오자 현장을 보지 않을 수 없었다. 다음은 과연 한국군이 싸울 의지가 있는가? 하는 것을 알고 싶어 한강에 온 것으로, 현장을 보고 "미 육군이 참전해야 된다."라고 요청을 하기 위한 것이었다.

맥아더 장군은 개전 4일 만에 6개 사단이 붕괴된 것에 놀랐고, 또한 중화기도 없고 어떤 병사는 소총도 없는 것에 놀랐으며, 미 지상군을 즉시 투입하지 않으면 한국은 위급하다고 판단하였다. 맥아더 장군은 동경에 도착 즉시 워싱턴에 메시지를 보냈다.

"한국은 혼란 상태에 빠져 있다. 소총만 가지고 남쪽으로 후퇴한 한국군은 처치 준장의 부하 장교들이 집결 재편하고 있다. 적의 전진을 저지하는 것이 절대 필요하다. 현 정세로 보아 한국이 적에 유린될 위험이 있다. 한국군은 이미 반격할 만한 전력이 없는 데다 적의 진격은 가속될 지도 모른다. - 중략 - 현 전선을 유지하고 장래에 실지를 회복하려면 미 지상전투부대를 한국에 투입하는 길밖에 다른 방법이 없다.

- 중략 -

최악의 경우 우리의 행동은 완전히 실패로 끝날지 모른다."

맥아더 장군은 애치슨 국무장관에게 "한국군은 지리멸렬 상태에서 패주를 거듭하고 있음. 이미 조직적 저항을 할 수 없음. 미 지상군 투입만이 적의 진격을 막을 수 있음."이라고 보고하였다. 그리고 1개 연대를 즉시 한국에 파견하고 2개 사단 투입을 국무성에 건의하였다. 트루먼은 1개 연대는 즉시 승인하고 2개 사단은 좀 더 검토하도록 지시하였으나 6월 30일 오후 7시 2개 사단 투입도 승인하였다. 트루먼은 "맥아더 휘하 지상군을 한국에서 허용하기 바란다."는 권한을 부여하여 본격적인 참전이 시작되었다.

맥아더 장군은 워커 중장에게 미 24사단과 25사단을 지휘하여 부산에 상륙하여 인민군을 저지하라고 명령하였다. 미 24사단 21연대 1대대가 선발부대가 되어 즉시 일본을 떠났다.

• 6월 29일 공군 평양 폭격

6월 29일 오후 미 공군기 18대가 평양 상공에 나타났다. 그러자 인민군 전투기도 출격하여 공중전이 벌어졌다. 미 전투기와 인민군 전투기는 성능과 기술면에서 비교가 되지 않았다. 요란한 비행기 소리와 비행기에서 쏘아대는 기관총 소리가 평양시민들의 귀청을 찢을 듯 들렸다. 잠시 후 인민군 전투기들이 꼬리에서 연기를 품으며 곤두박질하였다. 평양시민들은 인민군이 서울을 점령하고 남한에서 봉기가 일어나 곧 남조선이 해방될 것이라고 승리에 도취되어 있었는데 이 광경을 보고 놀라 기절할 지경이었다.

미 전투기가 인민군 전투기 26대를 격추시키고 이어서 대동강 건너편 문수리 비행장과 군수공장을 폭격하여도 김일성은 속수무책이었다. 김일성과 박헌영과 북한 수뇌들은 미 전투기의 폭격 소리에 깜짝 놀랐다. 김일성은 미군이 한국 전쟁에 절대 개입하지 않는다고 장담하였는데 미 전투기가 폭격을 하자 그는 당황하였다.

북한 공군의 항공기는 총 162대이며, 병력은 2,000여 명이었다. 미 극동군 전투기는 일본 제5공군, 오끼나와의 20공군, 필리핀의 제13공군 등1,172대로 숫자나 성능에서 비교가 되지 않았다. 7월 4일까지 북한 전투기는 47대가 파괴되었다. 미 공군은 한반도를 샅샅이 뒤져 인민군 군수공장, 보급창, 기차역,

철로, 도로, 교량과 인민군이 움직이면 즉시 나타나 폭격을 해서 인민군에 치명적인 타격을 주었다.

이처럼 미군이 한국전에 참전하고 있는 데도 인민군은 6월 29일 하루 종일 서울에서 먹고 자고 놀면서 한강을 건너려 하지 않고 있었다. 그것은 박헌영이 서울만 점령하면 남로당 20만이 봉기한다고 해서 20만이 봉기하면 싸우지 않고 이길 수 있으며, 미군의 개입을 막을 수 있기 때문에 김일성과 박헌영과 북한 수뇌들은 눈이 빠지게 폭동을 기다렸던 것이다. 그러나 남한에서 한 곳도 제주 4.3폭동이나 14연대 반란과 같은 폭동이 없었다. 그 이유는 이미 남로당이 붕괴되었기 때문에 폭동을 주도할 인물이 없기 때문이었다. 남로당 총책 정태식과 박갑동이 총동원할 수 있는 인원이 200여 명뿐이었고, 정태식과 박갑동은 이승엽의 명령이 없는데도 동원령을 내렸다고 이승엽이 체포하려고 해서 숨어 있는 상태였다. 또한 남쪽에서 폭동이 일어나면 남한 정부는 도저히 인민군을 막을 수 없고 곧바로 대한민국은 망하기 때문에 경찰과 헌병은 조금만 이상한 행동을 하면 무조건 사살하였다. 또한 남로당원(조선공산당) 33만 명이 전향하여 보도연맹원이 되었고, 김삼룡·이주하 등 남로당 지도부가 죽었으며, 국군 안의 좌파 10,000여명을 이승만의 보안법에 의해 숙청하여 군 안에서 반란을 일으킬 수가 없었고, 50년 6월에 북에서 남파된 도당위원들은 폭동을 일으킬 수 없었으며, 검문검색이 심하여 전선을 넘을 수 없어 활동할 수 없었기 때문이기도 하였다.

3) 6월 30일 인민군 서울 점령 3일 째

서울시 인민위원회는 고시 3호를 발표, 정당 사회단체는 등록하고 명단을 제출하라고 하였다. 그리고 전 한국 관계자와 공무원들은 자수하라고 제 6호를 고시하였다. 유언비어 날조와 삐라를 뿌리는 등 반동선전 선동을 하는 자는 군사행동의 적대자로 처리한다고 고시하였고, 모든 언론도 통제하였다. 남한 국회의원 48명이 조선민주주의 인민공화국을 지지하는 집회를 가졌고, 여기에는 김효석, 장건상, 조소앙, 김규식, 안재홍도 가담하였다. 김용대 목사 외 300여 명도 인민군 서울 입성 환영예배를 드렸다. 인민군 3사단은 25일 포천, 26일 의정부, 27일 수유리 점령, 국군 3개 사단을 격파하고 28일 서울을 점령하여 김일성의 작전대로 수행하였다고 김일성은 인민군 3사단을 서울사단이라고 이름을 붙여 주었다. 이영호 3사단장은 영웅이 되었으며, 인민군 전사들에게 신화 같은 존재가 되었다.

김웅 인민군 1군단장은 삼각지 육군 벙커에 사령부를 두었다. 서울을 점령한 인민군 6사단장 방호산, 1사단장 최광, 4사단장 이권무, 3사단장 이영호 등은 매일 김웅 군단장에게 "이승만이 항복을 하지 않고 국방군이 싸우려고 한강 이남에서 방어 준비를 하고 있으니 국방군이 준비하기 전에 또 혹시 미군이 개입할지 모르니 빨리 한강을 건너 부산까지 진격해야 한다.”고 28일과 29일 발을 동동 구르며 재촉하였다. 그럴 때마다 김웅은 “나도 즉시 한강을 건너야 한다고 김책 사령관에게 재촉을 해도 박헌영 동지가 남로당 20만이 무장봉기를 하면 싸우지 않고 남조선이 해방되어 미군은 개입을 못한다고 기다리라고 하니 사람이 죽을 노릇이오!” 라고 대답하자 4개 사단장들은 “박헌영 동무가 우리 다 죽이는 것 아니냐?” 하면서 한강을 건너자고 재촉하였다.

6월 30일 동작동 고지, 흑석동, 노량진, 여의도에도 점점 국군이 모여들고 진지를 파고 방어준비를 하는 것을 보고 4개 사단장들은 속이 터져 죽을 지경이었다. 승리가 눈앞에 보이는데 28일, 29일, 30일 사흘을 먹고 자고 놀자니 연대장, 대대장, 중대장들이 속에서 열불이 나서 못 참겠다고 아우성이었다.

김웅, 김책, 김일성도 즉시 한강을 건너 국군 패잔병들을 소탕하고 부산까지 진격하고 싶었다. 그러나 김일성은 스탈린에게 “38선만 넘으면 남조선 인민 20만이 민중봉기를 해서 전쟁을 2주일 내에 끝내겠다.”고 장담해서 무기지원을 받아 38선을 넘어 서울을 점령했다. 그런데 약속한 남조선 인민 폭동이 한 건도 일어나지 않으니 김일성은 스탈린에게 할 말이 없어졌다. 남조선에서 폭동이 일어나야 “북조선 인민군이 남조선 해방투쟁을 협력하려고 서울에 온 것이지, 인민군은 남조선을 침략하러 온 것이 아니다”라고 해서 전 세계에 인민군이 서울에 온 명분을 세우자 했다. 그러므로 미군은 한국의 해방투쟁 즉 내전에 간섭하지 말라고 하기 위하여 스탈린이 "인민군은 서울에서 봉기가 일어날 때까지 기다리면서 한강을 건너지 말라"고 하여 남한에서 민중 폭동이 일어나기를 기다리고 있는 중이었다. 그래서 스탈린은 서울에서 폭동 소식이 올 것을 기다렸고, 김일성은 박헌영에게, 박헌영은 이승엽에게 매일 몇 차례씩 독촉해도 남조선에서의 폭동은 전혀 기미가 보이지 않았다.

6월 30일 스탈린은 미 해·공군 및 지상군 참전 결정 소식과 미 공군기 18대가 평양에 나타나 북한 비행기 26대와 군수공장 활주로 등을 폭격하였다는 보고를 받고 이제는 인민군이 더 이상 지체해서는 안 된다고 판단했다. 그는 "왜 조선군 사령부의 계획을 알려오지 않는가? 무조건 공격을 계속하여야 한다. 남조선이 빨리 해방되면 될수록 간섭 기회는 적어진다. L." 이라고 가명을 쓴 스탈린은 북한 대사 슈티코프에게 명령하였다. 슈티코프는 김일성과 박헌영에게 이 명령을 알려 7월 1일 인민군이 한강을 건너도록 명령하게 하였다.

강정구 동국대 전 교수는 분단과 전쟁의 한국 현대사 204쪽에서 "50. 6. 25에 비롯된, 북한이 제한적인 무력 동원을 통해 서울을 긴급 점령하고 통일정부 수립을 꾀한 '제한전쟁'이다"하였고, "서울만 점령하고 협상해서 통일정부를 세우려고 하였는데 미군이 개입해서 한국전쟁이 확대되었다" 하고 터무니없는 허위주장을 하였다. 또한 "미국의 즉각적인 개입이 없었더라면 제한전쟁은 북한과 민중 세력의 일방적인 승리로 남한 전역은 8월 중으로 민중 세력에 의해 해방되었을 것"이라고 허위주장을 하였다.

212쪽에는 "이승만 정권이 재빨리 도피하자 이 정권을 섬멸하기 위하여 7월 1일 서울 남쪽을 공격하여 전면전을 전개하였다"고 앞뒤가 맞지 않는 주장을 하고 있다.

206쪽에는 "어떻게 한국전쟁이 6월 25일 공산 괴뢰 남침 또는 미제의 고용인의 북침이라고 단순히 규정지을 수 있을 지 의문이다"라고 주장을 하고 있고,

207쪽에는 "전쟁의 성격도 내전에서 민족해방전쟁으로 전환한다."라고 북한의 주장을 그대로 하고 있다.

238쪽에 "북한이 50. 6. 25 제한전쟁을 통해 민족 해방을 성취하려는 애초의 전쟁 성격에는 위와 같은 학살과 만행과 파괴행위 등 전쟁범죄는 배제되었다. 제한 무력에 의한 해방전쟁의 불가피성을 인민군 군관에게 눈물을 흘리면서 설명을 하는 김두봉은 국방군에 대한 적대행위를 하지 말 것을 명령하였다."라고 황당한 허위주장을 하면서 독자들을 선동하여 반미 친북 좌파가 되게 하고 있다.

제4장 조선인민군 2차 작전(한강 도강 목표)

1. 50년 7월 1일 인민군 한강 도강 전투

50년 7월 1일 인민군 3사단은 서빙고 방면, 4사단은 노량진 방면, 1사단과 6사단은 김포 방면을 향해 아침 6시부터 오전 내내 일제히 곡사포 공격을 하였다. 인민군 3사단이 오전 내내 흑석동과 노량진에 있는 국군 5연대와 9연대가 있는 곳에 곡사포를 쏘아대도 국군은 40문 이상의 곡사포와 수백 문의 박격포를 한 문도 가지고 한강을 건너지 못하여 참호 속에서 꼼짝도 못하고 머리를 처박고 죽어가야 했다. 인민군 3사단 8연대 1대대가 오후 3시 목선을 타고 서빙고에서 흑석동을 향해 일제히 한강을 건넜다. 곡사포와 박격포가 없는 국군은 소총만 가지고는 한강을 건너고 있는 인민군을 공격하지 못하여 인민군은 쉽게 한강을 건너 흑석동에서 9연대가 방어하고 있는 수도고지를 점령하였다.

수도사단 8연대가 방어하는 여의도 비행장을 인민군 4사단이 계속 공격해 왔다. 여의도를 뺏고 빼앗기기를 하루에 5회나 반복하여 양쪽은 많은 희생자를 내고 인민군 4사단이 한강을 건너지 못했으나 난지도 부근에서 한강을 도강하였고, 김포에서는 인민군이 계속 증강되어 위협적이었다.

김포지구 사령관 우병욱 중령은 18연대 2대대 장충권 소령에게 불가능한 역습을 명하여 인민군에게 포위되어 2대대 장병이 포위망을 뚫고 탈출하느라 많은 희생을 한데 책임을 지고 현장에서 자살을 하였다. 김포지구 사령관에 18연대장 임충식 중령을 임명하여 인민군의 남진을 저지하고 있었다.

인민군 6사단 14연대는 오류동 · 소사 · 부천을 향해 공격해 왔다. 국군 15연대 최영희 대령과 18연대 2대대는 48시간 동안 인민군의 공격에 사투를 벌였다. 18연대 2대대는 81밀리 박격포 6문으로 하루에 8천발 이상 2일 동안 인민군을 향해 쏘아댔고, 진지를 하루에 두 번 빼앗기고 3번 탈환을 할 정도로 격전을 벌였다.

18연대 2대대는 박격포 6문이 있어 요긴하게 사용하여 인민군의 영등포 공격을 저지하는 데 큰 공을 세웠다. 이 전투에서 중대장 1명, 사병 40여 명이 전사하였으나 인민군도 1개 대대 정도가 피해를 볼 정도로 치열한 전투였다.

18연대 2대대 장춘권 소령 부대와 여의도 8연대가 이렇게 잘 싸운 이유는, 24일 장병들을 휴가 외출을 보내지 않아 대대나 연대가 혼성부대가 아닌 고유부대였기 때문에 가능한 것이었다. 만일 국군 1사단, 2사단, 3사단, 5사단, 7사단, 수도사단 등 6개 사단이 혼성부대가 아닌 고유부대였고, 6월 27일 오후부터 서서히 포병부대가 차량을 가지고 한강을 건넜다면, 18연대 2대대와 8연대같이 국군은 전투를 잘 하여 절대 인민군한테 패하지 않았을 것이다. 특히 국군 1사단만 27일 오후 안전하게 철수했어도 그토록 비참하게 국군이 참패하지 않았을 것이고 한강을 잘 방어했을 것이다.

2. 7월 2일 채병덕의 역습 명령으로 노량진전투 참패

김홍일 한강 방어사령관은 각 부대에 호를 깊이 파고 인민군 공격에 대비하라고 명령을 내려 3일 동안 진지를 구축하는데 정성을 다하였다. 인민군 포병들은 국군이 두더지같이 호 속에 숨어 있어 7월 1일 오전 내내 곡사포, 박격포 공격을 해도 국군이 보이지 않아 애를 먹고 있었다. 이렇게 잘 방어하고 있는 국군에게 채병덕 참모총장은 7월 2일 아침에 유재흥 7사단장에게 "인민군이 점령한 흑석동 수도고지를 역습하여 탈환하라"고 명하여 호 속에서 잘 방어하고 있던 9연대 1대대, 2대대, 7사단 1연대, 20연대, 25연대가 역습을 하기 위해 호 속에서 기어나왔다. 이때 쌍안경으로 국군의 방어 진지를 관찰하고 있던 인민군 포병들이 국군의 움직임이 보이자 소나기 공격을 하여 국군은 몰살 직전이 되었다. 결국 수도고지는 탈환도 못하고 역습하던 국군은 많은 피해를 보고 장병들은 후퇴 명령도 없는데 영등포 방면으로 도망쳤다. 9연대와 25연대는 관악산 쪽으로 도망쳤는데, 25연대는 판교 전투에서 전멸하고 김병휘 연대장과 라희필 대대장이 부상당해 후송되자 해체되었다. 국군은 7월 2일 하루 만에 동작동, 흑석동, 노량진의 진지가 무너짐으로 한강 방어 진지는 2일 만에 무너지고 말았다.

3. 7월 3일 인민군 4사단 한강 도강

국군 8연대는 6월 28일부터 7월 3일까지 400여 명의 전사자를 내면서 여의도를 방어하였다. 그러나 노량진을 점령한 인민군이 배후에서 공격하여 8연대장 서종철 중령이 부상을 입고 7월 3일 모두 철수했다.

한강을 방어한 기간은 28일부터 7월 3일까지 6일간이었다. 국군 8연대는 6일 동안 싸우면서 인민군 4사단 5연대 227명을 사살, 1,822명 부상, 107명 실종 당하게 할 정도로 사투를 벌여 인민군 한강 도강을 막았다.

인민군은 동작동, 흑석동, 노량진을 점령하여 인민군 한강 도강을 엄호하고 있었다. 인민군은 수많은 서울 시민들과 철도원을 동원하여 전차가 지나갈 수 있도록 목재를 철로 위에 깔고 있었다.

50년 6월 28일 아침 철도 하행선 하나가 잘려지지 않은 것을 확인했을 때 국군 공병대가 노량진 쪽에서 다시 폭파하여 철교를 잘라 인민군의 한강 도강을 막았어야 하는데 절단되지 않은 한강철교를 폭파하지 않고 도망쳤다. 결국 채병덕은 한강교를 폭파하면서 국군에게는 엄청난 피해를 주었으나 인민군이 한강을 건너는 데는 큰 지장을 주지 못하였고, 인민군 보급은 이 철로를 통해 낙동강 전선까지 공급하였다.

50년 7월 3일 오전 10시, 인민군 4사단은 목판을 깐 철로 위로 시험 삼아 전차 4대를 건너게 하였다. 전차가 아무런 저지도 장애도 받지 않고 무사히 한강을 건너자 인민군은 일제히 "만세!"를 불렀다. 인민군 전차는 계속 한강을 건넜고, 선두 전차 4대는 노량진 영등포를 향해 남진하였다.

7월 3일 오후 3시 영등포에 인민군 전차가 도착하자 오류동, 소사, 부천 근방에서 인민군의 남진을 저지하고 있던 국군 15연대, 18연대, 3연대, 16연대는 일제히 수원 쪽으로 후퇴하였다. 이렇게 되어 6일간의 한강 방어는 끝났다. 채병덕은 6월 29일 맥아더 장군 앞에서 후방에서 200만 명을 동원하여 인민군을 막겠다고 허풍을 쳐 통역을 하던 이승만 대통령과 참모총장이 망신을 당한 후에야 해임됐다. 그리고 7월 1일부터 정일권 준장이 참모총장이 되었다. 그의 나이 32세였다.

7월 1일 국군 현재 인원은 98,000여 명 중 44,000여 명이 전사하거나 포로가 되어 54,000여 명으로, 국군 총 8개 사단 중 6개 사단이 재기불능이 되었다. 강릉 8사단, 원주 6사단, 대구 3사단 23연대만 건재하며, 영등포 근방의 패잔병뿐이었다. 신성모는 채병덕을 경남지구 편성사령관에 임명하여 정래혁 중령과 이상국 소령을 데리고 멀리 부산으로 떠나게 하였다.

4. 6월 30일 대전형무소 사건

50년 6월 30일 밤 미 공군 관측병이 수원의 미 전방지휘소에 "적의 대부대가 수원으로 내려오고 있다."고 보고하였다. 이 보고를 받고 미 전방지휘소에서는 깜짝 놀라 "통신장비를 파괴하라! 대공포 장비도 파괴하라! 그리고 즉시 대전으로 후퇴하라!"는 명령을 하는 등 미 전방지휘소가 있는 수원 농업시험장에는 일대 큰 소동이 벌어졌다. 처치 준장과 무쵸 대사도 즉시 대전으로 이동하였고, 여차하면 일본으로 도망칠 계획이었다. 수원 전방지휘소 비치 중령은 총무처에 "적의 탱크가 대거 한강을 도강하여 벌써 평택에 들어왔고, 몇 시간 후면 대전에 도착할 것입니다."하고 연락을 해주었다. 이 보고를 받은 대통령 비서실장은 깜짝 놀라 7월 1일 새벽 3시 남로당 공비들 때문에 대구를 거쳐 부산으로 가지 못하고, 이리를 거쳐 목포에서 배로 부산으로 가기 위해 황규면 비서와 김장흥 경무대 서장만 데리고 극비에 대전을 출발하였다.

대전 성남장에 있던 장·차관·국회의원 등 300여 명도 이 소식을 듣고 7월 1일 아침 부산으로 가려고 대전역에 모여들자 대전 시민들이 감을 잡고 대구로 피난을 가느라 대 혼란을 이루었다. 대전교도소 경비원들도 소문을 듣고 감옥 열쇠를 두 개씩 채우고 도망쳤다. 대전교도소에는 제주 4.3폭동 폭도들과 14연대 반란 가담자 등 2,000여 명이 수감되어 있었다. 북한 노동당 소속 김남식 유격대 중대장은 200여 명을 이끌고 대전 교도소를 폭파하여 2,000여 명과 함께 폭동을 일으키려고 남하 중이어서 대한민국은 위기였다. 만일 대전교도소가 파괴되어 2,000여 명이 대전에서 남로당원과 합세하여 폭동을 일으킨다 면 스탈린, 박헌영, 김일성이 두 손 모아 빌면서 기다리던 폭동 이 드디어 일어나 "미군은 내전에 간섭하지 말라."고 할 수 있 는 절호의 기회이자, 전 세계에 북한 인민군이 침략국이라는 오명을 벗을 수 있는 절호의 기회였다. 그리고 유엔 참전국을 저지할 수 있는 유일한 명분을 만들 수 있었다. 이때 국방부장 관 신성모는 정훈국장 이선근을 불러 "어떻게 하면 되겠느냐?" 고 묻자 "정훈국에서 방송을 통해 대전 시민의 피난을 못 가게 해야 합니다."하고 거리로 나가는데, 한 경찰이 이선근에게 뛰 어와서 "대전교도소 교도관들이 다 도망치고 없는데 이때 죄수 들이 나오면 큰일 나겠습니다."하고 보고하였다. 만일 죄수들이 나와 대전에서 폭동을 일으킨다면 김홍일 장군이 한강을 방어 해도 대전에서 폭동이 일어나기 때문에 방어할 수가 없고, 대 한민국은 순식간에 무너질 수 있어 이선근은 깜짝 놀라 이승만 대통령을 경호하기 위해 대전에 있는 17연대 백인엽 대령에게 "교도소를 장악하라!"고 명령하였다.

17연대 장병 1,200여 명을 백인엽 연대장이 이끌고 대전교도소에 도착하니 벌써 교도소문을 부수고 죄수들이 정문으로 나오고 있었다. 17연대 장병들은 차에서 내릴 시간도 없이 차에서 바로 정문의 죄수들을 향해 사격을 하니 수십 명이 쓰러지면서 교도소 안으로 다시 들어가자 포위를 하여 교도소에 죄수들을 다시 집어넣고 철저히 경계를 하여 수습하였다.

이후 정부에서는 인민군의 대전 점령이 임박하자 교도소에 있는 죄수들을 부산으로 수송할 차량도 없고, 수용할만한 장소도 없어 큰 골칫거리였다. 그리고 대전교도소 수감자들이 혹시 탈출하여 폭동을 일으킬지 모른다고 판단, 대전 교도소 1,700여 명과 전주, 목포, 김천교도소에 있는 남로당원들을 국군이 후퇴하기 전에 처형하였다.

　서울을 점령당한 인민군 치하에서 서대문 형무소와 마포형무소, 인천형무소에서 나온 9,000여 명의 남로당원과 보도연맹 가입자들이 인민위원회를 조직하였다. 전향자 정백을 중심으로 경찰, 국군, 우익을 골라내 학살하여 우익이 많은 희생을 당하였다. 그리고 이상진 소령 외 좌익 장교들이 징역 선고를 받고 서대문 형무소에 수감 중 인민군이 서울을 점령하여 석방되어 인민군에 협조하였고, 육사 1기 박근서 중령은 부대를 이탈하여 인민군에 협조하였다. 그래서 국군은 후퇴하기 전 형무소에 있는 자와 보도연맹 가입자들을 청주, 나주, 창녕 근방에서 처형하고 후퇴하게 되었다. (보도연맹에 가입했다가 죽은 사람들의 가족들이 왜 이들을 죽였느냐고 오늘날 문제를 삼고 있다. 이것이 보도연맹 사건이다.)

미 공군 관측병의 정보는 한국군의 패잔병들의 후퇴를 인민군으로 착각한 잘못된 정보로 판명되었다. 이 사건으로 보아 6월 28일 인민군이 한강을 건넜다면 6월 29일 영등포, 30일 평택, 7월1일 대전, 7월 2일 대구, 7월 5일 부산, 늦어도 7월 10일 안에는 부산까지 점령하여 미군의 부산 상륙을 막고 인민군이 남한을 완전히 점령할 수 있었다는 증거가 되었다. 그리고 제주 4.3폭동이나 14연대 반란이나 남로당 33만 명이 자수하지 않고 또 국군 안의 남로당원 4,749명 외 5,000여명이 숙청되지 않고, 남로당원 20만 명이 2.7폭동과 같이 전국적으로 폭동을 일으키고, 국군 안의 남로당원 1만 명이 국군 안에서 14연대와 같이 반란을 일으켜 작전을 못하게 전군에서 동시에 반란을 일으켰다면, 인민군은 미군이 부산에 상륙하기 전 대한민국을 완전히 점령하여 대승할 수 있었다는 증거가 된다.

박헌영과 남로당의 2.7폭동이나 제주 4.3폭동이나 14연대 반란이나, 대구 6연대 반란, 서울 불바다 폭동 계획이나 인민유격대 10차례 38선 남파의 실패는 결정적일 때 인민군을 돕지 못했다. 그러나 50년 6월 10일 월북한 남로당원들은 인민군이 남침하면 후방에서 무장폭동을 선동하기 위하여 이중업, 안영달, 조용복, 백형복 등이 서울에 침투하여 서울시 당을 재건하고 있었고, 전남도당위원장 김백동을 중심으로 조형표, 이강진,

이담래, 김상화, 송금애 등 16명이 법성포로 상륙하여 광주에 침투 전남도당을 재건하고 있었으며, 충남도당위원장 여운철은 이주상, 곽해봉을 이끌고 대전에 잠입하여 충남도당을 재건하고 있었다.

이들은 남로당원 60만 명 중 전향하여 보도연맹에 가입하지 않은 남로당원(조선공산당) 20만여 명을 선동하여 대전, 전주, 목포, 김천, 대구, 부산에서 폭동을 일으키고 교도소를 기습하여 수감자를 석방시켜 폭동을 주도하려 하고 있었으며, 만일 지리산의 이현상 유격대 200여명과 합세하여 폭동이 성공하고 철도노조가 파업하여 기차가 운행하지 못하면 대한민국은 전후방에서 공격을 받아 한순간에 적화될 수 있기 때문에 남로당은 아직도 기회는 있었으나 살리지 못하고 인민군과 조선공산당은 완전히 망하였다.

결 론

　1948년 4월 3일 제주도에서 김달삼 등 남로당원들이 4.3 폭동을 일으켜 국가가 혼란하였고, 1948년 10월 19일 여수 14연대가 반란을 일으켜 여수와 순천을 점령, 인민공화국이 되자 대한민국 정부는 위기에 처하게 되었다. 이때 이승만 대통령은 보안법을 제정하여 1948년 12월 1일 국회를 통과시키고 12월 20일 반포하여 이 보안법에 의하여 남로당(남한로동당)이 불법정당이 되어 남로당원 60만 명이 지하에 숨거나 북으로 도망쳤다.

　서울시 남로당 위원장 홍민표가 1949년 9월 전향하여 남로당원 33만 명이 전향하였고, 남로당 간부 김삼룡, 이주하, 성시백 등 200여명이 체포되어 조선공산당인 남로당이 붕괴되었다. 그리고 국군 안의 남로당원은 국가보안법에 의해 1949년 1월부터 체포하기 시작하여 4,700여명을 숙청하자 5,500여명이 탈영하여 국군안의 남로당도 붕괴되었다. 그래서 북한 인민군이 1950년 6월 25일 38선을 넘어 남침했을 때 부산까지 완전히 점령하지 못하고 참패하게 되어 오늘의 대한민국이 있게 되었다. 그러나 현재 6.25 전과 같이 사회주의 주사파를 신봉하는 좌파가 많은 것에 놀라지 않을 수 없다.

대한민국을 살린 이승만의 국가보안법

- 지 은 이 | 이 선 교
- 펴 낸 이 | 이 선 교
- 펴 낸 곳 | 도서출판 현대사포럼
- 초판인쇄 | 2022년 9월 20일
- 등   록 | 제7-340호 (2007년 5월 14일)
- 주   소 | 11150 경기도 포천시 어룡3길 31-40 (717-3)
- 전   화 | 010-5320-2019
- E-mail | adsunlight@hanmail.net

- 인 쇄 처 | 영상복음 (사무장 최득원)
- 주   소 | 04549 서울시 중구 을지로 18길 12
- 전   화 | 02-730-7673 / 010-3949-0209
- 팩   스 | 02-730-7675
- E-mail | saman89@hanmail.net
- 입 금 처 | 국민은행 675201-00-008652 (오영희)

- 총   판 | 가나북스 (www.gnbooks.co.kr)
- 전   화 | 031-959-8833
- 팩   스 | 031-959-8834

※ 절찬리에 전국서점 판매중. 잘못 만들어진 책은 교환해 드립니다.

ISBN 978-89-94096-14-8   정가 16,000원

현대사포럼 유튜브 구독 클릭해주십시요.